W0109965

DIE AUFRÄUM-PROFIS

INHALT

VORWORT

Liebe Leserinnen und Leser,

In einer Welt voller Möglichkeiten, aber auch voller Anforderungen, sehnen sich mittlerweile immer mehr Menschen nach einem einfacheren und leichteren Leben. Danach, unnötigen Ballast abzuwerfen, sich auf das Wesentliche zu konzentrieren, die Schönheit im Alltäglichen zu entdecken und in einer neuen Freiheit zu leben, die erst durch die Reduzierung von Stress und Überreizung erlebbar werden kann.

Trends und Lehren wie Hygge, Lagom, Clean Eating, Adult Coloring, Soulflow, Minimalismus und Meditation weisen uns deutlich auf den immer stärker werdenden Wunsch nach Einfachheit, Klarheit und tieferem Erleben hin. Zeit zu haben wird wertvoller und die Reduktion auf das Grundlegende ist ein wichtiger Bestandteil dessen, wie wir uns diese Zeit zurückholen können.

Allem, wonach wir uns sehnen, jedem dieser Trends, denen wir folgen und jeder dieser Lehren, die wir verinnerlichen möchten, geht jedoch immer eins voraus:

Zunächst sollten wir in uns und in unserer eigenen Welt aufräumen!

In diesem Sinne: Packen wir's gemeinsam an!

Ihre Aufräum-Profis

Esther Lübke & Micki Dreeschmann

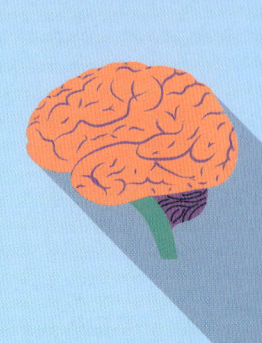

KAPITEL 1
ALLES IN ORDNUNG?

WARUM DIESES BUCH?

Irgendwann?
Wie wär's mit jetzt?!

- Micki Dreeschmann -

Wenn Sie dieses Buch in die Hand genommen haben, können wir gemeinsam davon ausgehen, dass in Ihrem Leben in Sachen Ordnung irgendwo der Schuh drückt. Und dass Sie bereit sind, dies zu ändern. Das ist der erste – und von Ihnen selbst gewählte – Schritt in die richtige Richtung. Dazu möchten wir Sie beglückwünschen! Und das meinen wir ernst: Wenn Sie sich entschieden haben, Ihrem Leben und Ihrem Alltag eine neue Richtung zu geben, und wenn Sie gewillt sind, alte Verhaltensmuster und alte Denkweisen abzulegen, erst dann geben Sie uns das Startsignal, mit Ihnen arbeiten zu dürfen. Vielleicht finden Sie es etwas übertrieben, dass wir Ihre erste Entscheidung recht ausführlich besprechen und als so wichtig betrachten. *Wo soll das denn bitteschön hinführen!? Kommt jetzt nach jedem ausgewischten Regalbrett ein zeilenlanges Lob?*

Nein, nicht ganz… Aber es ist sehr wichtig, dass Sie sich vor Augen halten, dass Sie den ersten (und somit wichtigsten) Schritt alleine bewältigt haben – und sogar schon den zweiten! Sie haben jetzt schon zwei Dinge geschafft, die vielen Menschen sehr, sehr schwerfallen: Sie haben sich 1.) **entschieden** und sich 2.) mit diesem Buch **Unterstützung geholt**. Genau dies soll unser Buch nämlich sein: eine Unterstützung und Hilfestellung zur Bewältigung Ihrer Probleme rund um die Themen Ordnung, Aufräumen, allgemeine Organisation und innere Blockaden. Denn Sie werden beim Aufräumen und Strukturieren sehr schnell merken: Nicht nur die innere Ordnung verändert die äußere Ordnung, sondern auch die äußere Ordnung verändert nachhaltig und meistens sogleich die innere (Un-)Ordnung!

Es ist uns ein großes Anliegen, Sie mit unserem gesammelten Wissen und unseren Ideen beim täglichen Kampf gegen die Unordnung zu unterstützen. Wir als professionelles Aufräumteam können uns dabei an den Erfahrungen orientieren, die wir über lange Jahre tagtäglich im Umgang mit unseren Kunden gewonnen haben. Unser Ansatz basiert also auf der ge- und erlebten Praxis. Es gibt bereits zahlreiche Aufräumbücher, die sich alle irgendwie voneinander unterscheiden, und oft findet man trotzdem nicht das passende Exemplar, das der eigenen aktuellen Wohn- und Lebenssituation entspricht. Manchmal ist die Herangehensweise sehr theoretisch oder psychologisch und manche Vorgehensweisen erwiesen sich leider als nicht besonders alltagstauglich. Wir möchten dem Thema in unserem Buch mit Leichtigkeit und Spaß begegnen und mit Ihnen offen und ehrlich über alle Themen rund um die Ordnung und die damit verbundenen Ängste, Nöte und Wünsche sprechen. Darüber

> Nicht nur die innere Ordnung verändert die äußere Ordnung, sondern auch die äußere Ordnung verändert die innere (Un-)Ordnung!

hinaus geben wir Ihnen umfangreiche Tipps und Tricks für einen aufgeräumten Alltag. Dieses Aufräumbuch ist für alle Menschen geschrieben, die sich und ihr Umfeld dauerhaft und positiv verändern möchten.

WAS ERWARTET SIE?

Nach über einem Jahrzehnt täglichem Einsatz in Sachen Ordnung haben wir ausreichend Erfahrungen gesammelt, um Ihnen professionell helfen zu können. Und die langjährige Zusammenarbeit und der Umgang mit unseren Kunden zeigen uns, dass wir das Ziel, Ihren Haushalt und Ihren Alltag (wieder oder auch zum ersten Mal) in den Griff zu bekommen, gemeinsam erreichen werden. Bitte nicht falsch verstehen: Wir propagieren hier keinen Perfektionismus! Ganz im Gegenteil, dieser steht uns nur im Weg (dazu später mehr). Wir möchten Sie an eine **neue Ordnung** heranführen, die zu Ihnen passt und die sich im Alltag leicht anwenden lässt. Eine Ordnung, die Sie dauerhaft beibehalten können. Und vielleicht entdecken Sie mit unseren Tipps und Tricks sogar den Spaß am Aufräumen für sich …?!

Sie erwartet ein theoretischer, aber praxisnaher Begleiter der etwas anderen Art. Und auch wenn wir

> Es geht darum, das Leben leichter zu nehmen und sich auch von großen Aufgaben nicht erschrecken zu lassen. Respekt: ja – Angst: nein!

> **Das habe ich noch nie vorher versucht, also bin ich völlig sicher, dass ich es schaffe!**
> - Pippi Langstrumpf -

Ihre Ängste, Sorgen und Bedenken wirklich verstehen und ebenso ernst nehmen, so sollte uns auf dem gemeinsamen Weg doch eines nicht abhandenkommen: der Humor! Mit Humor lässt sich so manche Hürde überwinden. Es geht vor allem darum, das Leben und seine Probleme leichter zu nehmen und sich auch von großen Aufgaben nicht erschrecken zu lassen. **Respekt: ja – Angst: nein!** Wir haben die Erfahrung gemacht, dass mit Humor alles ein bisschen leichter von der Hand geht und dass sich vermeintlich schreckliche Dinge auf einmal gar nicht mehr so schrecklich anfühlen.

Dieses Buch ist also nicht nur für Menschen geschrieben, die zu viel Kram anschaffen und diesen auch noch aufbewahren. Es ist auch für all jene geschrieben, die in ihrer schwierigen Situation ernst genommen werden wollen und wieder zu sich selbst und einem gut organisierten Alltag finden möchten.

Wir verstehen, dass Sie Ihre Sachen und das Ange- sammelte eigentlich behalten wollen, aber dass Sie anderseits auch froh wären, wenn das alles einfach so verschwinden würde. Kommen Sie mit uns und entdecken Sie sich, Ihre Wohnung und Ihr Umfeld neu. Lernen Sie, staunen Sie, verändern Sie und lachen Sie – wir freuen uns darauf, Sie auf diesem neuen Weg begleiten zu dürfen!

WAS MÖCHTEN WIR MIT IHNEN GEMEINSAM ERREICHEN?

Wer die Welt in Ordnung bringen will, gehe zuerst durch's eigene Haus!
- Chinesische Weisheit -

Wir möchten, dass Sie sich wieder wohlfühlen. In Ihrer Haut, in Ihrer Wohnung, in Ihrem Büro und in Ihrem gesamten Umfeld. Jetzt denken Sie vielleicht: *Ach ja, und was haben die Autoren davon? Warum möchten denn ausgerechnet diese beiden, dass ich mich wieder wohlfühle?* Eine gute Frage, und wir können sie ganz einfach beantworten: Wir, die Autoren, die gleichzeitig auch Mitmenschen, Nachbarn, Kollegen etc. sind, haben tatsächlich auch selbst etwas davon. Denn je mehr positiv gestimmten und zufriedenen Menschen wir begegnen, umso wertvoller wird unsere gemeinsam verbrachte Zeit mit anderen. Privat, beruflich und im Alltag. Mit anderen Worten: Je glücklicher und zufriedener Sie sind, umso glücklicher und zufriedener ist Ihre Ausstrahlung. Und diese positive Einstellung strahlt auf alle ab – auf Partner, Kinder, Nachbarn, Kollegen und auf alle anderen Menschen, denen Sie tagtäglich begegnen. Wenn Sie erst einmal Ihre Ängste verloren, Ihre Blockaden gelöst, sich von Aufschieberitis und Energielosigkeit befreit haben, wird auch Ihr Umfeld davon profitieren. Die Schritte dorthin finden Sie in diesem Buch. Es soll Ihnen helfen, **sich selbst besser zu verstehen**, sich als einzigartig zu respektieren und dennoch gezielt Strategien zu erlernen, um Ihr Leben und Ihr (wohnliches) Umfeld positiver zu gestalten.

Dieses Buch begleitet Sie durch alle Räume Ihres Zuhauses und gibt Ihnen wertvolle Hilfestellungen an die Hand, jeden davon wieder ordentlich, dabei aber gemütlich und nach Ihren ganz eigenen Vorstellungen und Wünschen zu gestalten. Dieses Buch beinhaltet umfangreiche Einblicke in Ihre (Aufräum-)Psyche und erklärt, welche Strategien Sie gegen Ihre persönlichen Hindernisse, Blockaden und Ängste anwenden können. Dieses Buch möchte Sie kompetent begleiten, beraten, mit Ihnen aufräumen und möglichst eine große Portion Freude, Spaß und Leichtigkeit in Ihren Alltag und in dieses leider bisher noch problembeladene Thema integrieren.

> Wenn Sie erst einmal Ihre Ängste verloren, Ihre Blockaden gelöst, sich von Aufschieberitis und Energielosigkeit befreit haben, wird auch Ihr Umfeld davon profitieren.

Eine neue Haltung muss sich einprägen, darum: Bewaffnen Sie sich mit Textmarker, Bleistift, Klebeetiketten und Ihrer Handykamera und gebrauchen Sie dieses Buch! Unterstreichen Sie, markieren Sie, fotografieren Sie die für Sie persönlich wichtigen

Tipps und Motivationen ab und schauen Sie immer wieder darauf. In der Bahn, auf der Parkbank, in der Mittagspause … je öfter, desto besser! Da es sich um ein umfassendes Werk handelt, wird wahrscheinlich nicht alles für Sie wichtig oder nützlich sein. Suchen Sie sich daher das heraus, was für Sie hilfreich ist. Nutzen Sie alles aus diesem Buch, was Sie weiterbringt. Und lassen Sie sich von uns weiterbringen, lassen Sie uns Ihr Aufräumprojekt zum Ziel führen. Wir sind uns sicher: **Zusammen schaffen wir das!**

WIR VERSTEHEN SIE!

Ja, das tun wir wirklich! Durch unsere jahrelangen beruflichen Aufräumtätigkeiten mit unseren Kunden begegnen uns nahezu alle Befindlichkeiten rund um die Themen Ordnung, Unordnung und Chaos. Wir verstehen daher Ihre Ängste, Bedenken, Unbehaglichkeit, Motivations- und auch Mutlosigkeit. Warum Sie bisher nicht mit dem Aufräumen begonnen haben und warum Sie im Moment kein zufriedenstellendes Aufräumergebnis erreichen können. Dass Sie denken, Behalten ist einfacher als Entsorgen, weil Sie durch Beruf, Familie und andere Verpflichtungen bereits so belastet sind und sich nicht vorstellen können, die zusätzliche Belastung durch das Aufräumen auch noch zu bewältigen. Darüber hinaus verstehen wir Ihre Sammelleidenschaft. Niemand weiß, was man in Zukunft noch einmal gebrauchen könnte. Niemand weiß, ob der teure Wintermantel aus dem Jahr 1996 doch noch einmal modern wird oder ob Sie nicht doch noch einmal 10 Kilo abnehmen und die alten Jeans dann wieder passen. In jedem Gegenstand liegt vermeintlich eine potentielle Nutzungsmöglichkeit, deswegen heben Sie ihn auf.

Unter Umständen kämpfen Sie mit Schuldgefühlen und mit der emotionalen Bindung zu Dingen. Der menschliche Verstand neigt dazu und baut so eine schwer zu überwindende Blockade vor dem Aufräumen auf. **Nahezu jedes Entsorgen tut uns weh** und wir fürchten einen Identitätsverlust. Natürlich nicht beim Hinunterbringen des Hausmülls, aber häufig schon beim Zusammenstellen der geplanten Kleiderspende. Das Thema Trauer kann im Rahmen dieser Schuldgefühle ebenfalls eine große Rolle spielen. *Darf ich wirklich Gegenstände von einem verstorbenen, mir sehr nahestehenden Menschen entsorgen? Vergesse ich den Menschen dann unter*

> Unter Umständen kämpfen Sie mit Schuldgefühlen und mit der emotionalen Bindung zu Dingen. Nahezu jedes Entsorgen tut uns weh und wir fürchten einen Identitätsverlust.

Umständen oder treibe ich einen nicht mehr gutzumachenden Keil zwischen ihn und meine Erinnerungen? Bin ich undankbar, verletze ich damit vielleicht sogar ein ungeschriebenes Gesetz der Hinterbliebenen?

Natürlich gibt es noch viel mehr Gründe und Ursachen, das Aufräumen und Entrümpeln einfach so lange aufzuschieben, bis der Leidensdruck groß genug ist, damit Sie definitiv etwas verändern müssen; etwa Gründe wie *Keine Lust!*, ein vollgepackter Alltag und zu wenig Zeit. Das alles verstehen wir sehr gut. Und wir möchten Ihnen vermitteln, dass Sie mit diesen Problemen und Gründen **nicht allein** sind. Dies ist für Menschen, die seit geraumer Zeit – oft über Jahre und Jahrzehnte – für ihre Unordnung und

dauerhaft zugutekommen und Ihr bisheriges Tun oder auch Nichtstun verändern können. Und dies unter Umständen nicht nur im Rahmen des Entrümpelns Ihrer Wohnung. Eine grundsätzliche Veränderung und eine neue Blickrichtung strahlen in alle Bereiche des Lebens aus – ein großartiger und positiver Nebeneffekt Ihrer Entscheidung, Ihr Umfeld neu zu gestalten.

Wenn es ein Geheimnis für den Erfolg eines Projektes gibt, so dies: den Standpunkt des Anderen verstehen und die Dinge mit seinen Augen sehen!

- Henry Ford -

ihr Chaos negativ bewertet, teilweise beschimpft, ausgegrenzt und verletzt wurden, nur schwer zu glauben und anzunehmen. Aber es ist wirklich so: Wir verstehen Sie! Damit auch Sie sich besser verstehen, möchten wir mit Ihnen zusammen herausfinden, welcher Chaos-Typ Sie sind. Nur so können Sie Ihre jahrelang gelebten, oft auch einstudierten – und wahrscheinlich bisher nicht besonders effektiven – Muster erkennen, Ihre individuellen Hindernisse identifizieren und Strategien entwickeln, die Ihnen

KAPITEL 2

IHR INDIVIDUELLER CHAOS-TYP

WELCHER CHAOS-TYP SIND SIE?

Für uns als professionelle Aufräumer ist es zunächst wichtig, Ihren Chaos-Typ herauszufinden. Wir müssen die Ursachen des Problems erforschen, denn das erleichtert uns den Umgang mit Ihren ganz individuellen Stolpersteinen und inneren Blockaden. Und es hilft bei der Entwicklung gesunder Strategien, die Sie weiterbringen und Ihr zukünftiges Aufräumverhalten effektiver und im wahrsten Sinne des Wortes unbeschwerter werden lassen. Genauso wichtig ist es, dass Sie selbst erkennen, welcher Chaos-Typ Sie sind, um sich so besser verstehen und akzeptieren zu lernen. Dieses **Verstehen und Akzeptieren** ist allerdings kein Freibrief, um tatenlos zu werden – getreu dem Motto: *So bin ich halt, daran kann ich nichts ändern.* Oh doch, Sie können etwas ändern und Sie wollen doch auch etwas ändern! Sie haben sich dieses Buch gekauft, weil Sie sich und Ihr Aufräumverhalten verändern möchten. Oder haben Sie nach diesen ersten Seiten schon wieder Zweifel? Angst vor Veränderung und vor der eigenen Courage ist eine sehr gesunde und natürliche Reaktion und gehört zu allen neuen Entwicklungen dazu. Auch wenn sie sich zunächst nicht besonders gut anfühlt. Aber bleiben wir doch erst einmal dabei: Sie wollen sich verändern!

Sich selbst und seine individuelle Situation möglichst realistisch zu erkennen, zu verstehen und anzunehmen ist ein wichtiger Schritt in die richtige Richtung. Verstehen bedeutet, dass Sie zukünftig nicht mehr ständig mit sich hadern müssen, denn dies stand Ihnen und Ihrem Handeln bisher grundlegend im Weg. Akzeptieren bedeutet, dass Sie erkannt haben, wie Sie sind und warum Sie so sind und dass beides erst einmal gut so ist. Vielleicht sind Sie nicht der beste Aufräumer, aber Sie haben Ihre Stärken. Erkennen Sie diese, nutzen Sie diese, fördern Sie diese und werfen Sie alte und unnütze Verhaltensmuster über Bord. Jetzt können Sie lernen, neue Strategien zu übernehmen, anzuwenden und sich ganz persönlich weiter zu entwickeln. Nach diesem Kapitel können Sie wahrscheinlich schon ein paar Umstände aus einem neuen Blickwinkel betrachten. Wichtig ist dabei, dass Sie ehrlich zu sich sind. Je besser Sie Ihre Probleme und die Mechanismen Ihres Verhaltens verstehen, desto erfolgreicher werden Sie Ihre Ziele umsetzen können. Vielleicht sind Sie nach diesem Kapitel auch schon ein wenig versöhnter mit sich. Und vielleicht sind Ihnen bereits Blockaden und Widerstände aufgefallen, die Sie jetzt gezielt angehen können. Wir garantieren: **Ehrlichkeit und Mut** werden Ihnen eine große Hilfe sein!

Alle im Folgenden beschriebenen Chaos-Typen sind fantastische Menschen. Alle haben ihre Stärken, und alle demonstrieren uns professionellen Aufräumern beinahe täglich neue, interessante, unkonventionelle, teilweise spannende und auch lustige Strategien, mit Chaos umzugehen. Und es macht uns große Freude, mit all diesen verschiedenen Charakteren zu arbeiten und ebenfalls beinahe täglich von ihnen zu lernen. Es geht in diesem Kapitel also nicht darum, etwas oder jemanden zu bewerten. Das ist unserer Ansicht nach der grundlegend falsche Ansatz für diese Arbeit. Wir möchten auf den folgenden Seiten vielmehr ehrlich zu Ihnen sein, auch wenn das eine oder andere vielleicht ein bisschen unbequem wird. Aber wir möchten Sie **zum Nachdenken anregen** und stellen daher auch mal eine unangenehme Frage, wenn sie nötig ist. Sie sollten sich übrigens nicht unbedingt auf einen Chaos-Typ festlegen, es kann gut sein, dass Sie sich in mehreren Typen wiederfinden, zumindest teilweise. Oder Sie dachten bisher, Sie wären ein bestimmter Chaos-Typ, sind aber doch eher ein anderer. Alles ist möglich und es gibt kein Richtig oder Falsch.

Chaos-Typ 1: Der Sammler

Was man gibt,
geht nicht verloren!

- Anaïs Nin -

In uns allen scheint ein Sammler zu stecken. Können wir das wirklich auf die Urzeit zurückführen? Waren wir alle Sammler und haben wir tatsächlich alles gesammelt? Oder haben wir ausschließlich Nützliches und Brauchbares zusammengehalten? Waren wir nicht auch Jäger? Und haben wir Erlegtes nicht mehr oder weniger sofort verbraucht? Oder hat das Jagen doch etwas mit dem Sammeln zu tun? Wahrscheinlich hängt alles miteinander zusammen. Es würde nun zu weit führen, ein Seminar über die Evolution zu besuchen, doch es scheint uns gesichert, dass fast jeder von uns etwas von einem Sammler hat. Das ist eine mehr oder weniger überraschende Tatsache, jedoch kein wirkliches Problem. Schließlich gibt es genug Menschen, die das Sammeln im Griff haben und deren Sammlungen wahre Schätze sind.

Wobei wir jetzt einen kleinen, aber bedeutenden Unterschied festhalten müssen: Diese Menschen sammeln, aber sie horten nicht! Und was tun Sie? Sammeln Sie oder horten Sie? Wenn Sie horten, ist Ihr Sammeln **außer Kontrolle** geraten. Stellen Sie sich doch einmal die folgenden Fragen: Sind Sie stolz auf Ihre Besitztümer und Ihre Sammlung und zeigen Sie diese gerne, oder ist es Ihnen eher peinlich, Ihre „Schätze" zu präsentieren? Hat Ihre Sammlung einen festen Platz und wird sie gehegt und gepflegt, oder nimmt das Angesammelte nur dringend benötigten Platz weg und macht Ihre Wohnung ungemütlich? Ist Ihre Sammlung alles andere als vorzeigbar und im Grunde eine Belastung? Müssen Sie hier meistens der zweiten Option zustimmen, wagen wir zu behaupten, dass es sich nicht um eine Sammlung, sondern um angesammeltes Zeug handelt. Und damit ist klar: Ihr Sammeln ist außer Kontrolle geraten.

> Sammeln und Horten hat auf psychologischer Ebene immer etwas mit dem Thema Mangel zu tun.

Der Chaos-Typ des Sammlers beherbergt leider bei Weitem nicht nur außergewöhnliche und schöne Gegenstände. Sein Sammeln ist außer Kontrolle geraten, er sammelt nahezu alles, kurz: Er hortet. Zeitungen und Zeitschriften, leere Plastiktüten, Leergut, Lebensmittelvorräte, Bücher, Kleidung und sogenannte Erinnerungsstücke sind dabei die Spitzenreiter. Was tun wir da? Warum ist das so? Woher kommt dieser Kontrollverlust? **Sammeln und Horten hat** auf psychologischer Ebene **immer etwas mit dem Thema Mangel** zu tun. Daher nimmt es auch keine Rücksicht auf begrenzte Budgets oder begrenzten Wohnraum. Horter werden magisch angezogen von Schnäppchen, Angeboten und Billigkäufen, gerne in großen Mengen und ganz egal, ob diese Dinge wirklich benötigt werden oder nicht. Hier steht das pure Besitzen im Vordergrund.

Denken Sie vor diesem Hintergrund doch einmal in Ruhe darüber nach, was Ihnen im Leben fehlt oder ob Ihnen in Ihrem bisherigen Leben – zurück bis in die Kindheit – etwas gefehlt hat. Vielleicht wurde es wirklich früher einmal knapp mit Essen oder Kleidung. Oft hat der zugrundeliegende Mangel aber auch gar nichts mit Besitz zu tun. Vielleicht fühlten Sie sich ungeliebt, unbeachtet oder gar übergangen. Oder Sie hatten das Gefühl, dass man Ihre Arbeit oder Sie als Menschen nicht ausreichend gewürdigt hat. Mangel kann sich durch alle Bereiche des Lebens ziehen und deutliche Spuren hinterlassen. Nehmen Sie sich ein wenig Zeit, um darüber nachzudenken. Sollte Ihnen tatsächlich ein Mangel widerfahren sein (oder aktuell widerfahren), erschrecken Sie nicht vor dieser Erkenntnis. *Ja, ich habe einen Mangel erlitten oder erleide ihn gerade.* Wenn Sie das traurig stimmt, trauern Sie: Es ist wirklich traurig. Verdrängen Sie es nicht. Akzeptieren Sie die Tatsache, nehmen Sie sie an. Aber lassen Sie sich davon nicht überwältigen und blockieren. Jetzt haben Sie etwas Wichtiges erkannt und können damit arbeiten. Überlegen Sie, ob Ihre bisherige Methode, diese Gefühle durch Sammeln und Horten zu unterdrücken, die richtige war und ob Sie diese Methode jetzt noch benötigen. Ist der Mangel noch immer vorhanden? Müssen Sie heute noch darunter leiden? Und wenn der Mangel jetzt aktuell ist, können Sie ihn an der richtigen Stelle beheben? Das muss und kann natürlich nicht von heute auf morgen passieren. Aber machen Sie sich auf den Weg und befreien Sie sich davon. **Nähren Sie den Mangel an der richtigen Stelle**, nicht durch überflüssige Einkäufe.

Chaos-Typ 2: Der Perfektionist

When too perfect, lieber Gott böse!

- Nam June Paik -

Zunächst möchten wir einmal festhalten, dass es das Wörtchen „perfekt" in Ihrem Aufräum-Wortschatz überhaupt nicht geben sollte. Was bedeutet denn „perfekt"? Ist dies nicht ein unerreichbarer Anspruch an uns selber? Einen aufgeräumten Haushalt zu führen bedeutet nicht, einen perfekten Haushalt zu führen. „Perfekt" sollten wir einer übergeordneten Instanz überlassen. Wir Menschenkinder werden von Perfektion in Reinkultur nur ausgebremst. Der Chaos-Typ Perfektionist begegnet uns dennoch sehr häufig. Ihn umweht ein Hauch von Fatalität: Entweder erledigt er etwas perfekt, oder er erledigt es gar nicht. Zwischen diesen beiden Extremen lassen Perfektionisten meistens nichts zu. Sie erkennen es jetzt schon, oder? Natürlich: Perfektionisten stehen sich und ihren Vorhaben selbst im Weg!

Der Perfektionist könnte Großartiges erreichen – wenn er denn beginnen würde. Doch sein Anspruch ist so hoch, dass er das lieber gar nicht erst versucht. Denn damit ist seine größte Angst, nämlich die vor dem Scheitern, ausgeschlossen. Manchmal scheitert daher der Plan, das Wohnzimmer aufzuräumen, an der Suche nach dem perfekten Aufbewahrungsort für die Fernbedienungen: So lange dieser nicht gefunden ist, kann das Wohnzimmer nicht aufgeräumt werden. Perfektionisten nehmen sich darüber hinaus gerne zu viel Zeit für unwichtige Details. Sie beginnen mit der kleinsten Feinsortierung und verlieren damit das große Ganze aus den Augen. Während sie intensiv und oft tagelang über den perfekten Plan des Aufräumens nachdenken, stapeln sich weitere Dinge und Aufgaben auf den sowieso schon vorhandenen Berg.

> Der Perfektionist könnte Großartiges erreichen – wenn er denn beginnen würde. Manchmal scheitert der Plan, das Wohnzimmer aufzuräumen, an der Suche nach dem perfekten Aufbewahrungsort für die Fernbedienungen.

Im alltäglichen Leben entsteht der Anspruch der Perfektion selten aus unserem Umfeld heraus. Nicht die anderen, sondern der Perfektionist selbst hat diesen **oft unmenschlichen Anspruch an sich** und setzt sich damit gezielt einem unerträglichen Druck aus. Daher kann auch nur er selbst diesen Druck wieder abbauen. Das ist natürlich leichter gesagt als getan. Perfektionisten fällt es unglaublich schwer, sich von ihren eigenen Ansprüchen zu lösen oder diese zu relativieren. Sie empfinden alles andere als „halbgar" und nicht erstrebenswert. Sie ziehen zu viel Selbstwertgefühl aus ihrem Perfektionismus, um auch mal „Fünfe gerade sein lassen" zu können. Wenn Sie sich hier erkennen, sollten Sie darüber nachdenken, **woher Ihr Perfektionismus kommt**. Wo und wann waren Sie aus Ihrer Sicht nicht gut genug? Haben Sie Ihrer Meinung nach einmal versagt und sehr darunter gelitten? Glauben Sie, dass Sie nur liebenswert sind, wenn Sie etwas leisten? Und dass man Sie, je perfekter Ihre Leistungen sind, umso mehr lieben, achten und schätzen wird? Sie sollten diesen Gedanken und Gefühlen auf die Spur kommen und Ihr Denken neu strukturieren. Fragen Sie sich, ob dieser Perfektionismus heute noch ausgelebt werden muss, und wenn ja, warum und in welcher Form. Möglicherweise, um eine alte Wunde zu heilen? Dann müssen Sie vielleicht heute gar nicht mehr so perfektionistisch sein. Trauen Sie sich, diesen Gedanken zuzulassen. Auch dann, wenn er Ihnen erst einmal Unwohlsein bereitet. Gewohntes und vermeintlich Bewährtes loszulassen ist eine schwierige Aufgabe, auch wenn Sie deutlich spüren, dass Ihnen das Festhalten bisher nicht gut bekommen ist. Loslassen ist immer mit Unsicherheit behaftet. Aber neue Wege bringen neue Chancen, und wir sollten bereit sein, dafür ein bisschen Unsicherheit in Kauf zu nehmen.

Beginnen Sie doch damit, in Ihrem Kopf erst einmal den Begriff „perfekt" durch ein „so gut wie möglich" zu ersetzen. Gemacht? Sehr schön! Und wenn man etwas so gut wie möglich erledigt, ist man doch schon bei 100 % – was will man mehr?! Wenn wir uns endlich trauen, eine schwierige Aufgabe anzugehen und im besten Falle auch zu lösen, sind wir schon bei 100 %. Wenn wir es schaffen, mit etwas mehr Gelassenheit und deutlich weniger Druck durch den Alltag zu gehen, sind wir wieder bei 100 %. Na, und 100 % sollten doch wirklich ausreichen! Legen Sie Ihren Perfektionismus in kleinen Schritten ab und geben Sie mehr **Gelassenheit** und Offenheit eine Chance. Es wird Sie in allen Lebensbereichen weiterbringen, das versprechen wir Ihnen!

Beispiel aus der Praxis

Wie sehr uns unser eigener Perfektionismus im Weg stehen kann, möchten wir Ihnen am Beispiel einer Kundin – nennen wir Sie Frau P. (P wie Perfektionismus, das passt so gut) – deutlich machen. Dies ist eine real erlebte Geschichte, die bildhaft darstellt, wie positiv wir unser Leben verändern können, wenn wir uns vom Perfektionismus verabschieden.

Frau P. meldete sich bei uns, weil sie mit ihrem Haushalt nicht mehr zurechtkam. Sie gehörte deutlich zum Chaos-Typ Perfektionist und lebte zudem eine große Neigung zum Horten aus. Frau P. machte innerhalb kürzester Zeit wirklich große Fortschritte und wir lernten sie nach und nach immer besser kennen. Wir erfuhren zum Beispiel, dass Frau P. – obwohl sie eine sehr angenehme, freundliche, attraktive Frau ist – alleinstehend war und seit vielen Jahren keinen Partner gefunden hatte. Darunter litt sie sehr. Wir erkannten jedoch auch, dass ihr Single-Dasein ein wenig hausgemacht war, da ihr kein Mann gut genug erschien. Sie wartete seit Jahren auf den perfekten Menschen, der mindestens 150 % ihrer Vorstellungen erfüllen musste. In ihrer Fantasie malte sie sich sogar detailliert aus, wie dieser Mann auf ihre unterschiedlichen Befindlichkeiten zu reagieren und welche exakten Antworten er ihr auf bestimmte Fragen zu geben hätte. Dass man unter diesen Umständen eigentlich keinen Partner finden konnte, war uns sehr schnell klar – Frau P. allerdings nicht. Sie konnte ihre Ansprüche an den perfekten Mann einfach nicht zurückschrauben. Im Laufe unserer Zusammenarbeit legte Frau P. in Bezug auf ihre Wohnung mehr und mehr von Ihrem Perfektionismus ab. Die Partnersuche war schon lange kein Thema mehr. Aber durch ihr offenes Eingeständnis, sehr unter ihrem Single-Dasein zu leiden, konnten wir ihren Mangel deutlich erkennen. Und auch Frau P. begriff jetzt schnell, aus welcher Ursache heraus sich ihre Kaufsucht entwickelt hatte.

Nach erfolgreicher Beendigung des Aufräum-Coachings und unserem Angebot, gerne auch zukünftig für Frau P. zu arbeiten, meldete sie sich einige Wochen später wieder bei uns, allerdings aus einem vollkommen anderen Grund: Sie berichtete uns überglücklich, dass sie nicht mehr alleine war. Sie hatte einen sehr netten Mann auf dem Parkplatz eines Baumarktes kennengelernt und glaubte fest daran, dass etwas Dauerhaftes daraus werden könnte. Das ist jetzt etwa zwei Jahre her und wir haben diesen Mann mittlerweile kennengelernt. Er ist ein charmanter, fröhlicher Mensch und hat nichts, aber auch rein gar nichts mit den ehemaligen fantasievollen Vorstellungen und übermenschlichen Ansprüchen von Frau P. gemein. Die beiden wohnen seit einiger Zeit zusammen und sind ein wirklich harmonisches Paar. Ist das nicht eine Bilderbuchgeschichte? Und sie ist wahr! Frau P. wird sich sehr amüsieren, wenn sie das hier liest.

Chaos-Typ 3: Der Gutmütige

Man kann dir den Weg weisen, gehen musst du ihn selbst!
- Bruce Lee -

Das Haus oder die Wohnung des Gutmütigen ist meistens vollgestopft mit Möbeln und Gerümpel, gepackten Taschen und Kartons – und zwar **von anderen oder für andere**! Unter diesem ganzen Krem-

pel erkennt man jedoch oft eine ordentliche und gut strukturierte Basis, die es vor langer Zeit einmal gegeben hat. Und an die man jetzt nicht mehr herankommen kann. Der Gutmütige begegnet uns mit Sätzen wie *Das sind Sachen von meiner Tochter, die wollte sie schon vor einem Jahr abholen kommen* oder *Diesen alten Schrank wollte ich entsorgen, aber mein Nachbar wollte ihn unbedingt abholen und für seine Wohnung aufarbeiten.* Wir hören aber auch Sätze wie *Meine Freundin hat diese alten Blumentöpfe auf dem Trödelmarkt gekauft und hat selber keinen Platz dafür. Da habe ich sie hier untergestellt, bis sie sie abholen kommt.* Und Sie ahnen es bereits: Das war vor ca. fünf Jahren.

Die Gutmütigen sind oft umgeben von Sammlern oder von anderen Menschen, denen diese Gutmütigkeit gerade recht kommt. Hier findet sich, was vermeintlich zueinander passt: Die Sammler brauchen Platz, ohne entsorgen zu müssen, und die Gutmütigen möchten anderen einen Gefallen tun. Dies ist fast eine Symbiose, tut aber keinem von beiden auf Dauer gut. Man sollte jedoch auch erwähnen, dass der Gutmütige selten über sein Leid klagt, sondern es lieber monate- und jahrelang aussitzt. Zunächst empfindet er seine Wohnsituation gar nicht als so bedrückend, sondern erfreut sich nahezu täglich daran, anderen etwas Gutes zu tun. Denn das ist ihm sehr wichtig: Andere sollen sich wohlfühlen und etwas von ihm bekommen, und wenn es nur etwas Platz ist. Dafür ist er gerne bereit, seine eigenen Bedürfnisse sehr lange außer Acht zu lassen. Diese gute Absicht kann langfristig große Probleme mit sich bringen. Zum Beispiel, dass man nicht mehr Herr seiner eigenen vier Wände ist. Irgendwann hat der aufbewahrte Krempel so überhandgenommen, dass einzelne Räume nicht mehr betreten werden können oder der eigene Wagen nicht mehr in die Garage passt.

> Der Gutmütige empfindet seine Wohnsituation gar nicht als so bedrückend, sondern erfreut sich nahezu täglich daran, anderen etwas Gutes zu tun. Dafür ist er gerne bereit, seine eigenen Bedürfnisse sehr lange außer Acht zu lassen.

Wenn dieser Zustand erreicht ist, dann lautet das Zauberwort: **Konsequenz**. Der große Vorzug dieses Chaos-Typen ist, dass man den einst vorhandenen Zustand des Zuhauses sehr gut und schnell wiederherstellen kann – allerdings nur mit Konsequenz sich selbst und anderen gegenüber. Und genau da liegt der Hund begraben: Konsequenz anderen gegenüber? Kann einem Gutmütigen etwas Schlimmeres widerfahren? Wahrscheinlich nicht! Wir wollen aber nicht direkt mit dem Schlimmsten beginnen und Sie abschrecken. Bereiten Sie sich ganz entspannt auf Ihren neuen, konsequenten Plan vor: Beginnen Sie damit, Ihr Haus oder Ihre Wohnung zu begehen, um eine **möglichst vollständige Liste** der Dinge zu erstellen, die Sie für andere aufgehoben und untergestellt haben. Wir gehen davon aus, dass Sie Dinge finden werden, die seit mehr als zehn Jahren in Ihrem Zuhause geduldet werden und Ihnen im wahrsten Sinne des Wortes den Platz wegfressen. Hadern Sie nicht mit sich und diesem Zustand, lachen Sie darüber! Lachen Sie laut und herzhaft, denn Sie sind jetzt auf dem richtigen Weg. Es gibt zwar noch eine Hürde für Sie (wir wollen ja ehrlich mit Ihnen sein), aber es kann nichts mehr passieren.

Nachdem Sie Ihre Liste geschrieben, komplettiert und ganz sicher mit großen Augen bestaunt haben, steht Ihnen jetzt die für Sie wahrscheinlich unangenehmste Aufgabe bevor: die Telefonliste. Es könnte Ihnen jemand böse sein. Es könnte sich jemand beleidigt fühlen. Sie könnten jemanden mit Ihrem Anruf unter Druck setzen. Was dann? Natürlich könnten Sie den einfachsten Weg wählen und alles so belassen, wie es ist. Aber darüber sind wir ja jetzt hinaus. Sie könnten auch schnellstmöglich alles entsorgen, aber das würde Ihnen ein sehr schlechtes Gewissen bescheren und Sie würden wahrscheinlich unter gemeinen Schuldgefühlen leiden. Vielmehr sollten Sie sich Ihrer Angst und Ihren Befürchtungen stellen und zum Telefon greifen. Rufen Sie alle Freunde und Familienmitglieder an, gehen Sie rüber zu Ihrem Nachbarn und fragen Sie nach, was mit dem untergestellten Kram passieren soll. Wir versprechen Ihnen:

Sie werden noch einmal lachen, und zwar gemeinsam! Oder Ihr Gegenüber wird sich entschuldigen, dass das Gerümpel so lange bei Ihnen gestanden hat. Viele werden Ihnen sagen *Schmeiß' das einfach weg, das hatte ich längst vergessen*. Vielleicht möchte jemand auch noch einen kleinen Aufschub aushandeln und manch einer wird tatsächlich etwas abholen. Aber eins können wir Ihnen aus der Erfahrung heraus sagen: **Niemand wird Ihnen böse sein**, dass Sie aufräumen möchten. Niemand wird beleidigt sein oder sich angegriffen fühlen. Jeder wird verstehen, dass Sie wieder Luft und Raum für sich benötigen. Alle Ihre vorangegangenen Ängste und Bedenken, die Sie unter Umständen schon jahrelang blockiert haben, sind umsonst gewesen. Also packen Sie es an und greifen Sie zum Hörer!

Chaos-Typ 4: Der Vielbeschäftigte

Zu den Vielbeschäftigten gehören wir natürlich alle. Zumindest im Rahmen unseres professionellen Aufräumens haben wir noch niemanden kennengelernt, der uns gesagt hat, alle Zeit der Welt und keine anderen Aufgaben oder Interessen zu haben. Ganz im Gegenteil: Alle sind so beschäftigt mit Beruf und Familie, mit Terminen und Pflichten, mit Einkaufen und Kochen, mit Papierkram und E-Mails, mit Suchen und Finden, mit den Ansprüchen anderer und gesellschaftlichen Verpflichtungen, dass die Zeit einfach davonläuft. Wer kennt dieses Gefühl nicht? *Mein Tag könnte 48 Stunden haben und ich würde doch nicht alles schaffen!* Kennen Sie diesen Satz? Dann gehören Sie zu den Vielbeschäftigten. Wir können Sie jedoch beruhigen: Sie haben genauso viel oder wenig Zeit wie alle anderen Menschen auch. Nur nutzen Sie sie anders. Viele Ihrer gesellschaftlichen Verpflichtungen und privaten Termine sind **fremdbestimmt**, und wahrscheinlich haben Ihnen diese Termine sogar lange Zeit Freude bereitet. Doch die Summe dieser mit den Jahren eingegangenen Verpflichtungen, addiert mit den immer höheren beruflichen Anforderungen und dem allgemeinen Arbeitsaufkommen, ist jetzt zu viel geworden. Und wahrscheinlich sind Sie darüber hinaus auch noch Opfer einiger (sichtbarer und unsichtbarer) Zeiträuber.

Bevor wir uns mit diesen Räubern beschäftigen, sollten wir vorab Folgendes klären: Möchten Sie wirklich mehr Zeit haben, um Ihre Wohnung und Ihren Alltag zu entrümpeln und aufzuräumen? Möchten Sie wirklich mehr Zeit haben, um dann noch mehr arbeiten und noch mehr erledigen zu müssen? Um noch mehr Zeit mit Dingen verbringen zu müssen, zu denen Sie eigentlich gar keine Lust haben? Sehen Sie Ihre Aufgaben in unerreichbare Höhen aufsteigen, wenn Sie noch mehr Zeit hätten und noch mehr tun könnten? Sind dies Ihre ehrlichen Gedanken, wenn Sie an *mehr Zeit* denken? Dann stecken Sie in einer Falle und wir möchten Ihnen gerne ein robustes Seil zuwerfen, um Ihnen herauszuhelfen!

> Die Wohnung zu entrümpeln und die Wohnsituation zu verbessern ist mit Arbeit verbunden. Deswegen haben Sie vielleicht ein paar Zeiträuber gefunden, um dieser Arbeit zu entgehen.

Sie haben recht: Die Wohnung zu entrümpeln und die Wohnsituation zu verbessern ist mit Arbeit verbunden. Mit Arbeit, zu der Sie wegen Ihrer diversen Termine bisher nicht gekommen sind und die Ihnen daher auch ein wenig befremdlich vorkommt. Deswegen haben Sie vielleicht ein paar sichtbare Zeiträuber gefunden, um dieser Arbeit zu entgehen. Zum Beispiel eine nie endende Aufgabenliste, auf der jede Kleinigkeit notiert wird und bei deren Abarbeitung Sie sich keinerlei Versäumnisse erlauben. Alles auf dieser Liste hat Priorität 1? Ja, das sind die

sichtbaren Zeiträuber. Daneben gibt es aber auch noch die unsichtbaren, die unsere Planung fast unbemerkt zunichtemachen: stundenlange Telefonate, der laufende Fernseher, die nette Nachbarin, die unangekündigt auf einen Kaffee vorbeischaut, das Handy, das Internet und vieles mehr.

Darüber hinaus ahnen wir, dass es Ihnen sehr schwerfällt, **Prioritäten zu setzen**. Entweder sind Sie wegen der Fülle von Aufgaben dazu nicht mehr in der Lage, oder Sie sind aufgrund Ihrer Gedankenfalle noch nicht bereit dazu. Brechen Sie in jedem Fall aus dieser Spirale aus, egal in welcher Sie stecken. Die anfängliche Mehrarbeit des Entrümpelns wird Sie zukünftig entlasten und Ihnen wirklich mehr Zeit schenken. Aber nicht, um noch mehr zu arbeiten, sondern um sich wieder auf die schönen und entspannenden Dinge des Lebens konzentrieren zu können. Sie können Ihr Aufgabenpensum so effektiv gestalten, dass das tägliche Aufräumen zu einer einfach zu handhabenden Routine wird. Ist erst wieder eine Basis geschaffen, müssen Sie weder suchen noch finden und sich auch nicht mehr vor einem riesigen Berg Papierkram in andere Aufgaben flüchten. Legen Sie Ihre *Ich habe keine Zeit zum Aufräumen*-Argumente bitte ab. Sonst müssen wir ganz ketzerisch nachfragen: Sie haben keine Zeit, den benutzten Locher an seinen Platz zurückzustellen, aber Sie haben die Zeit, ihn beim nächsten Mal wieder zu suchen? Kommen Sie, Sie sind stark! Schaffen Sie Klarheit in Ihrem Alltag und profitieren Sie von neuen Freiräumen. Packen Sie das Seil, das wir Ihnen zugeworfen haben, und entziehen Sie sich Ihren eigenen sichtbaren und unsichtbaren Zeiträubern.

Chaos-Typ 5: Der Rebell

Leben ist das, was passiert, während du beschäftigt bist, andere Pläne zu machen!

- John Lennon -

Der Rebell gehört zu den starken und oft auch dickköpfigen Charakteren; ein Chaos-Typ, der sich unter anderem häufig bei Jugendlichen findet. Der Rebell lässt sich nichts sagen und schon gar nicht zu irgendetwas zwingen. Konventionen möchte er nicht folgen und er lässt sich von ihnen auch nicht die Richtung weisen. **Aufräumen klingt für ihn spießig**, Ordnung ist für ihn nahezu militärisch. Seine Einstellung ist die, dass er sich von nichts und niemandem etwas vorschreiben lässt, auch nicht von den Notwendigkeiten im Haushalt. Ein Rebell macht eben nur das, was er will. Oft erklärt sich diese Haltung durch die Vergangenheit und aus dem Aufräumverhalten der engeren Familienmitglieder. Es beginnt mit den Eltern (oft der Mutter) und setzt sich unter Umständen über die Geschwister bis zum

Lebenspartner fort. Man hat wahrscheinlich zu oft versucht, den Rebellen zu seinem „Glück" zu zwingen und für seine Individualität abgewertet oder sogar bestraft. Autoritätspersonen hat dieser Chaos-Typ meist nur negativ in Erinnerung. Zudem fühlen sich Rebellen oftmals ihrer persönlichen Freiheit und somit ihrer Identität beraubt. Trotzdem leiden sie unter ihrem Chaos und dem damit einhergehenden **Verlust an Lebensqualität**.

> Der Rebell hat die Einstellung, dass er sich von nichts und niemandem etwas vorschreiben lässt, auch nicht von den Notwendigkeiten im Haushalt. Er macht eben nur das, was er will.

Wir professionellen Aufräumer vermitteln einem Rebellen zunächst einmal, dass er nicht für uns aufräumt und dass es auch nicht unsere Entscheidung ist, wie er seinen Wohnraum gestaltet. Er räumt auch nicht (mehr) für seine Familie oder für seine Lehrer auf, sondern ausschließlich für sich selbst. Wir machen ihm klar, dass er sich in seinen eigenen vier Wänden nicht mehr gegen Übergriffigkeit und Bevormundung schützen muss und seine Widerspenstigkeit daher überflüssig geworden ist: Er lebt nicht mehr bei den Eltern, muss nicht mehr mit den Geschwistern ein Zimmer teilen und hat sich in den meisten Fällen auch schon aus negativen Beziehungen gelöst. Aber Trotz und Festhalten an früh erworbenen Verteidigungsmechanismen blockieren den Rebellen dabei, Ordnung in seinen Lebensraum zu bringen. Er kann sich eine individuelle und vielleicht auch unkonventionelle Ordnung überhaupt nicht vorstellen. Und das, obwohl sie machbar ist!

Wenn Sie zu den Rebellen gehören, sind Sie wahrscheinlich jemand, mit dem man Pferde stehlen kann. Toll! Schade ist allerdings, dass Sie sich selbst im Weg stehen und ein paar kleinen, konventionellen Werten den Einzug in Ihr Leben sehr, sehr schwer machen. Zäumen Sie das Pferd, das man mit Ihnen stehlen kann, doch einmal von hinten auf: Anstatt sich der Ordnung und dem Aufräumen zu widersetzen, beschließen Sie einfach, die Ordnung und das Aufräumen zu wollen. Sagen Sie sich *Ich will in einer schönen und klar strukturierten Wohnung leben und niemand kann mich davon abhalten!* Treffen Sie Ihre ganz **eigene Entscheidung**, denn niemand kann Sie zur Ordnung, aber eben auch nicht zur Unordnung zwingen. Wenn Sie das tun, was Sie jetzt tun wollen, werden Sie großartige Erfolge erzielen. Das versprechen wir Ihnen. Und wie Sie das tun, was Sie jetzt tun wollen, erfahren Sie in diesem Buch.

Chaos-Typ 6: Der Geprüfte

Bei diesem Typen unterscheiden wir zwischen zwei Fällen: den durch einen Todesfall Geprüften und den durch eine schwere Krankheit Geprüften.

Im ersteren Fall lernen Sie gerade, wie Sie mit diesem Unglück umgehen können, und zwar unabhängig davon, ob Sie schon vor Jahren oder erst vor einigen Wochen von einem geliebten Menschen Abschied nehmen mussten. Neben den Emotionen Trauer und Verzweiflung ist zwangsläufig auch Ihre Einstellung zum Loslassen davon betroffen. Der Umgang mit einem Geprüften erfordert Sensibilität und ein hohes Maß an Einfühlungsvermögen. Jedes Level an Schmerzintensität und jede Form von Trauer kann die Geprüften umgeben, und bei jedem Einzelnen sind diese Emotionen individuell ausgeprägt. Wenn Sie zu den Geprüften gehören, möchten wir Ihnen zunächst unser tiefes und aufrichtiges Mitgefühl aussprechen. Sie haben einen schweren Verlust erlitten und trauern. Das dürfen Sie, und das sollten Sie. Trauer hat eine heilende Kraft, auch wenn wir sie zunächst kaum ertragen können. Wenn Sie einen Menschen verloren haben und sich mit seinem Nachlass auseinandersetzen müssen, glauben Sie gegebenenfalls, dass Sie mit jedem Gegenstand auch einen Teil der Erinnerungen vor sich haben. Es fällt Ihnen schwer, Wichtiges von Unwichtigem zu trennen, denn die Erinnerung ist bei jedem Gegenstand meistens gleich präsent. Nachdem Sie unser Buch in die Hand genommen haben, gehen wir davon aus, dass Ihre akute Trauer langsam zu Ende geht und Sie Hilfestellungen suchen beim Umgang mit diesem Nachlass, der meistens aus Alltagsgegenständen wie Kleidung, Büchern, Hausrat und ähnlichem besteht. Aber manchmal tauchen auch Fragen zu ganz persönlichen Gegenständen auf.

Starke Menschen haben nie eine einfache Vergangenheit.
- Unbekannt -

Alle Hinterbliebenen müssen sich mit schwierigen Gedanken, Gefühlen und Aufgaben auseinandersetzen. Sie beschäftigen Fragen nach Schuld, Verlustangst und die Suche nach dem **richtigen Zeitpunkt des Loslassens**. Psychologen haben festgestellt, dass sich der richtige Zeitpunkt meist ganz von alleine ergibt: Die größte Trauer ist überwunden, wichtige Andenken wurden bewahrt, und nun entwickelt sich das Bedürfnis, sich von den restlichen Alltagsgegenständen zu lösen. Allerdings möchten die meisten den verbliebenen Dingen noch einen Sinn geben. Wir geben in diesem Rahmen oft den Rat, im Sinne des Verstorbenen zu handeln: Was hätte er gewollt, wie wäre er vorgegangen? Es ist kein guter Gedanke, die Gegenstände einfach in den Müll zu werfen. Und das ist auch nicht sinnvoll. Aber sinnvoll und ein guter Gedanke ist es, Hilfsbedürftigen eine Freude zu machen und somit etwas Gutes mit diesen Dingen zu bewirken. Es gibt viele karitative Einrichtungen, die für gut erhaltene Kleidung und Hausrat dankbar sind und mit diesen Spenden viele Menschen glücklich machen.

Alle Hinterbliebenen müssen sich mit schwierigen Gedanken, Gefühlen und Aufgaben auseinandersetzen. Mit Fragen nach Schuld, Verlustangst und der Suche nach dem richtigen Zeitpunkt des Loslassens.

Stellen wir uns nun der Frage nach Schuld. Beladen Sie sich mit Schuld, wenn Sie Besitztümer des Verstorbenen weggeben? Machen Sie sich schuldig, sein Andenken nicht ausreichend zu würdigen? Sie können diese Fragen mit einem guten Gewissen und mit einem klaren *Nein* beantworten. Nein, Sie machen sich nicht schuldig. Und Sie werden den Menschen auch nicht vergessen, wenn Sie den Mantel an der Garderobe abhängen oder die Haarbürste im Badezimmer entsorgen. Sie haben sich viele Andenken bewahrt – gedanklich und materiell – und müssen nicht mehr jeden Tag aufs Neue traurig gestimmt werden. Sie sind traurig genug; beladen Sie sich nicht auch noch mit Schuld. Sie sind jetzt an einem Punkt, an dem Sie wieder ein bisschen Lebendigkeit in Ihr Zuhause einziehen lassen können, und das ist wichtig und gut. Sie trennen sich dabei nicht langsam von dem Verstorbenen, Sie trennen sich langsam von Ihrem Schmerz. Wenn es Ihnen in dieser Situation gut tut, einen „verlängerten Arm" zu nutzen, mit dem Sie sachlicher agieren können, dann **holen Sie sich professionelle Hilfe**. Zögern Sie nicht, das zu tun: Manchmal ist es einfacher, eine Entscheidung zu treffen, wenn man sie nicht selber ausführen muss. Es ist einfacher zu sagen *Die Haarbürste darf jetzt gehen*, als sie selbst zu entsorgen. So etwas ist vollkommen in Ordnung und kann Sie sehr unterstützen.

Und natürlich plagt Sie die Verlustangst. Den eigentlichen Verlust haben Sie schon erleben müssen, aber eine gewisse, etwas andere Verlustangst ist oft trotzdem noch vorhanden: Aus Furcht, etwas aus dem Nachlass zu spenden oder zu entsorgen, was Sie hinterher doch vermissen würden, behalten Sie einfach alles. Sie sehen zwar selber, dass Ihre Wohnung viel zu klein und der Platz dafür nicht vorhanden ist, aber die Verlustangst ist einfach zu groß. In dieser Situation sollten Sie genau überlegen, ob Sie schon bereit sind zum Aussortieren oder ob Sie sich nicht besser noch etwas Zeit geben. Wenn Sie prinzipiell bereit sind und Ihnen nur noch die Verlustangst im Weg steht, dann suchen Sie sich zuerst alle Stücke aus dem Nachlass heraus, die für Sie von großer Bedeutung sind. Wir sprechen hier nicht von einer materiellen, sondern von einer rein persönlichen Bedeutung. Mehr als das Volumen eines Umzugskartons sollte dabei nicht zusammenkommen. Dieser Karton, Ihr ganz eigener und **kompletter Erinnerungsschatz**, wird Ihnen helfen, Ihre Verlustangst zu bewältigen. Schauen Sie sich dann die restlichen Dinge an. Muss das alles noch bei Ihnen bleiben? Oder darf man damit Gutes tun und anderen Menschen eine Freude machen? Was würde der Verstorbene wollen oder gar selber tun? Diese Überlegungen werden Ihnen helfen, sich nach und nach von verschiedenen Gegenständen zu trennen und somit Platz für die wunderbaren Andenken zu schaffen.

Viele Geprüfte hadern so lange damit, nicht mehr so viel zu schaffen, dass sie völlig die Dinge aus den Augen verlieren, die sie durchaus noch erledigen können.

Aber nicht nur die Begegnung mit dem Tod kann uns zu Geprüften werden lassen. Auch eine schwere Erkrankung kann Ihr Leben so sehr beeinflussen, dass Sie das Aufräumen nicht mehr bewältigen können oder es Sie an Ihre Grenzen bringt. Dies ist der zweite Fall, mit dem wir es oft zu tun haben. Vielleicht hat die Erkrankung dafür gesorgt, dass Sie sich schon lange nicht mehr um Ihren Haushalt oder Ihre Unterlagen kümmern konnten. Und das gesammelte Chaos zeigt Ihnen jetzt automatisch jeden Tag eine schmerzhafte Wahrheit auf. Das ist kein gutes Umfeld, um wieder gesund zu werden oder mit der aktuellen Lebenssituation besser umzugehen. Sie müssen nicht nur einen Schicksalsschlag verarbeiten, Sie quälen sich unter Umständen auch mit Versagensängsten. Viele Geprüfte hadern und kreisen so lange um den Gedanken, nicht mehr so viel zu schaffen, dass sie völlig die Dinge aus den Augen verlieren, die sie durchaus noch erledigen können. Stoppen Sie diese negativen Gedanken, sie bringen Sie nicht weiter. Wenn es Ihnen dabei hilft, sagen Sie laut und deutlich *Stopp!*, und zwar jedes Mal, wenn Sie sich in derselben Gedankenspirale wiederfinden.

Sollte Ihre Erkrankung es zulassen, dass Sie (wieder) dauerhaft zu Hause leben können, empfehlen wir Ihnen auch hier einen „verlängerten Arm". Holen Sie sich Unterstützung und **bestimmen Sie Ihr Leben wieder selbst**, anstatt es von der Erkrankung bestimmen zu lassen. Machen Sie kleine, aber erkennbare Fortschritte, starten Sie mit kleinen, behutsamen Schritten und erobern Sie sich Ihre Wohnung zurück. Ob mit oder ohne Unterstützung – Sie können das!

Chaos-Typ 7: Der Künstler

Künstler und schöpferisch Tätige leben tatsächlich häufig in einem unaufgeräumten und unstrukturierten Umfeld. Dies hat weniger mit dem Bedürfnis nach einem „kreativen Chaos" zu tun (obwohl dies von ihnen selbst gerne so beschrieben wird), sondern mit der Tatsache, dass sich diese Menschen oft sehr schwer tun mit einem strukturierten Ordnungssystem und dem Beibehalten dieses Systems. Fast alle Künstler können alles und jedes gebrauchen, finden in mannigfaltigen Dingen Inspiration und haben oft **ganz eigene Vorstellungen zum Thema Ordnung**. Nichts davon ist schlecht, „verrückt" oder gar undenkbar, doch manchmal sind diese Vorstellungen nicht realisierbar. Der Wunsch nach einem klaren, minimalistisch eingerichteten Arbeitsraum oder Atelier ist nicht vereinbar mit dem Wunsch, wirklich alles aufzubewahren. Dies ist unter anderem ein Grund, warum diesem Chaos-Typen ein konzentriertes Ordnungssystem sehr befremdlich erscheint. Je umfassender und detaillierter dieses System ist, umso weniger kann er damit umgehen.

Wenn Sie zu den Künstlern gehören, bleiben Sie bitte, wie Sie sind – Sie haben eine große Gabe! Sie können uns mit Ihren Schöpfungen bereichern und erfreuen, uns staunen und innehalten lassen, uns neue Blickwinkel eröffnen und unseren Horizont erweitern. Sie zeigen uns, dass man dem Leben auch unkonventionell und mit einer gewissen spielerischen Leichtigkeit begegnen kann. So etwas brauchen wir alle. Daher lassen Sie bitte nicht zu, dass Ihnen der gehortete Plunder irgendwann die Energie und die Kreativität raubt. Sie sind mehr oder weniger an diesem Punkt angekommen, denn sonst würden Sie dieses Buch nicht lesen. Aber jetzt kann Ihnen geholfen werden. Wir werden Ihnen ein einfach zu handhabendes, schlichtes, aber wirkungsvolles Ordnungssystem zeigen, das Ihnen keinesfalls Ihr künstlerisches Potential rauben, sondern Sie vielmehr **inspirieren** wird. Es wird Ihnen helfen, sich in Ihren Räumlichkeiten wieder wohlzufühlen und Ihrer gestalterischen Arbeit mehr Raum und Luft zu geben.

Sie glauben immer noch an ein kreatives Chaos? Dann sagen Sie uns ehrlich, was finden Sie kreativer und inspirierender: Einen unaufgeräumten Schreibtisch, auf dem sich Papiere, Rechnungen und Werbeblättchen stapeln, oder einen großen bunten Blumenstrauß, den Sie gestern bei einem langen Spaziergang gepflückt haben? Die Zeit für einen Spaziergang haben Sie gar nicht? Doch, haben Sie: Wenn Sie einmal Ihre Unordnung beseitigt haben und nun nicht mehr stundenlang nach Dingen suchen müssen, die Sie gerade brauchen … Es ist das Eine, brauchbare Materialien aufzuheben, und das Andere, Gerümpel zu horten. Wir haben bisher bei allen Künstlern, bei denen wir gearbeitet haben, Dinge gefunden, die ohne Probleme kurz und schmerzlos entsorgt werden konnten. Oft sind Materialien viel zu alt, nicht mehr brauchbar, kaputt, zerknickt, über die Jahre verschmutzt oder auch einfach nicht mehr aktuell. Vieles ist auch doppelt und dreifach vorhanden, denn durch das ewige Suchen haben Sie so manches aus lauter Verzweiflung einfach neu gekauft. Gönnen Sie sich in Ihrem Arbeitsumfeld **schöne Kisten und Kartons**. Sammeln Sie darin alles, was zusammengehört: Farben zu den Farben, Scheren zu den Scheren, Werkzeug zum Werkzeug und Hölzer zu den Hölzern. Aber sortieren Sie vorher sorgsam aus! Sollte es in diesen Bereichen sehr viel Unterschiedliches geben (z. B. beim Werkzeug oder den Malutensilien), helfen weitere Unterkategorien (Bleistifte, Buntstifte, Filzstifte, etc.), die Sie ebenfalls in Kisten füllen; am Ende beschriften Sie alle Kisten. Das Ziel ist, alles ordentlich und staubgeschützt unterzubringen und es problemlos wiederzufinden. Wie künstlerisch Sie diese Aufgabe gestalten, ist Ihre Entscheidung.

Manchmal finden wir in der Zusammenarbeit mit diesem Chaos-Typen echte Kunstschätze, die vollkommen in Vergessenheit geraten waren und für die wir jetzt neuen Raum schaffen, um sie wirkungs- und eindrucksvoll zu präsentieren. Also ungebrauchtes und nicht genutztes Zeug raus und echte Schätze (wieder) rein. Sind das nicht schöne Aussichten?! Unserer Meinung nach schon. Der Künstler findet sich übrigens häufig auch im Chaos-Typ Träumer wieder. Daher könnte es für Sie spannend sein, sich auch mit dem nächsten Kapitel zu beschäftigen.

> Künstler können alles gebrauchen, finden in mannigfaltigen Dingen Inspiration und haben oft ganz eigene Vorstellungen zum Thema Ordnung. Nichts davon ist schlecht, „verrückt" oder gar undenkbar, doch manchmal sind diese Vorstellungen nicht realisierbar.

Chaos-Typ 8: Der Träumer

Unsere Träume können wir erst verwirklichen, wenn wir uns entschließen, einmal daraus zu erwachen!

- Josephine Baker -

Der Träumer lebt gedanklich in der Vergangenheit und träumt von der Zukunft. Nur im Hier und Jetzt lebt er nicht wirklich. Diese Lebenseinstellung spiegelt sich häufig in seinem Zuhause und seinem Wirkungsfeld wieder, auch wenn dieser Zustand hartnäckig ignoriert, **verdrängt** und kleingeredet wird. In lichten Momenten kann dieser Chaos-Typ seine Situation erkennen, allerdings ist er schon bald wieder völlig in seine Träume versunken.

Beispiel aus der Praxis

Wir lernten eine sehr nette Kundin kennen, die – neben anderem „träumerischem" Gerümpel – ihr gesamtes Haus mit den verschiedensten Stühlen, Tischen, Sesseln und Stapeln von Hochglanzmagazinen vollgestellt hatte. In nahezu keinem Raum gab es noch ein Durchkommen, die Zeitschriftenberge reichten bis an die Decken. Wir sprachen im Stehen in der Küche miteinander, denn sämtliche Sitzgelegenheiten waren unter Krempel begraben. Als Gast in diesem Haus bekam man ein wenig Angst, bei einer falschen Bewegung von irgendeinem Möbelstück oder einer Lawine erschlagen zu werden. Unter anderem deswegen hatte die Kundin schon seit Jahren keinen Besuch mehr bekommen. Unser Vorschlag, zunächst die älteren Möbelstücke ein wenig zu reduzieren, versetzte die Dame sofort in Panik. Das sei vollkommen unmöglich, denn einer (!) ihrer großen Träume sei es, irgendwann ein Literaturcafé zu eröffnen. Ein wirklich wunderschönes Café habe sie vor vielen Jahren einmal in Wien besucht, und so etwas würde in ihrem jetzigen Wohnort wirklich fehlen. Um sich diesen Traum zu erfüllen, sammelte sie seit über zehn Jahren Möbelstücke und teure Hochglanzmagazine. Auf unsere Frage, wie weit dieser Plan denn schon ausgereift wäre, erhielten wir die Antwort, dass es bisher beim Möbelsammeln geblieben wäre, denn sie hätte finanziell und zeitlich gar keine realistische Möglichkeit, solch ein Projekt zu stemmen. Darüber hinaus hätte sie keinerlei Erfahrung in der Gastronomie und wäre auch keine besonders gute Betriebswirtin. Aber ihr Traum vom Literaturcafé war, neben vielen anderen Träumen, immer noch lebendig und sollte aus der Vergangenheit in die Zukunft gerettet werden.

Der Träumer leidet beim Aufräumen besonders unter dem Vorgang des Trennens. Er hat schon bei der Planung eines Aufräumprojekts das Gefühl, sich selbst und seine Vergangenheit zu verraten und jegliche Zukunftswünsche sowie die schönen Erinnerungen an Kindheitstage unwiederbringlich zu zerstören. Bei Träumern findet man oft Unmengen von (Fern-)Reiseprospekten, alte Unterlagen und Bücher aus der guten alten Schul- und Studienzeit, außerdem viele verschiedene Materialien, die mit den unterschiedlichsten Traumvorstellungen dieses Chaos-Typs einhergehen. Träumer horten alles, was sie einmal begeistert hat oder was sie sich für die Zukunft wünschen. Dazu kommen die oftmals verklärten Erinnerungen an eine Vergangenheit, die heute noch emotional erlebt wird. *In diesen Schuhen bin ich damals immer tanzen gegangen, ich träumte von einer Karriere als Profitänzer. Das war mein Federmäppchen in der dritten Klasse, ich träumte davon, Tierarzt zu werden! Das war mein Federmäppchen in der vierten Klasse, ich träumte davon, Schriftsteller zu werden.* Wie Sie vermutlich schon ahnen: Es ist nichts daraus geworden, aber die Träume sind bis heute lebendig, und die Trennung von Dingen bedeutet für den Träumer, auch **Abschied von Träumen** zu nehmen. Die Vergangenheit soll also fast zwanghaft in die Zukunft gerettet werden.

> Die Träume aus der Vergangenheit sind bis heute lebendig, und die Trennung von Dingen bedeutet für den Träumer, auch Abschied von Träumen zu nehmen.

Dieser Chaos-Typ träumt intensiv und ausufernd. Er bewahrt alles Denkbare auf, um alte Träume nicht zu zerstören und um neue Träume vermeintlich zu verwirklichen. Dabei liegt die Betonung in nahezu allen Fällen auf „vermeintlich": Die Träume bleiben fast immer reine Fiktion und sind aus verschiedenen Gründen nicht vereinbar mit der Realität. Aber mit genau dieser Realität kann der Träumer nur sehr schlecht umgehen. Wenn Sie zu diesem Aufräum-Typ gehören, fragen Sie sich bitte zunächst, warum Sie so intensiv an der Vergangenheit festhalten und warum Sie Zukunftsträume aufrecht erhalten, die Sie wahrscheinlich nie verwirklichen werden. Warum müssen diese Träume so groß und damit so unerreichbar sein? Warum können Sie so schlecht mit dem Hier und Jetzt umgehen? Was scheuen Sie an Ihrem heutigen Leben? Hadern Sie mit verpassten Chancen oder fühlen Sie sich zu Höherem berufen, können es aber nicht realistisch umsetzen? Erst nachdem Sie diese Fragen für sich beantwortet haben, können Sie wirklich mit dem Aufräumen beginnen. Wenn Sie jetzt die Chance nutzen, einiges fallen zu lassen, **sind Ihre Hände und Ihr Kopf wieder frei**, um Neues zu schaffen. Versuchen Sie, einen Anfang zu finden, um Ihr Leben im wahrsten Sinne des Wortes zu klären!

Beispiel aus der Praxis

Ein anderer Kunde hatte bereits etliche Lagerräume und Garagen angemietet, um sich irgendwann seinen Traum von einer eigenen Bootswerkstatt zu erfüllen. Er arbeitete in einer Behörde im administrativen Bereich, aber seine Leidenschaft gehörte Booten aller Art und ihrer Instandsetzung. In seinen – teuer angemieteten – Lagern befanden sich alte Bootsteile, noch ältere Farben, diverse Hölzer, Werkzeug, Segeltuch, Seile, Wachse und zig andere Utensilien, die bereit stehen sollten, wenn er sich seinen Traum endlich erfüllen könnte. Bisher war jedoch noch nichts passiert, nur die Miete für die Räumlichkeiten konnte er nach etlichen Jahren nicht mehr tragen. Daher wandte er sich an uns. Sie können sich wahrscheinlich schon denken, dass über die Jahre der Lagerung hinweg fast das gesamte Material unbrauchbar geworden war. Holz war verwittert, Farben waren ausgetrocknet, Tücher und Stoffe verschimmelt. Er zahlte jahrelang jeden Monat Unsummen an Miete für unbrauchbaren Müll – ein Albtraum!

Unser Kunde hat relativ rasch gemerkt, dass er sich lange Zeit in etwas verrannt hatte. Und er hat genauso schnell eingesehen, dass es so nicht weitergehen konnte. Daher haben wir mit ihm gemeinsam eine schöne Lösung gefunden: Alle Lagerräume sind gekündigt, es muss keine Miete mehr gezahlt werden. In seiner eigenen Garage haben wir aufgeräumt, ausgemistet und gemeinsam einen herrlichen Hobbyraum eingerichtet. Und dort verbringt unser Kunde heute sehr viel Freizeit und stellt wunderschöne Dekorationen aus alten Bootsteilen und anderen Utensilien her, die er von Zeit zu Zeit auf kleinen Flohmärkten verkauft. Aus einer riesigen, unwirklichen Zukunftsfiktion wurde ein kleinerer, aber realistischer Traum geboren und verwirklicht, der nicht gnadenlos alle finanziellen Rücklagen frisst, sondern sogar ab und zu ein paar Euro in die Urlaubskasse spült.

Chaos-Typ 9: Der Aufschieber

> **Wir hoffen immer auf den nächsten Tag, wahrscheinlich erhofft sich der nächste Tag einiges von uns!**
>
> - Ernst R. Hauschka -

Erst einmal vorweg: Wir sind alle Aufschieber – mal mehr, mal weniger. Und um Ihre vielleicht drängendste Frage direkt zu beantworten: Ja, auch wir selbst, Ihre geneigten Buchautoren, schieben Dinge auf. Es liegt in der menschlichen Natur, Aufgaben, die uns schwer fallen, erst einmal vor uns her- und somit aufzuschieben. Nur in der Dauer liegen die Unterschiede: Was manch einer zwei Tage aufschiebt, schiebt ein anderer zwei Jahre auf. Und das kann dann zu größeren Problemen führen. Die „Aufschieberitis" hat in allen Teilen unserer Gesellschaft ihren Platz gefunden und ist von Zeit zu Zeit sogar nützlich. Wenn Ihre Stimmung es heute nicht zulässt, ein schwieriges Telefonat zu führen, dann schieben Sie es besser auf einen Tag, an dem Sie ausgeglichener sind. Das ist sinnvoll, denn dann wird es Ihnen wahrscheinlich wesentlich leichter fallen und gegebenenfalls zu einem positiveren Ergebnis führen. Problematisch wird es jedoch, wenn Sie den passenden Tag einfach nicht finden können oder wollen, denn dann wird Ihre Aufschieberitis mit Sicherheit **negative Konsequenzen** haben. Es ist wichtig, erkennen und unterscheiden zu können, ob Sie etwas für kurze Zeit *verschieben* oder etwas ernsthaft *aufschieben*.

Das Aufschieben kann viele Gründe haben. Generell werden gerne Aufgaben und Entscheidungen vertagt, die uns in irgendeiner Form ein ungutes Gefühl bereiten – etwa Unlust, (eigener) Druck oder Angst. Gerne verschieben wir aber auch Projekte, weil sie von anderen negativ bewertet werden könnten. Wenn wir diese Projekte gar nicht erst beginnen, gibt es auch keine negative Rückmeldung. Die Angst vor dem Versagen, aber auch die Angst vor dem Erfolg lähmt diesen Chaos-Typ. Ihm fallen auch die meisten Entscheidungen sehr schwer, denn hier steht er nämlich den gleichen „Dämonen" gegenüber: **Furcht vor Kritik** oder vor einer Abwertung durch andere und die generelle Angst, etwas falsch zu machen. Aufgaben mit exakt einzuhaltenden Fristen sind dem Aufschieber ein echtes Gräuel und Deadlines hält er, wenn überhaupt, nur unter allergrößtem Druck und in allerletzter Sekunde ein. Wirklich dramatisch wird das Aufschieben, wenn die Spirale immer enger wird und er noch umfassender und konsequenter aufschieben muss, um seinen alltäglichen Aufgaben überhaupt noch gewachsen zu sein. Anstatt innere Spannung abzubauen, baut er also noch mehr Spannung auf, die ihn nach kurzer Zeit in allen Bereichen seines Lebens überrollen wird. Der Aufschieber hat häufig auch eine unrealistische Auffassung davon, wieviel und was genau erledigt werden muss. Vielleicht wartet er tagtäglich auf das Eintreffen der richtigen Stimmung, in der er eine Aufgabe beginnen oder endlich beenden kann. Oder auch auf den richtigen Zeitpunkt, zu dem etwas erledigt werden kann. Auch wenn es Sie als Aufschieber zunächst enttäuschen wird: Dieser Zeitpunkt wird nicht kommen. Er wird nicht kommen, denn es gibt ihn nicht. Der richtige Zeitpunkt ist gekommen, wenn wir ihn dazu machen! Und Sie werden sich wundern, was Sie alles schaffen, wenn Sie diesen Punkt festgelegt und sich von Ihrer Aufschie-

beritis verabschiedet haben. Das können wir Ihnen versprechen.

> Das Aufschieben kann viele Gründe haben. Generell werden gerne Aufgaben und Entscheidungen vertagt, die uns in irgendeiner Form ein ungutes Gefühl bereiten. Vor allem die Angst vor dem Versagen, aber auch die Angst vor dem Erfolg lähmt diesen Chaos-Typ.

In Ihnen schlummern ungeahnte Kräfte, denn auch das Aufschieben muss mit großer Energie umgesetzt werden. Nutzen Sie diese Energie ab jetzt für sich und nicht mehr gegen sich. Beenden Sie Ihren Frust darüber, alles immer weiter liegen zu lassen und **starten Sie jetzt**! Der richtige Zeitpunkt ist gekommen, denn Sie haben ihn zum richtigen Zeitpunkt gemacht. Dem Leben und seinen Aufgaben zu begegnen und nicht mehr davor davonzulaufen, verschafft dem Aufschieber oft ein neues Selbstbewusstsein und das gesunde Gefühl, wieder die Kontrolle übernommen zu haben. Nehmen Sie die Dinge wieder selbst in die Hand und erleben Sie Ihre neue Freiheit!

Chaos-Typ 10: Der Unsichere

> **Viel mehr als unsere Fähigkeiten sind es unsere Entscheidungen, die zeigen, wer wir wirklich sind!**
>
> - Joanne K. Rowling -

Ihr lieben Unsicheren, Ihr seid so liebenswerte Menschen, dass es uns manchmal sehr schmerzt, wie wenig Ihr Euch um Euch selbst kümmert. So hohe Ansprüche an Euch selbst, so viel Geduld mit allen anderen und so viel Unsicherheit in Bereichen, in denen sie gar nicht nötig wäre. So liebevoll wie Ihr mit Eurem gesammelten Zeug umgeht, so liebevoll solltet Ihr endlich mit Euch selbst umgehen! – So, das musste mal raus.

Der Chaos-Typ des Unsicheren ist umgeben von Kram und Krempel. Oft hat er sein Dilemma schon erkannt und sogar den einen oder anderen Aufräumversuch unternommen. Leider schlugen diese Versuche meistens fehl, und zwar aus Unsicherheit. Und dann ist der Unsichere doppelt unsicher, ob das alles so richtig war und ob er es noch einmal wagen soll. Dem Unsicheren liegen viele kleine Stolpersteine im Weg, die seinen Plan, endlich aufzuräumen, sabotieren. Das Gute daran ist: Es sind zwar viele Steine, die Ihnen als Unsicherem im Weg liegen, aber eben auch kleine. Sie können sich also sofort aufmachen, einen kleinen Stein nach dem anderen zu bearbeiten und aus dem Weg zu räumen. Womit wir direkt beim Thema wären – räumen. Der Unsichere räumt gerne mithilfe der folgenden Kategorien auf: „Kann weg", „Behalten", „Vielleicht". Und dann geht es los. Unter „Kann weg" sammeln sich Bonbonpapierchen, zerrissene Haushaltsgummis und das eine oder andere abgebrannte Teelicht. In der Kategorie „Behalten" stapeln sich alle Bücher und Kleidungsstücke – und zwar unbesehen, weil sich der Unsichere gar nicht vorstellen kann, in diesen Bereichen **eine echte Entscheidung zu treffen**. Also behält er diese Dinge, egal ob genutzt oder ungenutzt. Und in der letzten Kategorie, unter „Vielleicht", landen 90 % aller Artikel, die er beim Aufräumen in der Hand hatte. Nach sechs Stunden Sisyphusarbeit werden also ein paar Bonbonpapierchen entsorgt. Und dabei bleibt es. Der Unsichere steht sich und seinen Aufräumplänen also leider selbst im Weg. Er wünscht sich Struktur und Ordnung, fürchtet sich aber davor, auch nur die kleinste Entscheidung zu treffen und sich von lieb gewonnenen Dingen trennen zu müssen. Dazu ist er nicht bereit. Wir verstehen, dass die Dinge, die Sie als Unsicherer angesammelt haben, auch einen Wert für Sie haben – wenn keinen materiellen, dann doch einen emotionalen Wert. Wir wissen, dass Sie an Ihren Sachen hängen und dass Ihre Unentschlossenheit aus der Angst entsteht, etwas Falsches zu entsorgen. Aber wir dürfen Ihnen auch sagen, dass dieser gesammelte Krempel Ihnen nicht gut tut. Sie versinken in Nostalgie und Ihre Angst, etwas unwiederbringlich verlieren zu können, raubt Ihnen jede Lebensenergie. Zum Trost und als Entschädigung kaufen Sie sich wieder und wieder etwas Neues, das Sie dann nach einer gewissen Zeit auch nicht mehr wiederfinden. Und aus Frust werden Sie noch mehr Neues kaufen. Erkennen Sie diese tückische Spirale?

> Der Chaos-Typ des Unsicheren ist umgeben von Kram und Krempel. Oft hat er sein Dilemma schon erkannt und sogar den einen oder anderen Aufräumversuch unternommen. Ihm liegen jedoch viele kleine Stolpersteine im Weg, die seinen Plan, endlich aufzuräumen, sabotieren.

Um wieder zurück zu kommen: Vor Ihnen liegen viele kleine Stolpersteine, aber die können Sie nach und nach aus dem Weg räumen. Seien Sie mutig und wagen Sie den ersten Schritt. Sie sollten sich unbedingt vor Augen halten, dass Sie durch Ihre Unsicherheit und Unentschlossenheit mehr Schaden angerichtet haben als durch eine möglicherweise falsche Entscheidung, etwas entsorgt zu haben. Ab jetzt bitte **keine „Vielleicht"-Kategorie mehr** (oder höchstens noch eine mit begrenzter Kapazität), und zwingen Sie sich dazu, erst einmal nichts mehr zu kaufen, abgesehen von Lebensmitteln für den täglichen Bedarf: Sie besitzen bereits alles und brauchen ab sofort keine Frustkäufe mehr. Sie sind jetzt bereit, Ihrer Frustration keinen Raum mehr zu geben und sie durch Zufriedenheit und Wohlbefinden zu ersetzen. Machen Sie sich auf den Weg, Ihren Besitz zu verschlanken, alles Schöne und Sinnvolle darunter wiederzufinden und diese Dinge in den Alltag zu integrieren. Was nutzt uns die beste Bratpfanne, wenn sie unter einem Berg Gerümpel verborgen liegt? Sie haben bereits eine richtige Entscheidung getroffen und wir freuen uns, dass Sie mithilfe dieses Buches die nun beginnenden neuen Aufgaben mit uns zusammen bewältigen möchten!

Chaos-Typ 11: Der Verzweifelte

Der Verzweifelte hat viel zu lange abgewartet. Ihm ist der Zustand seiner Wohnung oder seines Hauses schon so über den Kopf gewachsen, dass er sich nicht mehr in der Lage fühlt, die nun kommenden Anforderungen in irgendeiner Form zu bewältigen. Sein **Leidensdruck ist enorm groß** und hemmt oft alle noch möglichen Vorgehensweisen. In den meisten Fällen führt er zu ungeahnten Symptomen des Martyriums, nämlich körperlichen und seelischen Beschwerden wie chronischen Rückenschmerzen, Migräne oder Depressionen. Von Hautausschlag bis Herzrhythmusstörungen haben wir hier schon alles erlebt. Durchweg ernst zu nehmende Krankheitsbilder, durch die das Bewältigen der dringend erforderlichen Aufgaben noch schwerer erscheint – und es manchmal wirklich ist. Man hüte sich vor der Annahme oder gar Aussage, dass es sich lediglich um „eingebildete" Krankheiten handle: Viele Menschen können aus den unterschiedlichsten Gründen ihre Ängste und Nöte oft nur über ihren Körper ausdrücken. Oder das seelische Leid hat bereits so überhandgenommen, dass der Körper unmittelbar betroffen ist. Dies heißt jedoch nicht, dass sich jemand diese Beschwerden einbildet. Es bedeutet lediglich, dass die Ursache der Erkrankung nicht rein körperlicher Natur ist, sondern noch intensiver und ganzheitlicher betrachtet werden sollte.

Aber bitte erschrecken Sie nicht, wenn Sie sich in diesem Chaos-Typ wiederfinden! Mit einer behutsamen und intensiven Herangehensweise an die Problematik können auch Sie als Verzweifelter Ihre Situation dauerhaft in den Griff bekommen und **zu einer inneren und äußeren Balance zurückfinden**. Darüber hinaus gibt es viele Möglichkeiten und Therapieangebote, um die eigene Gesamtsituation zu verbessern und für die Zukunft vorzubeugen. Wichtig ist, sich professionelle Hilfe zu suchen – sowohl für die innere Befindlichkeit als auch für den äußeren Zustand. Der Verzweifelte braucht jemanden, der ihm aufzeigt, dass keine Wohnung verloren und kein Zustand unabänderlich ist. Und dass man auch im größten Chaos noch einen ersten Schritt tun, weiterkommen und Ziele erreichen kann. Diese Möglichkeiten kann der Verzweifelte oft nicht mehr erkennen. Er sieht nur noch eine unüberwindbare große, schwarze Mauer (so schilderte es einmal einer unserer Kunden). Oft betreten wir Wohnungen von Verzweifelten und können, ohne einen Handschlag getan zu haben, schon das schöne Himmelblau hinter dieser Mauer erkennen. Dazu sind die Betroffenen leider nicht mehr in der Lage. Oftmals wird das Chaos auch als größer oder kleiner empfunden, als es wirklich ist. Mit einem klaren Blick auf den Ist-Zustand hat dies meist nichts mehr zu tun, und das gilt es dem Verzweifelten zu vermitteln, um ihm Mut zu machen, alles wieder in

> Der Verzweifelte hat viel zu lange abgewartet. Ihm ist der Zustand seiner Wohnung oder seines Hauses schon so über den Kopf gewachsen, dass er sich nicht mehr in der Lage fühlt, das Chaos in irgendeiner Form zu bewältigen. Sein Leidensdruck ist enorm groß.

den Griff bekommen zu können. Denn dieser offene, ehrliche Ansatz beschönigt die Thematik nicht, sondern setzt erreichbare Ziele!

Wenn Sie verzweifelt sind, versuchen Sie zunächst, sich zu beruhigen. Nichts ist dauerhaft verloren und man kann jedes Chaos wieder in den Griff bekommen. Haben Sie keine Angst, diese lähmt Sie zusätzlich. Angst ist aus der Nähe betrachtet oft gar nicht nötig: Unsere manchmal wilden, irrationalen Vorstellungen machen uns Angst, dabei ist die Realität meist viel harmloser. Versuchen Sie, aus dem Gedankenkarussell auszusteigen. Kein Katastrophendenken mehr! Machen Sie einen **ersten kleinen Schritt**. Der hat geklappt? Na also. Machen Sie nun den zweiten kleinen Schritt … und dann vielleicht den dritten … und noch einen vierten? Jetzt machen Sie schon den fünften?! Weiter so, Sie machen das großartig!

Exkurs

Der Chaos-Typ des Verzweifelten ist nicht zu verwechseln mit Personen, die unter dem Messie-Syndrom leiden. Die Wohnsituation und die Symptomatik sind zwar oft sehr ähnlich oder gleich, doch der Verzweifelte ist mehr als bereit, sich helfen zu lassen, und ist sich seiner Problematik sehr bewusst. Sein Leidensdruck ist enorm und er möchte seine Lebenssituation lieber heute als morgen verändern. Dieser Chaos-Typ sehnt sich nach einem geordneten und aufgeräumten Leben, ihm ist „lediglich" alles Materielle aus der Hand geglitten. Beim Messie-Syndrom hingegen handelt es sich um eine ernstzunehmende psychische Erkrankung, die zunächst durch einen erfahrenen Therapeuten behandelt werden sollte. Meistens ist es ohne eine vorhergehende Zusammenarbeit mit einem Arzt oder Therapeuten

nicht möglich, auch nur ein einziges Teil aus der Wohnung des Patienten zu entsorgen. Der Betroffene leidet mehr unter der Trennung von Dingen als unter seiner Wohnsituation. Schon das Wegbringen reinen Hausmülls kann die unterschiedlichsten Symptome wie Ängste, Panikattacken oder andere seelische und körperliche Reaktionen auslösen. In extremen Fällen sind größere Bereiche oder sogar die gesamte Wohnung nicht mehr zu betreten.

> Das Messie-Syndrom ist eine ernstzunehmende psychische Erkrankung. Der Betroffene leidet mehr unter der Trennung von Dingen als unter seiner Wohnsituation.

Das Wort „Messie" wird heutzutage leider inflationär benutzt und auch von den Medien zu häufig in den falschen Zusammenhang gebracht. Oft heißt es bei einer unaufgeräumten Schreibtischschublade schon *Hilfe, ich bin ein Messie!* Das sind Sie nicht. Es handelt sich lediglich um ein wenig Unordnung. Das Messie-Syndrom ist mittlerweile sehr gut erforscht und Betroffene können umfangreiche Beratungsangebote nutzen. Wenden Sie sich an Ihren Hausarzt oder einen Psychotherapeuten, suchen Sie nach geeigneter Fachliteratur oder nutzen Sie das Internet. Wir möchten betonen, dass unsere Ausführungen keine ärztliche Diagnose ersetzen!

ERKENNEN SIE SICH WIEDER?

Haben Sie sich wiedergefunden? In einem oder mehreren unserer Chaos-Typen? Konnten Sie sich darauf einlassen und verinnerlichen, dass bei keinem dieser Charaktere „Hopfen und Malz verloren" ist? Dann freuen wir uns, denn das war unser Ziel. Jeder Mensch ist ein Individuum und das sollten wir anerkennen und akzeptieren, vor allen Dingen und ganz wichtig: auch im Umgang mit uns selbst! Hadern Sie nicht weiter mit sich. Sie sind doch schon losgegangen, um neues Terrain zu betreten … **Gehen Sie weiter**, Sie sind auf dem besten Wege!

Anekdote

Als Gasthörer besuchen wir von Zeit zu Zeit Universitätsvorlesungen, die zu unserem Wirkungsbereich passen und uns beruflich oder auch persönlich weiterbringen können. Vor einigen Jahren hatten wir uns eine psychologische Vorlesung ausgesucht bei einem sehr bekannten Professor, einer echten Koryphäe in diesem Fachbereich. Dieser Herr, ein unscheinbarer Mann mittleren Alters, kam in den Hörsaal und schrieb groß und deutlich an die Tafel: „Ein Mensch ohne Macke ist Kacke!" Da wussten wir und auch alle anderen Zuhörer: Hier sind wir richtig!

FAQs – Sie fragen, wir antworten

Nachdem wir uns nun ausführlich den verschiedenen Chaos-Typen gewidmet haben, möchten wir Ihnen auf den nachfolgenden Seiten verschiedene Kundenfragen vorstellen, die uns im Laufe der Zeit gestellt wurden und in ähnlicher Form immer wieder gestellt werden. Erkennen Sie sich auch hier wieder?!? Wir sind ziemlich sicher…

Ich arbeite jeden Tag sehr lange und habe nur das Wochenende, um mich zu erholen. Wie finde ich die Zeit zum Aufräumen? – Marco aus H.

Hallo Marco, Spülen oder Wäschewaschen lassen kein langes Aufschieben zu. Wir gehen daher davon aus, dass Sie die Zeit dazu finden und dies nahezu jeden Tag erledigen. Bei größeren Aufräumarbeiten gehört allerdings ein bisschen Planung dazu. Schätzen Sie, wie lange Ihre Aufräumaktion in etwa dauern wird, und planen Sie von vornherein eventuelle Verzögerungen mit ein. Ganz wichtig ist, dass Sie einen festen Termin mit sich selbst vereinbaren und diesen so ernst nehmen wie einen Arztbesuch. Wenn Ihnen aufgrund Ihres Arbeitspensums nur die Wochenenden bleiben, planen Sie einen Tag des Wochenendes als **Aufräumtag** (wobei Sie natürlich nicht 8 Stunden am Stück aufräumen sollten!) und einen Erholungstag. Das können Sie schaffen. Beginnen Sie mit dem Raum, der Ihnen am leichtesten fällt. Das gelingt garantiert und schafft Motivation für die schwierigeren Aufgaben.

Erarbeiten Sie sich nach und nach eine neue Ordnung (s. S. 58) und denken Sie immer daran: Wenn die Basis der Ordnung wieder geschaffen ist, fällt das alltägliche Aufräumen umso leichter und nimmt nur noch einen Bruchteil der Zeit in Anspruch, die Sie sonst beim Suchen und Finden vergeudet hätten. Wenn alle Gegenstände wieder ihren Platz gefunden haben, benötigen Sie für die tägliche Routine nur noch wenig Zeit und haben damit sogar Freizeit gewonnen!

Wie schaffe ich es, mich nicht ablenken zu lassen? – Marianne aus K.

Liebe Marianne, das ist recht einfach, aber wir kommen um eine kecke Antwort nicht herum: Nehmen Sie Ihren Wunsch nach Ordnung und die damit verbundenen Aufgaben ernst. Beim Bügeln lassen Sie sich ja auch nicht ablenken, sodass Sie einfach einen Ärmel vergessen. **Vereinbaren Sie einen festen Termin mit sich selbst**, bei dem es ausschließlich ums Aufräumen geht. Schalten Sie den Anrufbeantworter Ihres Telefons und die Mailbox Ihres Handys ein. Holen Sie nicht zwischendurch die Post rein und öffnen Sie möglichst gar nicht die Haustüre. Diese Zeit gehört nur Ihnen und Ihrer Wohnung! Schaffen Sie ein angenehmes Arbeitsumfeld und konzentrieren Sie sich für wenige Stunden nur auf Ihre Aufgabe. Sie werden sehen, dass die Zeit wie im Flug vergeht und Sie sehr produktiv sein werden.

Sollten Ihnen Dinge begegnen, die Sie emotional berühren und dadurch ablenken, beispielsweise alte Briefe, legen Sie diese erst einmal zur Seite und widmen Sie sich anderen Aufgaben, die Sie uneingeschränkt bearbeiten bzw. ordnen können. Notieren Sie sich die alten Briefe auf einer **To-do-Liste**. Wenn

Ihre Aufgaben erledigt sind und der jeweilige Raum aufgeräumt ist, können Sie sich entweder erholen – das haben Sie sich jetzt wirklich verdient! – oder sich noch einmal ganz in Ruhe mit den alten Briefen beschäftigen. Sollten Sie dazu keine Lust mehr haben und sich dieser Aufgabe später widmen wollen, werden Sie Ihr Vorhaben aufgrund der To-do-Liste nicht wieder vergessen.

Der tägliche Posteingang macht mich regelrecht wahnsinnig. Wie kann ich diesen reduzieren bzw. schneller bearbeiten? – Harald aus P.

Lieber Harald, diese Frage wird uns sehr häufig gestellt und auch wir staunen darüber, was uns täglich im Briefkasten und im E-Mail-Postfach begegnet. Beginnen Sie am besten damit, ein „Keine Werbung/keine Postwurfsendungen"-Schild an Ihrem Briefkasten anzubringen. Damit haben sich wahrscheinlich schon 50 % Ihres täglichen Postwahnsinns erledigt. Öffnen Sie **jeden Tag** alle Briefe und unterscheiden Sie nach „wichtig/behalten" und „unwichtig/entsorgen". Entsorgen Sie sofort! Das gilt auch für alle unnötigen Briefumschläge der wichtigen Post. Diese nutzen Ihnen nichts, lassen Papierstapel aber doppelt so hoch erscheinen und es ist zweifache Arbeit, die benötigten Unterlagen bei der Ablage noch einmal auspacken zu müssen. Bleiben nur noch die gewünschten und benötigten Schreiben übrig. Das dürfte – wenn Sie Ihre Post täglich öffnen – überschaubar sein. Legen Sie diese Unterlagen nun da ab, wo Sie sie beantworten, bezahlen oder bearbeiten möchten, also etwa im Arbeitszimmer.

Verfahren Sie mit E-Mails in Ihrem Postfach ähnlich. Löschen Sie Werbung und Spam direkt weg, lassen Sie solche E-Mails nicht wochenlang in Ihrem Postfach – Sie verlieren den Überblick. Lieber täglich drei „langweilige" Minuten als nach 6 Wochen eine ganze nervenaufreibende Stunde (oder noch mehr).

Sollten Sie gerade etwas anschaffen wollen und Angebote benötigen, suchen Sie diese gezielt im Internet und auf den von Ihnen bevorzugten Portalen.

Ich habe schon viele Anläufe genommen, um mein Chaos in den Griff zu bekommen. Und die Aktionen meistens nach einem Tag wieder beendet. Wann ist denn der richtige Zeitpunkt zum Aufräumen? – Daniela aus U.

Liebe Daniela, wir sind der Ansicht, dass hier nicht die Antwort auf die Frage nach dem richtigen Zeitpunkt gefunden werden muss. Wir sollten uns vielmehr die Antwort auf die Frage *Warum sind Sie nicht am Ball geblieben?* erarbeiten. Den richtigen Zeitpunkt zum Aufräumen hatten Sie bereits gefunden, denn das ist der, den Sie dazu machen! Wenn Unordnung die Herrschaft über Ihre Wohnung oder Ihr Leben übernommen hat und Sie einen Leidensdruck – in welcher Form auch immer – verspüren, spätestens dann hat Ihr Unterbewusstsein den richtigen Zeitpunkt zum Aufräumen festgelegt. Dieser war sogar bereits in Ihr Bewusstsein übergegangen, denn Sie haben mehrfach mit dem Aufräumen begonnen. Die Frage lautet also: Warum konnten Sie nicht dauerhaft dabei bleiben? Welche Hindernisse haben Ihnen den Weg versperrt? Waren Sie unter Umständen nicht ausreichend vorbereitet?

Wir möchten noch einmal betonen: Der richtige Zeitpunkt zum Aufräumen kommt nicht von selbst. Warten Sie nicht wochen- oder monatelang vergebens darauf. Der Zeitpunkt ist richtig, wenn Sie **ihn dazu machen**!

Verliere ich meine Kreativität und Inspiration, wenn ich alles aufräume? – Nico aus E.

Hallo Nico, diese Frage wird uns vor allem von künstlerischen oder besonders fantasievollen Menschen häufig gestellt. Und wir können sie ganz eindeutig beantworten: Nein! Früher glaubte man, dass Chaos und Kreativität zusammenhängen. Heute weiß man, dass das Unsinn ist. Denn mal ehrlich: Auf dem Schreibtisch erst nach einer wichtigen Unterlage aus der letzten Woche suchen zu müssen, ist nicht besonders kreativ, sondern kostet nur Zeit und Energie. Arbeitsmediziner sprechen von ca. 10 % weniger Arbeitsleistung bei einem unaufgeräumten, chaotischen Schreibtisch. Und diese Energie kann man doch besser in neue Projekte oder in seine Freizeit investieren!

Die Frage sollte also lauten: Sind Sie kreativer mit einem überladenen Schreibtisch oder mit einer freien Fläche für Ihre Fantasie? **Ideen brauchen Raum**, und diesen Raum gewinnen Sie nur durch eine gewisse Ordnung und die Entsorgung des „Zuviel". Enge beschränkt Sie in Ihrem Denken und Handeln, und unbearbeitete Projekte, vollgestopfte Ecken und Regale, staubige Flächen und das Horten von Gerümpel wirken sich negativ auf Sie aus und können Sie im schlimmsten Fall lähmen.

Ich bin seit geraumer Zeit vollkommen fertig und erschöpft. Ich arbeite und arbeite. Ich informiere mich wirklich umfassend, aber ich komme trotzdem keinen Schritt weiter. Woran liegt das? – Siegfried aus R.

Lieber Siegfried, Sie wollen anscheinend ganz besonders viel schaffen. Wir gehen davon aus, dass Sie Ihre Tage so vollpacken, dass die geplanten Aufgaben nicht mehr zu bewältigen sind. Also morgens überschwänglichste Motivation mit der Aussicht darauf, heute etwas Großartiges zu leisten, und abends totale Erschöpfung mit dem Hang zur Verzweiflung. Wir müssen Ihnen dazu etwas sehr Direktes, aber Wichtiges sagen: Diese Probleme machen Sie sich selbst. Niemand anderes ist daran beteiligt. Sie möchten 100 Schritte mit dem ersten erledigen und dann sofort befreit sein. So geht das leider nicht. Sie möchten sich 120 %ig bemühen und über Ihr alltägliches Arbeitspensum hinaus noch zig Bücher gleichzeitig über das Aufräumen lesen (und darüber hinaus jeden Zeitungsausschnitt zum Thema horten), und das soll Sie endlich zum Ziel führen. So geht es leider auch nicht.

Großartig ist, dass Sie hochmotiviert sind. Und jetzt geben Sie sich bitte eine Chance. Planen Sie ein Tagespensum, das an einem Tag auch wirklich zu bewältigen ist. Und planen Sie von vornherein ungefähr 30 % **„Reservezeit"** für etwaige Schwierigkeiten ein. Wenn dann ein Problem auftaucht, haben Sie ausreichend Zeit dafür und müssen Ihr Vorhaben nicht mittendrin abbrechen. Und wenn alles reibungslos läuft, haben Sie zusätzliche Freizeit oder können noch ein weiteres kleines Projekt in Angriff nehmen, sofern Ihre Motivation dazu noch reicht. In beiden Fällen werden Sie auf jeden Fall zufrieden und wahrscheinlich auch ein wenig glücklich sein. Und Sie werden nach und nach einen großen Schritt weiterkommen und neue Energie finden.

Meine Tochter duscht täglich (stundenlang) und wechselt aus Lust und Laune ständig ihr Shampoo. Mit anderen Worten, im Bad stehen fünf angebrochene Flaschen mit einem Viertel Inhalt für den gleichen Haartyp. Das macht mich verrückt! – Petra aus E.

Hallo Petra, Sie werden wohl nicht darum herumkommen, mit Ihrer Tochter zu **sprechen**. Sagen Sie ihr, dass Sie dieser Zustand wirklich nervt und dass damit das (meist sowieso schon zu kleine) Bad unnötig vollgestellt wird. Wir möchten jetzt allerdings nicht dafür plädieren, fünf halb- oder noch zu einem Viertel volle Flaschen zu entsorgen. Ein Kosmetikchemiker hat einmal gesagt, dass die Entwicklung des Haarshampoos in den 1970er-Jahren prinzipiell abgeschlossen war und alle „Fortschritte" seither lediglich Werbung sind. Da es sich um den gleichen Haartyp handelt, spricht also nichts dagegen, alle Shampoos in einer oder zwei Flaschen zu sammeln und die leeren Flaschen zu entsorgen. Und wir gehen davon aus, dass man das mit Duschgel genauso handhaben kann.

Werde ich meine Entscheidung irgendwann bereuen, wenn ich etwas entsorge? – Bernd aus K.

Lieber Bernd, das kann Ihnen leider niemand 100 %ig beantworten, außer Sie selbst. Eigentlich gibt es nur „Ja" oder „Nein" beim Aussortieren. Spenden, Verschenken oder Verkaufen sind legitime Alternativen. Auch das Aufschieben in schwierigeren Fällen ist natürlich erlaubt. Wenn Sie mit der nötigen Portion gesunden Menschenverstands an das Aussortieren und Entsorgen herangehen, werden Ihnen wohl keine Fehler unterlaufen: Urkunden, Zeugnisse und den Familienschmuck werden Sie kaum entsorgen, und darüber hinaus ist praktisch alles wiederbeschaffbar. Trauen Sie also Ihrer Entscheidung und lassen Sie sich nicht in irgendeine Richtung drängen, dann werden Sie nichts bereuen.

Seien Sie **immer ganz ehrlich** zu sich: Würden Sie dieses Teil wirklich vermissen? Sie hatten es in einen staubigen Karton im Keller verbannt. Was wäre also schlimm daran, wenn es gar nicht mehr da wäre? War dieser Gegenstand wirklich wichtig und geliebt? Warum wurde er dann aus den Augen und somit aus dem Sinn geräumt? Versuchen Sie, das Entsorgen etwas gelassener anzugehen, und hüten Sie sich vor Fatalismus. Gestern haben Sie ein altes Paar Gummistiefel entsorgt, das Sie heute gut hätten gebrauchen können – eine Katastrophe? Nein! Sie haben ja noch ein Paar, das Sie heute tragen können. Wir möchten Sie allerdings darauf hinweisen, dass es beim Entsorgen mit Sicherheit den einen oder anderen Trennungsschmerz geben wird. Verwechseln Sie diesen aber nicht mit „bereuen". Sich zu trennen, tut fast immer weh, und das gilt manchmal auch für lange nicht benutzte Gegenstände.

Beispiel aus der Praxis

Eine unserer Kundinnen hatte beim Entrümpeln ihrer Garage ihr erstes Fahrrad wiedergefunden. Sie hatte es seit Jahrzenten nicht mehr benutzt und wusste eigentlich auch gar nicht mehr, dass es noch in ihrem Besitz war. Aber dieser Fund war wie ein kleiner Schatz für sie, daher haben wir das Fahrrad nicht entsorgt. Einen Tag später rief sie an und bat uns, das Fahrrad doch abzuholen. Sie hatte diesen einen Tag benötigt, um ihren Trennungsschmerz zu bewältigen, aber das Fahrrad brauchte sie nicht mehr. Also haben wir ein schönes Foto gemacht und das Rad dann gespendet.

Dann komme ich gleich zur nächsten Frage: Wie kann ich garantieren, dass ich keine wichtigen Unterlagen wegwerfe? – Bernd aus K.

Das Aussortieren von Unterlagen erfordert absolute Gründlichkeit. Jeder Umschlag muss geöffnet, jedes Blatt einzeln angeschaut werden. Das ist mühselig und zeitaufwendig, aber unbedingt notwendig, vor allem bei „bunt gemischten" Papieren. Hier gilt: Im Zweifel erst einmal behalten, so kann nichts Wichtiges verlorengehen. Sollten Sie Stapel von Zeitungen und Zeitschriften aufbewahren und sicher sein, dass keine wichtigen Unterlagen dazwischen verborgen sind, können diese selbstverständlich großzügig entsorgt werden, ohne jeden Stapel noch einmal **gründlich durchzuschauen**. Grundsätzlich aufzubewahren sind zum Beispiel Urkunden, Arbeitsverträge, Sozialversicherungsbelege und andere wichtige Unterlagen. (Aufbewahrungsfristen und Beispiele dafür, s. S. 67.)

Wie Sie mit privaten Unterlagen wie alten Liebesbriefen, Unterlagen aus dem Studium etc. umgehen, können Sie nur selbst entscheiden. Fragen Sie sich: *Wie wichtig sind mir diese Dinge heute noch? Benötige ich sie heute wirklich noch?* Haben Sie schöne Erinnerungen daran, wäre dies ein Indiz, etwas davon zu behalten. Haben Sie schlechte Erinnerungen daran, tut es Ihnen vielleicht gut, die Dinge endlich zu entsorgen. Lassen Sie auch diesen Gedanken zu.

Diesen Mantel kann ich unmöglich entsorgen, er hat mal 450,- DM gekostet. Das war damals sehr viel Geld! – Ulrike aus P.

Liebe Ulrike, da haben Sie vollkommen recht: 450,- DM waren damals sehr viel Geld! Und sind es übrigens heute auch noch. Aber die Betonung sollte hier auf „damals" liegen. Warum hängt dieser Mantel noch in Ihrem Schrank? Nur weil er „damals" 450,- DM gekostet hat? Bitte nicht! Hüten Sie sich vor der Idee, dass Sie für alle Zeit die Bewahrerin der Dinge sind. Sortieren Sie aus, was heute nicht mehr nützlich, sinnvoll oder geliebt ist. Dazu wird auch dieser Mantel gehören. Machen Sie nicht die Höhe des Anschaffungspreises eines Gegenstandes zur Grundlage der Entscheidung über Behalten oder Entsorgen. Sonst dürften Sie ja auch niemals eine neue Couch oder gar eine neue Küche kaufen!

Sehen Sie es einmal so: Der Anschaffungspreis des Mantels hat sich **bereits gelohnt**. Sie haben ihn zehn Jahre sehr gerne getragen und sich gut damit gefühlt. Sie waren sogar ein bisschen stolz auf das schöne Stück. Er hat Ihnen gute Dienste geleistet, damit hat sich der Preis doch schon gerechnet. Heute haben Sie andere schöne Stücke und tragen den alten Mantel sowieso nicht mehr. Also darf er jetzt beruhigt gehen. Wenn Sie vermuten, dass er auch heute noch seinen Wert hat, dann versuchen Sie, ihn zu verkaufen. Und wenn Sie finden, dass er zwar noch in gutem Zustand, aber nicht mehr zu verkaufen ist, spenden Sie ihn. Damit tun Sie – neben sich selbst durch die Verschlankung Ihres Kleiderschranks – auch noch einem anderen Menschen etwas Gutes.

Wie lange dauert es, bis sich meine neuen Aufräum-Gewohnheiten in mir gefestigt haben? – Leonie aus K.

Hallo Leonie, manche Psychologen sagen, dass sich eine neue Gewohnheit innerhalb von drei Wochen festigt, andere sagen, es braucht dazu drei Monate.

Wir gehen davon aus, dass diese Zeitspanne unbedingt etwas damit zu tun hat, wie positiv Sie den neuen Weg sehen und wie konsequent Sie die neuen Routinen beibehalten. Darunter wird es Aufräum-Angelegenheiten geben, die Ihnen von vornherein leicht fallen, und solche, bei denen Sie sich deutlich schwerer tun. Manchmal braucht man mehrere Anläufe, um neue Gewohnheiten beizubehalten und zu festigen. Lassen Sie sich davon nicht abschrecken. Machen Sie sich darüber hinaus nicht zu viele Gedanken um den benötigten Zeitraum, innerhalb dessen Sie etwas verinnerlicht haben müssen. Das baut

nur unnötigen Druck auf. Fokussieren Sie die neuen Aufgaben und seien Sie **konsequent**, verankern Sie das Aufräumen als festen Bestandteil Ihres Tages, das bringt Ihnen den gewünschten Erfolg.

Ich habe noch viele Kisten mit Büchern in meinem Keller, die ich aber nicht entsorgen möchte. Was kann ich damit machen? – Peter aus E.

Hallo Peter, jetzt fragen wir uns: Was machen diese Bücher in Ihrem Keller? Lesen Sie im Keller? Wenn nicht, lagern Sie sie dort nur um des Besitzens willen? Oder aus Sentimentalität? Möchten Sie diese Bücher für die Nachwelt aufheben? Wenn Sie auch nur eine dieser ketzerischen Gegenfragen mit *Ja* beantwortet haben, lautet unsere Antwort *Aussortieren!* Denn ganz ehrlich: Bücher haben nichts im Keller verloren. Es sei denn, er ist vollständig ausgebaut und gestaltet sich als Arbeitszimmer oder Bibliothek. Ein Keller lässt Bücher sonst meist leiden: Sie werden allmählich feucht, riechen muffig oder fangen sogar an zu schimmeln. Je länger sie dort liegen, umso schlimmer. Meistens sind Bücher auch nicht so verpackt, dass sie der Kellerfeuchte Stand halten können, sondern werden in Umzugs- oder anderen Pappkartons gestapelt. Gar nicht gut!

Bücher gehören ins Bücherregal, ins Arbeitszimmer oder an andere Orte, an denen sie gelesen und genutzt werden. Im Keller nutzen sie nichts und werden im Gesamtzustand nicht besser. Sortieren Sie Bücher daher schon dann aus, wenn sie noch relativ neu und **in gutem Zustand** sind und beispielsweise noch verkauft werden können. Das funktioniert heutzutage kinderleicht über diverse Internetportale, und auf Bücherbörsen oder Trödelmärkten kann man ebenfalls etwas damit verdienen. Geben Sie Ihren Büchern eine Chance und einen Sinn! Möchten Sie Ihre Bücher aus Sentimentalität behalten, fragen Sie sich ernsthaft, ob das wirklich „kistenweise" (Sie

sprachen davon …) sein muss oder ob nicht eine kleine, aber feine Auslese genügen würde. Wenn ja, kann man diese bestimmt noch im Regal unterbringen oder in einer kleinen, aber luft- und wasserdichten Kiste im Keller verstauen. Diese Kisten sind nicht immer günstig, aber wenn die verbleibenden zehn Bücher einen Schatz für Sie darstellen, sind sie das wert.

Was soll ich mit den ganzen Zeitungsausschnitten machen, die ich gesammelt habe und irgendwann noch einmal lesen möchte? – Lydia aus W.

Liebe Lydia, wie viele sind es denn? Sprechen wir von Kartons oder von einem kleinen Stapel? In beiden Fällen raten wir erst einmal: Aussortieren. Themen „von gestern" können nämlich heute schon ganz uninteressant sein. Zerknitterte, verschmutzte, unleserlich gewordene Ausschnitte – weg damit! Unserer Erfahrung nach haben Sie damit schon ca. 50 % Ihrer gesammelten „Werke" erledigt. Für den Rest sollten Sie einen Ordner anlegen. Ha – erwischt! Denn jetzt denken Sie sicherlich: *Was??? Für dieses Zeug soll ich extra einen neuen Ordner anlegen?* Und damit sind Sie überführt: Genau, das ist bloß Zeug! Das Horten von „Das möchte ich nochmal lesen"-Artikeln bringt in der Realität nämlich nichts außer Druck. Zum einen bekommen Sie täglich neue Artikel zum Lesen und zum anderen reicht Ihre Zeit ja noch nicht einmal, um diese neuen Artikel zu bewältigen (sonst würden Sie ja nichts sammeln müssen). Also werden Sie auch zukünftig keine Zeit haben, die ganzen gehorteten Artikel aufzuarbeiten. Natürlich ist es absolut legitim, mal den einen oder anderen Artikel aufzubewahren oder sich eine Zeitung fürs Wochenende zurückzulegen. Aber **setzen Sie sich eine Frist**: Sollten Sie es nicht geschafft haben, die Zeitung oder den Artikel innerhalb der nächsten zehn Tage gelesen zu haben, trennen Sie sich davon. Denn dann war der Inhalt wohl doch nicht so spannend und wichtig.

Ich habe mittlerweile drei Regalbretter voll ungelesener Bücher. Ich komme einfach nicht dazu.
– Steffi aus M.

Liebe Steffi, das kennen wir, denn es geht vielen Menschen so. Wir lassen uns im Vorbeigehen schnell dazu verleiten, ein neues Buch zu kaufen, weil der Titel wirklich ansprechend aussah. Und diese ganzen schönen Angebote und Mängelexemplare. Soviel Buch für so wenig Geld, ein Traum! Hinzu kommen natürlich die mannigfaltigen Büchergeschenke, die man erhält. Im besten Falle treffen sie unseren Geschmack (dann, liebe Schenker, herzlichen Glückwunsch dazu!), im schlechtesten Fall steht das Buch nur im Regal. Aber es ist ja nagelneu und auch noch ein Geschenk, deswegen entsorgen wir es nicht.

Aber nennen wir das Kind doch mal beim Namen, und der heißt Druck. Ungelesene Bücher üben oft großen Druck auf uns aus. *Die muss ich noch alle lesen!*, hören wir unsere Kunden oft sagen. Aber egal wie oft man damit anfängt, man legt sie doch nach Seite 10 wieder weg, weil sie eben leider keine Volltreffer waren. Wir müssen das alles nicht. Wir müssen keine Bücher aufbewahren, weil sie Geschenke waren, wir müssen keine Bücher horten und wir müssen uns auch nicht zum Lesen zwingen. Nutzen Sie Ihre ungewollten oder ungeliebten Bücher als Spen-

de oder wandeln Sie sie in bares Geld um. Gerade aktuelle und ungelesene Bücher erzielen einen ganz ordentlichen Preis in einschlägigen Internetportalen. Wenn Ihnen das zu viel Aufwand ist, fragen Sie bei Freunden und in der Familie, wem Sie damit eine Freude machen können. Ja, man darf Geschenke **weiterverschenken** – haben Sie keine Schuldgefühle deswegen! Möchten Sie sich dauerhaft von ungenutzten Büchern verabschieden, bitten Sie Ihre Freunde und Familie, Ihnen statt Büchern zukünftig Buch-Gutscheine zu schenken. Dann können Sie sich in Ruhe selbst aussuchen, was Sie lesen möchten.

Lebensmittel zu entsorgen halte ich für eine echte Sünde. Leider habe ich Unmengen an abgelaufenen Lebensmitteln im Haus, die aber alle noch genießbar sind. Was soll ich damit machen?
– Sabine aus B.

Hallo Sabine, Sie sollten sich auf jeden Fall mit der Frage beschäftigen, warum Sie so viele Lebensmittel kaufen, von denen dann etliche ablaufen und nicht konsumiert werden. Wir erkennen in Ihrer Frage schon beim Einkauf ein Zuviel. Abgelaufene Lebensmittel sind eine spezielle Sache, weil jeder anders damit umgeht. Wir haben Kunden, die etwas einen Tag nach Ablaufdatum entsorgen, und welche, die Konserven auch dann noch verwerten, wenn sie schon Jahre über dem Datum sind. Und zwischen diesen Extremen gibt es zig weitere Herangehensweisen.

Wenn Sie überzeugt sind, dass die Lebensmittel noch genießbar sind, **verbrauchen** Sie so viele wie möglich davon. Suchen Sie sich entsprechende Rezepte heraus und verwerten Sie nach und nach Ihre Bestände. Richten Sie auch Ihren Einkaufszettel danach aus! Das ist ganz wichtig, damit Sie nicht noch mehr Nahrungsmittel der gleichen Art kaufen. Fragen Sie Freunde, Nachbarn oder Ihre Familie, ob

dort gegebenenfalls etwas benötigt oder gewünscht wird. Bitte weisen Sie alle darauf hin, dass es sich um abgelaufene Lebensmittel handelt, denn jeder sollte den Umgang damit selbst bestimmen dürfen. Sollten Sie jetzt immer noch Bestände haben oder weitere Lebensmittel, die Sie definitiv nicht verzehren werden, suchen Sie nach Institutionen oder Menschen, die sich mit Foodsharing beschäftigen. Dabei werden – auch abgelaufene – Lebensmittel vor dem Wegwerfen „gerettet" und verwertet. In allen Großstädten gibt es bereits feste Stellen, an denen man solche Lebensmittel kostenlos abgeben (und auch kostenlos abholen) kann. Übrigens ein sehr spannendes Thema!

Meine Wohnung ist seit Jahren ein einziges Chaos. Ich habe aber jobbedingt keine Zeit und mir hat auch noch niemand Hilfe beim Aufräumen angeboten. Wen kann ich für den Zustand meiner Wohnung verantwortlich machen? Meinen Chef oder meine sogenannten Freunde?
– Wolfgang aus D.

Lieber Wolfgang, wir haben eine sehr gute Nachricht für Sie: Sie können weder Ihren Chef noch Ihre Freunde dafür verantwortlich machen. Auch nicht Ihre Mutter oder Ihre Nachbarn. Verantwortlich für dieses Chaos sind nur Sie. Ist das nicht großartig!? Damit wird Ihnen eine große Last von den Schultern genommen: Sie müssen nicht länger warten, bis sich der Verantwortliche bei Ihnen meldet und aufräumt. Sie sind nicht auf die Güte oder Hilfsbereitschaft anderer angewiesen. Nein, Sie können **eigenständig und autonom** eine Entscheidung treffen, wie Sie mit diesem Chaos weiter umgehen wollen. Wahre Haltung entsteht, wenn wir mit beiden Beinen fest im Leben stehen und sagen: *Ich bin für mich selbst verantwortlich!* Der Zustand Ihrer Wohnung ist durch Ihr eigenes Handeln entstanden, und Ihr eigenes Handeln kann dies auch wieder rückgängig machen. Ihre

Entscheidungen haben dazu geführt, dass Sie sich heute in dieser Lage befinden. Nicht die Entscheidung Ihres Chefs oder Ihrer Freunde. Erkennen und ergreifen Sie diese Chance, lieber Wolfgang. Die Antworten, wie das alles passiert ist, liegen in Ihnen.

Ich kaufe mir ständig etwas Neues. Zuhause ärgere ich mich dann über das verschenkte Geld, denn das meiste Zeug habe ich doppelt und dreifach oder ich kann es gar nicht richtig gebrauchen. Wie kann ich mich davon befreien?
– Melanie aus I.

Liebe Melanie, wir freuen uns über Ihre Frage, denn wir erkennen daran, dass Sie sich bereits mit Ihrer Problematik beschäftigt haben. Damit sind Sie vielen anderen Menschen einen großen Schritt voraus. Kaufen oder sich (vermeintlich) „etwas Gutes tun" wird uns heute so leicht gemacht, dass man kaum widerstehen kann: An jeder Ecke winken Angebote, Schnäppchen und mannigfaltiges Zeug, das niemand braucht. Dennoch wird es gekauft. Ja, wir möchten uns „etwas Gutes tun", und zwar möglichst schnell. Und womit wird dieses Bedürfnis schneller befriedigt als mit einem Kauf?! Dabei kommt es dann nicht mehr darauf an, ob wir diesen Gegenstand wirklich brauchen, es geht nur um das schöne Gefühl, etwas „geschnappt" zu haben – Seelentrost nach einem stressigen Tag, schnell und einfach.

Dass das Gekaufte kein Seelentrost ist, sondern nahezu immer irgendein Krempel, müssen wir Ihnen nicht sagen. Das wissen Sie (und wir alle) selber. Das heißt, wir müssen uns selbst dazu bringen, für dieses Zeug nicht mehr so empfänglich zu sein, denn die Rache sind vollgestopfte Schubladen, überladene Kleiderschränke und übervolle Keller. Darüber hinaus wird uns schon seit Jahren durch die Medien vermittelt, dass „wir sind, was wir besitzen". Mit anderen Worten: *Ich besitze viel, also bin ich wer(t)!*

Oft scheint es, als würde sich in unserem Zeitalter alles nur noch um Konsum drehen. Je mehr, desto besser; mein Haus, mein Boot, mein Auto. Und dies wird uns nicht nur plakativ durch knallige Werbung, sondern auch verschleiert und nahezu unsichtbar auf psychologischem Wege vermittelt. Ein Medienexperte hat uns einmal erzählt, dass früher in einem Meeting für einen TV-Spot fünf Werbefachleute und ein Psychologe zusammen saßen. Heute sind es fünf Psychologen und ein Werbefachmann. Das zeigt sehr deutlich die Veränderung des Marketings.

Wissen Sie, genauso befriedigend wie diese Käufe können auch die Nichtkäufe sein. Glauben Sie nicht? Ist aber wirklich so. Ihre werten Buchautoren haben es vor langer Zeit selber ausprobiert und bis heute verinnerlicht. Das ging schneller als erwartet und hütet uns seit langem vor unüberlegten Frustkäufen. Bei jedem Einkauf fragen wir uns: *Brauche ich das wirklich?* Wobei die Betonung auf „wirklich" liegen sollte. Ja, man braucht unter Umständen schnell eine kleine Ablenkung, zum Beispiel von einem schlechten Tag. Aber „wirklich"? Braucht man diesen Artikel „wirklich"? Darüber muss man erst einmal nachdenken. Und das sollten Sie dann auch tun. Sie werden an den Punkt kommen, dass Sie etwas ganz anderes benötigen: etwa eine ausgedehnte Dusche und danach endlich die Beine hochlegen, nach diesem anstrengenden Tag. Das brauchen Sie wahrscheinlich wirklich! Wenn Sie diese kleine, aber wirkungsvolle Strategie konsequent anwenden, wird in Ihnen nach kurzer Zeit das Gefühl des Stolzes wachsen. Sie sind zu Recht stolz, dass Sie den Angeboten widerstehen konnten, und Ihr Selbstbewusstsein wächst automatisch mit. Denn jetzt haben Sie wieder die **Macht über die Dinge**, und die Dinge haben keine Macht mehr über Sie.

Weitere Fragen, die Ihnen helfen können, damit keine unnötige, belastende Anschaffung aus dem

Kauf wird: *Würde es mich wirklich glücklich machen, diesen Gegenstand zu besitzen, oder habe ich ihn übermorgen schon wieder vergessen? Habe ich Platz dafür? Habe ich diesen Gegenstand nicht schon mehrfach, vielleicht in anderer Farbe oder Ausführung? Wenn ich dieses Teil kaufe, muss ein anderes dafür gehen. Bin ich dazu bereit?* Dies sind allesamt wichtige und angemessene Fragen, die dabei helfen werden, Ihre Kauflust zu reduzieren. Erleben Sie durch den Verzicht eine neue Freiheit!

Mir ist es schon oft passiert, dass ich in meinem Chaos genau wusste, wo ich die Dinge finde, doch sobald ich aufgeräumt hatte, habe ich wie eine Verrückte nach meinen Sachen gesucht und es bereut, sie weggeräumt zu haben. Wieso soll Aufräumen denn jetzt so viel besser sein?
– Rebecca aus K.

Liebe Rebecca, wir glauben, wir hören Ihren inneren Schweinhund aus Ihnen sprechen. Oder leben Sie wirklich nach dem Motto „Nur das Genie beherrscht das Chaos"? Natürlich wissen Sie, wo Sie die oft oder täglich benötigten Gegenstände hingelegt haben, das ist eine ganz wichtige Strategie im Umgang mit Chaos und Unordnung. Selbst im größten Chaos geht niemand ohne Schuhe oder Hose aus dem Haus. Bestimmte Dinge werden also jeden Tag wiedergefunden. Wir gehen davon aus, dass Sie Ihre neue Ordnung aus zwei Gründen nicht genießen und schätzen können. Erstens erfordert jede neue Handlung ein gewisses Maß an Neuanpassung. Dies ist für Menschen, die sich selbst als „Gewohnheitstiere" bezeichnen, ein bisschen schwieriger und eventuell auch langwieriger und kann daher anstrengend sein. Ihr Gehirn und Ihre Gewohnheiten müssen sich aber, um eine dauerhafte Ordnung halten zu können, an die neuen Aufbewahrungsorte gewöhnen. Das ist Ihre erste Hürde, die es zu überwinden gilt. Zweitens würden wir Ihre neue Ordnung gerne hinterfragen. Räumen Sie wirklich sinnvoll und logisch auf und entsorgen auch allen nicht mehr benötigten Krempel, oder stopfen Sie alles in Schubladen und Schränke, damit es „aus den Augen" ist? Der Effekt dabei wäre, dass zwar optisch alles bestens ist, Sie aber leider nichts mehr wiederfinden. Denn jetzt greift die alte Weisheit „Aus den Augen, aus dem Sinn". Und dann wäre es kein Wunder, dass Ihr Gehirn sich den neuen Aufbewahrungsort nicht merken kann. Ihr Gehirn benötigt eine gewisse Logik und kein (aus dem Zimmer in die Schränke) „verschobenes" Chaos.

Nehmen Sie sich ein bisschen Zeit und setzen Sie Ihre Aufräumprojekte schrittweise um. Räumen Sie beispielsweise heute nur das Badezimmer auf. Sortieren Sie unbenutzte, alte, kaputte Gegenstände aus, um Platz für die täglich gebrauchten Utensilien zu schaffen, die jetzt griffbereit aufbewahrt werden können. Geben Sie sich und Ihrem Gehirn Zeit, sich an die neue Ordnung zu gewöhnen. Wenn diese **logisch und sinnvoll** ist, werden Sie nicht lange dafür brauchen. Und erst dann widmen Sie sich dem nächsten Raum.

Liebe Frau Lübke, lieber Herr Dreeschmann, wie sieht es eigentlich bei Ihnen zuhause aus? – Petra aus O.

Liebe Petra, nun ja … **Aufgeräumt** ☺!

KAPITEL 3

WARUM HABEN SIE NOCH NICHT LOSGELEGT?

TAUSEND „GUTE" GRÜNDE ...

Jetzt haben Sie sich und Ihr Aufräumverhalten also etwas genauer kennengelernt, und doch bleibt eine große Frage: Warum haben Sie noch nicht losgelegt? Auch wenn Ihnen vielleicht einige Punkte bereits klar geworden sind, überspringen Sie dieses Kapitel bitte nicht. Denn trotz dieser Erkenntnisse gibt es immer noch einige Gründe, warum Sie einen Neuanfang oder ein großes Projekt einfach nicht beginnen (wollen), obwohl es in Ihrem Verstand doch bereits angekommen ist.

Neben unserem Über-Ich – also diesem Ich, das bereits den Entschluss gefasst hat, endlich mit dem Aufräumen zu beginnen – gibt es noch das Ich und das Es. Das Ich hat wahrscheinlich immer noch mehr oder weniger rationale Bedenken: *Habe ich genug Zeit? Habe ich genug Platz, um überhaupt agieren zu können? Wie soll ich meine Aufräumaktion planen? Wie soll ich das Projekt in meinen Alltag integrieren? Kann ich das wirklich alleine schaffen? Bin ich gut vorbereitet und habe ich alles, was ich dazu benötige?* Diese Fragen können wir schnell beantworten, wir kommen im nächsten Kapitel darauf zurück. Bleibt noch Ihr Es, und nun wird es ein bisschen komplizierter. Denn das Es hat keine rationalen, sondern ausschließlich emotionale Gedanken und Befürchtungen; manchmal sogar hochemotionale. Mit diesem Es sollten wir also sehr behutsam und sensibel umgehen, ihm nach und nach seine **Befürchtungen und Ängste** nehmen und diese möglichst **in Motivation und gute Gefühle umwandeln**. Und ganz wichtig: Wir sollten es auf keinen Fall für seine Sorgen und Nöte bestrafen, auch dann nicht, wenn sie uns noch so irrational und unnötig erscheinen! Verstehen und annehmen – kommt Ihnen bekannt vor, oder?! Ihr Es ist lebensnotwendig für Sie, genauso wie Ihr Ich und Ihr Über-Ich. Denn das alles zusammen sind Sie! Und das kleine Es hat unter Umständen große Sorgen und manchmal große Angst, und oft beides zusammen. Ihr Es macht sich viele Gedanken um Ihr Wohlbefinden, das gilt es zu hüten und zu schützen. Es macht sich Gedanken, wenn Sie aus Gewohntem ausbrechen wollen, denn das ist neu und spannend und vielleicht sogar gefährlich. Damit ist das Es überfordert. Es möchte es ruhig, behaglich und komfortabel haben. Und wenn Sie beginnen, Ihre Komfortzone zu verlassen, wird es reagieren und rebellieren. An diesem Punkt sind Sie wahrscheinlich jetzt.

> **Wer etwas will,**
> **findet Wege.**
> **Wer etwas nicht will,**
> **findet Gründe.**
> - Götz Werner -

Es gibt unzählige Gründe, die Sie davon abhalten können, endlich mit dem Aufräumen zu beginnen. Wahrscheinlich könnten wir ein zweites Buch nur darüber schreiben, denn wir alle sind Individuen mit unseren ganz eigenen Geschichten und Erlebnissen, und umso umfassender und detaillierter sind die Beweggründe. Aber es gibt Themen und Gefühle, die uns im Rahmen unserer Arbeit immer wieder begegnen, und denen möchten wir dieses Kapitel widmen.

1. Der innere Schweinehund

Er ist groß und mächtig, und er hat ganz viel mit Ihrem Es zu tun. Er speist es und tarnt sich als vermeintlicher Freund und Verbündeter. In Sachen „Angst und Schrecken verbreiten" ist er ganz weit vorne dabei, und er bestraft Sie auch gerne noch mit Schuldgefühlen und Identitätskrisen. Dieses Vieh ist ein echter Albtraum! Und weil er so mächtig ist, man ihm aber auch durchaus Positives abgewinnen und sich mit ihm **verbünden** kann, haben wir dem inneren Schweinehund ein Extrakapitel gewidmet (s. S. 65).

2. Angst

Sie zeigt sich in vielen Bereichen, die mit Ordnung, Aufräumen und Entrümpeln zu tun haben. Loslassen bereitet vielen Menschen Angst, ebenso wie die Vorstellung, Dinge auszusortieren und somit ihren Besitz zu reduzieren. Die Angst, etwas zu verlieren, falsche oder endgültige Entscheidungen zu treffen, lässt viele Menschen in Untätigkeit erstarren. Selbst wenn etwas praktisch wertlos und für den Eigenbedarf nicht geeignet ist, können sie sich davon nicht trennen. Doch genau davon sollten Sie sich lösen, denn das sind die **emotionalen Blockaden**, die Ihnen nicht gut tun und die Sie nicht schützen. Und eigentlich ist es doch das, was Sie suchen: Schutz, Sicherheit und Wohlgefühl. All das finden wir jedoch nicht in der Angst. Zwei speziellere Arten von Ängsten, die beide ebenfalls auf dem Prinzip des „Nicht-Loslassen-Wollens" beruhen, sind die Angst vor materiellem und vor Informationsverlust.

Angst vor materiellem Verlust

Viele Menschen können sich kaum von etwas trennen, das einmal Geld gekostet hat. Der Wert des Gegenstands bezieht sich also ausschließlich auf seinen Anschaffungspreis und nicht darauf, ob er noch benutzt, gebraucht oder geliebt wird. Auch wenn er heute wertlos erscheint, könnte er

ja mal einen gewissen Wert bekommen. Menschen mit dieser Angst entsorgen ohne Zögern Zeichnungen ihrer Kinder, alte Tagebücher und ähnliches, sind aber kaum in der Lage, die gehorteten Plastiktüten zu reduzieren – diese haben schließlich 10 bis 20 Cent pro Stück gekostet und können noch einmal benutzt werden. Auch wenn Sie jetzt den Kopf schütteln, weil Sie eher zu den emotionalen Sammlern gehören: Es geht hier nicht um „Richtig" oder „Falsch", es geht nur um „Anders". Auch von materieller Verlustangst sollte man sich befreien, denn sie ist **keine Lösung**. Der größte Besitz nützt nichts (und gibt uns auch nicht mehr Sicherheit), wenn wir ihn nicht brauchen oder nutzen.

Angst vor Informationsverlust

Ein Großteil unserer Kunden fürchtet, bei den alltäglichen Informationen nicht mehr mitzukommen. Das Angebot ist einfach zu groß geworden. Daher haben viele Menschen das Gefühl, es dürfte kein Tag mehr ohne die Tageszeitung, die Fernsehnachrichten oder das Internet vergehen. Und wer die neuen Medien noch nicht nutzt, hat verstärkt das Gefühl, die täglich gedruckten Informationen sammeln zu müssen, um bloß nichts zu verpassen. Zu den **eigenen Ansprüchen** der Zeitungssammler gehört unter anderem, dass nichts entsorgt wird, was noch nicht gelesen wurde. Wir haben mit Kunden gearbeitet, die Unmengen (!) von ungelesenen Zeitungen aufbewahrt haben, weil sie diese endlich einmal lesen wollten oder weil sie Angst hatten, eine wichtige Information zu verpassen. Darum sammelten sie immer weiter, und die Erkenntnis, dass diese riesigen Stapel auf keinen Fall jemals zu bewältigen sind, wurde mit allen Mitteln verdrängt.

3. Schuldgefühle

Wer kennt das nicht: Geschenke von Freunden, Nachbarn und Familie, die leider „daneben" gingen. Das selbstgehäkelte dunkelbraune Platzdeckchen von Oma Lotti. Die CD, die Sie nie hören werden. Die große illustrierte Hundeenzyklopädie, obwohl Sie doch eine Katze haben. Und der lustige Popcornmaker zu Ihrem 30. Geburtstag. Sie verdrehen die Augen … und doch schleichen sich Schuldgefühle ein. *Das darf man doch nicht weggeben, das sind schließlich Geschenke!* Und alle haben es ja auch „irgendwie" gut gemeint. Ja, bestimmt – und genau darüber sollten Sie sich freuen: Man wollte Ihnen eine Freude machen. Dennoch hat dieser Kram jetzt nichts mehr in Ihrer Wohnung verloren, denn er blockiert die Schränke für Dinge, die Sie lieben und schätzen und brauchen. Sie sollen diese Geschenke ja nicht wegwerfen, aber **sich davon befreien**: Das Platzdeckchen passt hervorragend zur Einrichtung Ihrer netten Nachbarin. Mit dem Popcornmaker können Sie bestimmt die 13-jährige Tochter Ihrer Freundin glücklich machen (fragen Sie Ihre Freundin aber bitte vorher!). Und für Bücher findet man auch fast immer einen Abnehmer. Mit anderen Worten: Diese Geschenke machen jetzt jemand anderem eine Freude und Sie waren seinerzeit hochgestimmt, weil man an Sie gedacht hat – warum also Schuldgefühle?

4. Unentschlossenheit

Ein weit verbreitetes Phänomen, das sich im Kleinen schon etwa im Restaurant äußert, wenn wir uns nicht entscheiden können, was wir bestellen sollen. Im Großen hindert es uns an unseren Plänen und Vorhaben und an der Verwirklichung von Träumen. Unentschlossenheit kann sich uns jeden Tag in den Weg stellen und uns blockieren. Sie spiegelt sich auch in Unordnung und Chaos wider. Bevor ich etwas aufräume, bin ich erst einmal unentschlossen, wohin ich es räumen soll. Ich habe **Angst, einen Fehler zu machen** und es womöglich nicht mehr wiederzufinden, also lasse ich es besser erst einmal liegen. Das wiederholt sich

und wiederholt sich und wiederholt sich, und irgendwann können Sie nicht mehr wissen, wo Sie etwas hingelegt haben, denn die Berge wachsen. Sie erkennen das Prinzip?!

5. Vergesslichkeit

Menschen mit einem vermeintlich schlechten Gedächtnis neigen dazu, Dinge gar nicht erst wegzuräumen: Sie befürchten, dass sie vergessen könnten, wo sie sie hingelegt haben oder dass sie sie überhaupt noch besitzen. Das erklärt oft das Phänomen der „vollgestopften Zimmer bei leeren Schränken". Wenn Sie vergessen, was Sie besitzen, hat das in den meisten Fällen nur etwas mit dem **Zuviel** zu tun. Und damit, dass Sie (noch) keine sinnvolle Ordnung in den Räumen, Schränken und Regalen gefunden haben. Wenn Sie alle Vasen links im Wohnzimmerschrank aufbewahren, müssen Sie sich gar nicht an den Platz jeder einzelnen Vase erinnern, denn Sie wissen genau, wo Sie schauen müssen – also ein einziger Standort, und schon finden Sie sich zurecht. Wir erleben oft, dass unsere Kunden gar keine Gedächtnislücken haben. Ihr Gehirn ist einfach nur mit täglichem Suchen und ständigem Überlegen (wo was ist) so beschäftigt, dass keine Kapazitäten mehr frei sind. Geben wir also unserem Gehirn die Möglichkeit, Ballast abzuwerfen, haben wir automatisch wieder freie Ressourcen und mehr Gedächtniskapazität.

6. Sehnsucht nach Sicherheit und Schutz

Viele Menschen benötigen eine große Menge an Besitztümern, um sich vermeintlich in Sicherheit zu wähnen und zu schützen. Einzig der Besitz von Dingen beschert ihnen ein Gefühl von Sicherheit, egal ob es sich um wertvolle Einzelstücke oder gesammelten Schrott handelt. Wir sprechen hier absichtlich von vermeintlicher Sicherheit, denn angehäufter Krempel ist keine Sicherheit, sondern eine **stetig drückende Belastung**. Und immer weiter Krempel anzuschaffen bringt garantiert auch keine Geborgenheit. Die ständigen Ausgaben für Billigkäufe oder unbrauchbaren Kram können schnell den finanziellen Rahmen sprengen oder Rücklagen aufbrauchen. Und dann beeinträchtigt der „Besitz" die Sicherheit sogar. Wir bitten Sie daher, ganz genau darüber nachzudenken, welche Sicherheit Ihnen Ihr „Besitz" gibt und wie sich diese Sicherheit äußert. Wahrscheinlich werden Sie im Hinblick auf Ihren angehäuften Kram zu keiner logischen Erkenntnis kommen. Auch als Schutz vor negativen Einflüssen oder Ereignissen wird häufig Krempel wie ein regelrechter Wall vor der Welt „da draußen" aufgebaut. Die Dinge, vor denen sich die Betroffenen schützen möchten, beginnen bei negativen Bewertungen durch andere und führen über zu viel Druck, Stress und Lärm bis hin zu Anforderungen des Lebens, denen sie sich einfach **nicht gewachsen** fühlen. Einige dieser Menschen möchten sich schlichtweg vor Sozialkontakten schützen und schaffen Chaos, damit niemand mehr die Wohnung betreten kann und sie keinen Besuch mehr empfangen können.

7. Suche nach Identität, Identifikation, Image

Kennen Sie den Satz „Du bist, was du hast"? Er wird uns sehr gerne von den Marketingexperten dieser Welt zugerufen und nur zu gerne (und zu oft!) tappen wir in diese Falle. Es wird suggeriert, dass mit materiellen Dingen das Ansehen, der Status und das Image verbessern werden kann.

Beispiel aus der Praxis

Frau N. rief uns an, weil sie Probleme mit ihren Unmengen an Kleidung hatte. Am Tag des ersten Gesprächs öffnete uns eine offene, wortgewandte und sehr attraktive Frau die Tür und präsentierte uns ihr Chaos. Prinzipiell war alles aufgeräumt, aber aus allen Ecken quollen gewaschene und ungewaschene Pullover, Hosen, Schuhe und sündhaft teure Kosmetik, teilweise unbenutzt. Volle Kleiderbügel hingen an allem, an das man etwas hängen konnte. *Ja, ich habe eine Leidenschaft für Kleidung und Kosmetik. Aber das hier ist mir ein bisschen zu viel geworden.* Hinterfragt hatte sie ihre „Leidenschaft" bisher noch nicht. Wir vereinbarten zwei Termine zum Aus- und Neusortieren und Frau N. zögerte am ersten Termin nicht lange, diverse Teile zu verschenken und zu spenden. Alles was ihr nicht mehr passte oder gefiel, wurde ausrangiert. *Wow!*, dachten wir und freuten uns schon auf den zweiten Termin.

Bei unserem zweiten Besuch öffnete uns dieselbe offene, wortgewandte und attraktive Frau, die höchst zufrieden war mit den bereits erarbeiteten neuen Unterbringungsmöglichkeiten. Dann präsentierte sie uns stolz die Unmengen (!) an neu gekaufter Kleidung (mehr, als wir vorher gemeinsam aussortiert hatten!), für die ja jetzt wieder Platz da wäre! Unsere Gesichter können Sie sich wohl ansatzweise vorstellen … In einem langen Gespräch stellte sich heraus, dass Frau N. nicht nur eine „Leidenschaft" für Kleidung und Kosmetik hatte, sondern dass sie damit versuchte, eine Lücke in ihrem Leben zu schließen: Sie fühlte sich überhaupt nicht attraktiv oder hübsch und somit auch nicht liebenswert. Daher wollte sie mithilfe von Markenkleidung und den teuersten Kosmetikprodukten „wenigstens" gut gekleidet sein. Und da ihr Gefühl natürlich jeden Tag präsent war, wurde auch mindestens jeden zweiten Tag etwas Neues und möglichst Teures gekauft. Bei Frau N. hatte die „Du bist, was Du hast"-Masche also auf ganzer Linie durchgezogen.

Die Kunst ist, einmal mehr aufzustehen, als man umgeworfen wird.

- Winston Churchill -

8. Resignation

Sie haben bereits resigniert, bevor Sie überhaupt anfangen konnten, Ihren neuen Aufräumplan in die Tat umzusetzen. Der Mut hat Sie verlassen, Sie hatten doch keine Zeit, ständig hat das blöde Telefon geklingelt. Sie haben begonnen, aber wieder aufgehört, denn es war einfach zu anstrengend und Ihnen fehlte in der vollgestopften Wohnung auch der Platz, um wirklich agieren zu können. Die Argumente, die Sie zum Aufräumen bringen sollten, sind wie Seifenblasen zerplatzt. Und jetzt ist auch noch das letzte bisschen Energie weg. Das nennt man Resignation. Stillstand. „Rien ne va plus", nichts geht mehr. *Genauso ist es!*, hören wir Sie jetzt rufen. *Endlich jemand, der mich und meine Energielosigkeit versteht.* Ja, das tun wir tatsächlich. Wir verstehen Ihre Resignation. Aber Sie dürfen nicht darin verharren und sich dahinter verstecken. Natürlich können Sie erst einmal innehalten und ausruhen, um neue Energie zu tanken und neue Pläne und Ziele zu verinnerlichen. Aber Sie dürfen nicht still stehen bleiben, schon gar nicht an einem Punkt, der eine **wichtige und positive Veränderung** in Ihrem Leben einläuten wird. Damit sind wir jetzt wieder beim inneren Schweinehund angekommen, der Veränderungen (auch positive!) mit allen Mitteln verhindern will. Denn er ist ein Saboteur und hasst alles, was auch nur ansatzweise anstrengend werden könnte.

Der innere Schweinehund – ein Porträt

Sein Motto an jedem Tag: Kann ich das vom Bett aus machen?

Wir alle kennen ihn, in allen von uns lebt er, und er zeigt sich ständig in Situationen, in denen wir ihn überhaupt nicht gebrauchen können. Er scheint die Aufschieberitis erfunden zu haben, er sabotiert unsere Vorhaben und schert sich einen Dreck um unsere neuen Erkenntnisse und Pläne. Der innere Schweinehund ist ein „fabelhafter" Begleiter! Dass er tatsächlich fabelhaft ist, dazu kommen wir später. Zunächst möchten wir uns der Tatsache widmen, dass er uns andauernd, sozusagen täglich, im Weg steht und uns nicht vorankommen lässt, außer im Trödeln und Nichtstun. Denn das scheint er großartig zu finden. Der innere Schweinehund ist ein sehr **alltägliches, aber auch seltsames Phänomen**, und wir wünschen uns oft, es würde ihn nicht geben. Wie einfach wären dann alle neuen Vorhaben und die

täglichen Arbeiten und Verpflichtungen umzusetzen. Kein Quälen mehr, kein Aufschieben, kein Hängenlassen, keine Zeitverschwendung! Aber es gibt ihn und er ist ein Teil von uns. Mal mehr und mal weniger präsent, mal handzahm und dann wieder eine wilde Bestie. Erschwerend kommt hinzu, dass er unberechenbar und hinterlistig ist, und solange wir ihn nicht bemerken, kann er unsere Pläne ungestört sabotieren. Und was er alles zunichtemacht, unglaublich: Sie wollten im März Ihre Steuererklärung beim Finanzamt abgeben, jetzt ist es September. Sie hatten sich extra einen Korb für die Bügelwäsche angeschafft, den Sie alle zwei Wochen abarbeiten wollten. Jetzt stehen schon zwei weitere Wäschekörbe daneben. Ihr Wagen hat keinen Platz mehr in der Garage, darum wollten Sie vor dem ersten Frost dort unbedingt aufräumen. Und doch ist es jetzt schon wieder Frühling und Ihr Wagen hat den gesamten Winter draußen gestanden. Mit anderen Worten: Ihr Gerümpel hatte es gemütlich und warm, Ihr Auto hat gelitten. Da räkelt sich jemand und freut sich – Ihr innerer Schweinehund!

im Auto. *Heute Abend bringe ich es endlich weg, denn ich komme sowieso am Getränkemarkt vorbei.* Eine Woche später liegt es immer noch im Kofferraum. Man kann unserem inneren Schweinehund ja viel nachsagen, aber zuverlässig ist er! Darüber hinaus erscheint der Schweinehund überall dort, wo wir uns anstrengen, aufraffen, weitermachen oder überwinden müssen, wo wir uns **neue Gewohnheiten aneignen oder Veränderungen vornehmen** möchten. Er ist ein Meister der Tarnung, kann sich hervorragend vor uns verstecken und ist ausgesprochen intelligent im Umgang mit Ausreden. Denn wäre er damit nicht so geschickt, würden wir ihm ja gar nicht zuhören. Am liebsten arbeitet der innere Schweinehund präventiv, das heißt, er sabotiert Ihre neuen Vorhaben schon, bevor Sie überhaupt losgelegt haben. Er findet direkt so viele Gründe, warum Sie bloß nicht beginnen sollten, dass Ihnen bereits im Vorfeld die Lust deutlich vergeht. Und manchmal wissen Sie gar nicht, warum. Das ist die Tücke, die ein **unsichtbarer Gegner** mit sich bringt.

> Der Schweinehund erscheint überall dort, wo wir uns anstrengen, aufraffen, weitermachen oder überwinden müssen, wo wir uns neue Gewohnheiten aneignen oder Veränderungen vornehmen möchten. Er ist ein Meister der Tarnung und ausgesprochen intelligent im Umgang mit Ausreden.

Aber auch schon im Kleinen und nahezu täglich kann er uns begegnen: *Heute stehe ich 20 Minuten früher auf und bereite mir ein gesundes Frühstück zu.* Huch, doch wieder ohne die wichtigste Mahlzeit aus dem Haus gelaufen. *Ich habe noch das Leergut*

Sätze, mit denen der innere Schweinehund sehr gerne arbeitet, sind beispielsweise:

Im Allgemeinen ...

- Ich kann das nicht ...!
- Das schaffe ich nicht ...!
- Das geht gar nicht ...!
- Das ist mir zu anstrengend ...!
- Niemand kann mir helfen ...!
- Ich habe keine Zeit ...!
- Ich bin zu kaputt ...!
- Ich muss mich um andere kümmern ...!
- Ich würde ja gerne, aber ...!

... und beim Aufräumen im Speziellen:

- Siehe links ;-)
- Ich brauche noch ein bisschen Pause, um ...!
- Ich brauche das alles noch ...!
- Das geht jetzt nicht, ich muss vorher noch ...!
- Wenn ich etwas entsorge, wird etwas Schlimmes passieren ...!
- Das hat doch alles einmal etwas gekostet ...!
- Wie soll ich die Zeit aufbringen ...?
- Ich habe gar keinen Platz, um mit dem Aufräumen zu beginnen ...!
- Es soll auch nicht steril in meiner Wohnung werden ...!

Wie der innere Schweinehund zum Verbündeten wird

Um uns dieses schlaue Tier zunutze machen zu können, müssen wir es kennenlernen und herausfinden, aus welchen Töpfen es sich speist. Ihnen wird natürlich klar sein, dass wir es nicht mit einem sachlichen Strategen zu tun haben, sondern mit einem einfallsreichen Mitspieler, der sich unserer Gefühle und Emotionen bedient: der Ängste und Nöte, der Sorgen und Befürchtungen, der Schwächen und Stärken. Daraus bedient sich der innere Schweinehund wie in einem Supermarkt. Ein bisschen Angst hier, ein bisschen Sorge da, dazu eine Prise Müdigkeit oder gar Erschöpfung – schon haben Sie den „Salat": Sie empfinden gegebenenfalls zwar eine kleine, temporäre Erleichterung (falls sich jetzt keine Schuldgefühle melden), aber Ihr Vorhaben ist sabotiert und schon im Keim erstickt. Der innere Schweinehund hat Ihnen die Energie geraubt. Er möchte gerne, dass **alles beim Alten** bleibt, und er ist bereit, dafür zu kämpfen. Aber kämpfen können Sie auch. Und je schneller und besser Sie Ihren Begleiter

durchschaut haben, umso einfacher wird der Kampf und umso eindeutiger Ihr Sieg. Sie haben dieses Buch in die Hand genommen und wollen die Herausforderung annehmen, Ihr Leben verändern und Ihren Alltag verbessern. Prima, das ist schon das 1:0 für Sie ☺! Und Sie werden sehen, dass Ihnen jeder gewonnene Punkt **ein neues Gefühl von positiver Macht** (nämlich der Macht über die Dinge) und Reife bescheren wird. Sie werden Selbstbewusstsein gewinnen und sich jeden Tag ein bisschen besser fühlen. Wandeln Sie Unsicherheit und Antriebsschwäche in ein echtes Statement und in Energie um: *Ja, ich will … mich verändern, etwas schaffen, weiterkommen, aufräumen etc.!* Wir sind der Überzeugung, Sie schaffen das, wenn Sie es nur wirklich wollen. Auch wenn Sie es zunächst lernen müssen.

Einer unserer Kunden hat einmal gesagt: Ich habe mich mit meinem inneren Schweinehund angefreundet und wir kommen ganz gut miteinander zurecht. Klar steht er mir manchmal im Weg, ich ihm aber auch. Meistens arrangieren wir uns jedoch und ich bekomme, was ich will – zum Beispiel einen gemähten Rasen –, und danach bekommt er, was er will, etwa einen gemütlichen Abend auf der Terrasse ☺!

Ihr innerer Schweinehund kann für oder gegen Sie arbeiten – Sie geben die Richtung vor, Sie sind sein Meister! Glauben Sie uns das schon? Wir wissen, dass es so ist, doch Sie müssen es ebenfalls wissen und verinnerlichen. Ihren eigenen Antrieb bestimmen nur Sie in Zusammenarbeit mit Ihrem inneren Schweinehund. Daher tun Sie gut daran, ihn anzunehmen und in Ihr Leben zu integrieren. Denn wenn Sie ihn ernsthaft bekämpfen, bekämpfen Sie einen Teil Ihres Selbst, das bringt Sie nicht weiter. Sie sollten lernen, **die Stimme Ihres inneren Schweinehunds zu übersetzen**. Erkennen Sie seine Ausreden und seine Lügen. Reden Sie ihn nicht klein, denn umso größer wird er sich Ihnen zeigen. Sehen Sie genau hin, wenn er Ihnen lächelnd zuwinkt und Sie in die Falle locken will. Je schneller Sie seine Tricks durchschauen, desto schneller können Sie selbst Tricks anwenden, um ihn zu zähmen, zu beruhigen, für eine Weile loszuwerden oder sich sogar mit ihm anzufreunden. Es liegt ganz bei Ihnen. Einer unserer Kunden hat einmal gesagt: *Ich habe mich mit meinem inneren Schweinehund angefreundet und wir kommen ganz gut miteinander zurecht. Klar steht er mir manchmal im Weg, ich ihm aber auch. Meistens arrangieren wir uns jedoch und ich bekomme, was ich will – zum Beispiel einen gemähten Rasen –, und danach bekommt er, was er will, etwa einen gemütlichen Abend auf der Terrasse ☺!* Wie Sie sich mit diesem kleinen Saboteur anfreunden und ihn für Ihre Zwecke nutzen können, das erläutern wir Ihnen auf den kommenden Seiten.

Verbindlichkeit statt Unverbindlichkeit

Ihr innerer Schweinehund formuliert gerne Sätze mit *Ich müsste theoretisch … – Ich könnte auch mal wieder … – In ein paar Tagen fange ich an …*, und so weiter und so weiter. Sie erkennen sich wieder, oder? Formulieren Sie nun Ihre Sätze um. Weg mit den schwammigen Formulierungen „müsste",

„könnte", „sollte", „würde" – darauf folgt oft lediglich ein „hätte". Und „hätte" zieht meistens nur Versäumnisse nach sich: *Hätte ich bloß mal die Rechnung früher gefunden, dann müsste ich jetzt keine Mahngebühren zahlen. – Hätte ich bloß früher den Keller aufgeräumt, dann wären jetzt nicht alle Bücher schimmelig.* Viel besser als diese Beispiele hören sich Satzanfänge wie folgende an: *Ich will …! – Ich möchte …! – Ich werde …! – Ich kann …!*

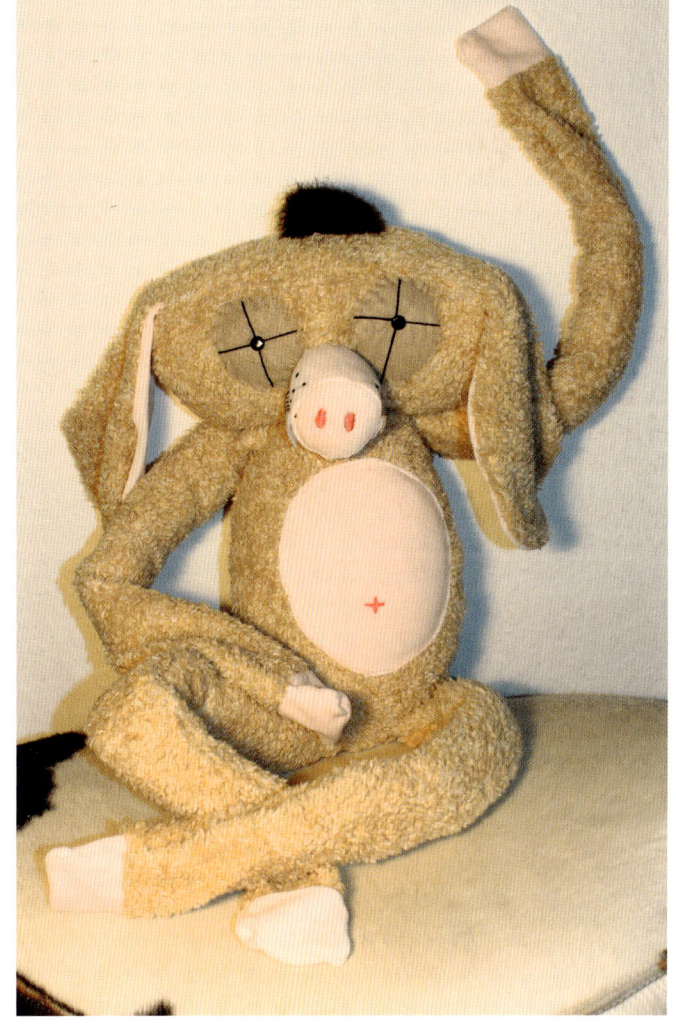

Ihr innerer Schweinehund verharmlost die Dinge auch gerne: *Wenn ich mal Zeit habe … – So dringend ist das doch gar nicht.* oder *Bei anderen sieht es doch auch nicht besser aus!* Und auch die gängigen Ausreden wie *Nur das Genie beherrscht das Chaos! – Wer aufräumt, ist nur zu faul zum Suchen!* oder *Aufräumen muss man erst, wenn das WLAN-Signal nicht mehr durchkommt!* gehören zu seinem Repertoire. Nein, all das sind keine Wahrheiten, sondern **nur Ausreden** eines perfiden Schweinehundes. Und wie sehr er zu unser aller Alltag gehört, merkt man daran, dass jedes Kind diese Sprüche kennt. Sinnvolle Alternativen: *Ich nehme mir jetzt die Zeit … – Der Tag X ist gekommen und ich werde jetzt … – Ich orientiere mich ab sofort an den Aufgeräumten und nicht mehr an den Chaoten!*

Ausruhen statt Rumhängen

Verlassen Sie Ihre Komfortzone, denn dort hat es sich Ihr innerer Schweinehund so richtig gemütlich gemacht. Das Sofa, den Fernseher und die diversen Socialmedia-Kanäle, vor denen man so schön „kleben" bleiben kann, findet er sehr gut. Dosieren Sie diese Ablenkungen daher gut und unterscheiden Sie zwischen „ausruhen" und „rumhängen". Wobei natürlich beides erlaubt ist! Aber: Ausruhen **tut gut**, Rumhängen dagegen nicht. Letzteres raubt Ihnen sogar Energie und lässt Sie unzufrieden werden – achten Sie beim nächsten Mal darauf.

Überlisten statt Bekämpfen

Ihr innerer Schweinehund möchte sich unter anderem vor allem drücken, was Ihnen in irgendeiner Form schwer fällt. Also überlisten Sie ihn und machen Sie es sich leicht! *Sehr hilfreich!*, werden Sie jetzt denken, aber wir meinen das wirklich ernst: Aufräumen und Entrümpeln müssen keine gehassten und unüberwindbar erscheinenden Aufgaben sein, ganz im Gegenteil. Aufräumen und sich von Ballast befreien kann wirklich Spaß machen und hinterlässt immer **positive Gefühle**. Darum geht es

beim Aufräumen auch nicht um die perfekte Ordnungsmethode oder um Minuten wie beim Marathon. Es geht lediglich darum, in Ihrem Tempo und nach Ihrem persönlichen Maß einen unschönen Ort in einen schönen oder einen unaufgeräumten Ort in einen aufgeräumten zu verwandeln. Und dabei darf man es sich auch gut gehen lassen (teilen Sie dies bitte auch ausdrücklich Ihrem inneren Schweinehund mit ☺!), genau wie bei allen ungeliebten und quälenden Aufgaben. Wenn Sie schon ausmisten müssen, dann machen Sie es sich doch wenigstens ein bisschen schön dabei mit einem bequemen Jogginganzug, Ihrer Lieblingsmusik, einer heißen Tasse Tee (oder was immer Sie mögen) – schon geht alles einfacher!

Gehen statt Rennen

Und planen Sie bitte keine Mammutaufgaben, darüber haben wir bereits gesprochen. Bei einem völlig überzogenen Pensum wird sich Ihr innerer Schweinehund sofort und deutlich melden. Und wissen Sie was? In diesem Fall zu Recht! Jetzt passt er nämlich gut auf Sie auf – und das nennen wir echte Freundschaft. Sie wollen sich definitiv zu viel zumuten, aber dazu hat er überhaupt keine Lust und darum wird er Ihr Vorhaben im besten Falle verhindern. Verstehen Sie nun, dass man sich mit dem kleinen Saboteur auch anfreunden kann?! Also, bitte kleine Schritte bis zum Ziel, diese aber **kontinuierlich**. Versuchen Sie nicht an einem Tag die gesamte Wohnung aufzuräumen, das kann nicht funktionieren. Räumen Sie stattdessen heute nur das Badezimmer auf oder die unteren Schränke der Küche oder die obere Hälfte der Kommode, oder, oder, oder. Und morgen machen Sie dann den nächsten Schritt. Es ist wirklich ganz wichtig, dass Sie sich nicht überfordern. Darauf achten wir bei unseren Kundeneinsätzen übrigens auch sehr genau. Sie sollen Ihre Aufräumtage in guter Erinnerung behalten und sich Ihre Motivation bis zum nächsten Einsatz bewahren. Das funktioniert natürlich nicht, wenn Sie nach der Arbeit so erschöpft sind, dass Sie kurz vor dem Zusammenbruch stehen. Nach einer solchen Überforderung würde man nicht mehr weitermachen wollen oder können, das wäre ein negatives Endergebnis, und vielleicht ist das einigen von Ihnen schon passiert. Überforderung (und auch Unterforderung) haben nämlich noch nie und in keinem Lebensbereich zu einer inneren Balance oder einem ausgeglichenen Aufgabenpensum geführt.

Wachsam bleiben

Wenn Sie das Gefühl haben, Ihren inneren Schweinehund ganz gut im Griff zu haben, werden Sie bitte nicht unvorsichtig! Er wird zuschlagen, wenn Sie sich zu sicher fühlen, zum Beispiel an Tagen, an denen Ihnen die Motivation abhandengekommen ist, oder in den berühmten „Ausnahmefällen" – eine ganz böse Falle! Im Bereich von neu begonnenen sportlichen Aktivitäten ärgert uns der Schweinehund besonders oft mit „Ausnahmen", und zwar so lange, bis es eine Ausnahme geworden ist, überhaupt noch zum Sport zu gehen. *Eigentlich gehe ich Montag bis Freitag und gönne mir am Wochenende eine Pause! Aber am Freitag bin ich eingeladen, da mache ich mal eine Ausnahme!* Mit dieser oder einer ähnlichen Formulierung geht es los. „Eigentlich" so weit, so gut, das muss ja auch erlaubt sein. Meistens folgt darauf jedoch: *Die Pause am Freitag hat mir gut getan, vielleicht sollte ich meinem Körper besser jede Woche drei Tage Pause gönnen!*, und schon gehen Sie freitags überhaupt nicht mehr zum Sport. Bis die nächste „Ausnahme" kommt, die Sie gegebenenfalls noch einen Tag mehr aussetzen lässt. Was bedeutet, Sie gehen jetzt nur noch an drei Tagen in der Woche zum Sport. Na, ob sich das überhaupt noch lohnt?! *Da könnte ich mir mal eine großzügigere Pause gönnen, denn die meiste Zeit in der Woche mache ich ja eh keinen Sport mehr.* Und weg ist er, der feste Vorsatz, den Sport wieder dauerhaft in den Alltag zu integrieren.

Wichtig ist, Ihr Vorhaben wirklich **ernst zu nehmen** und sich immer wieder die Vorteile und die positiven Ergebnisse Ihrer Tätigkeiten vor Augen zu halten. Wenn Ihnen das gedanklich schwerfällt, hängen Sie sich einen großen Motivationszettel an den Spiegel, die Pinnwand oder Ihre Schlafzimmertür: *Sport ist gut für mich, weil … meine Kondition besser wird, ich Muskeln aufbaue und mich besser*

bewegen kann, ich automatisch abnehme, und alle anderen Gründe, die Ihnen einfallen. Wichtig ist, dass Sie sich motivieren und sich Ihre Ziele immer wieder vor Augen halten. Dies gilt auch im Zusammenhang mit Ablenkungen und negativen Gefühlen. In Bezug auf das Aufräumen könnte Ihr Zettel so aussehen:

Aufräumen ist gut für mich, weil...

- ich endlich nichts mehr suchen muss
- ich endlich Ballast abwerfe
- ich wieder die Übersicht habe
- ich wieder mehr Zeit für schöne Dinge habe
- Freunde mich wieder besuchen können
- ich mich von der Macht der Dinge befreien kann
- ich mich in meiner Wohnung wieder wohlfühle
- ich Geld spare
- ich jetzt gut organisiert und strukturiert bin
- mein Wagen wieder Platz in der Garage hat ☺

Bewusst entscheiden

Machen Sie sich bewusst, dass immer nur Sie es sind, der die Entscheidung trifft. Und auch wenn wir hier vom inneren Schweinehund sprechen, ist er ja ein Teil von Ihnen. Wenn Sie sich ganz bewusst machen, dass Sie selbst die Verantwortung tragen und nicht von einer „unheimlichen, übersinnlichen Macht" geführt werden, dann können alle Ihre Pläne gelingen. Stolpersteine, Ablenkungen und Unvorhergesehenes werden immer auftauchen, auch bei der besten Planung. Doch es ist Ihre Einstellung, die festlegt, **wie Sie damit umgehen**. Denken Sie daran: Ihr Selbstvertrauen wächst mit den Herausforderungen, die Sie meistern. Bauen Sie doch dazu jeden Tag oder jede Woche eine kleine Aufgabe in Ihren Alltag ein, zu der Sie sich in irgendeiner Form überwinden müssen. Sei es ein aufgeschobenes Telefonat, die Hemden bügeln, endlich mal Belege für die Steuer zusammensuchen, das Auto aufräumen. Dabei lernen Sie, wie Ihr innerer Schweinehund „tickt" und wie Sie mit ihm umgehen können. Denn was im Kleinen funktioniert, funktioniert meistens auch im Großen.

Wir kennen die Situation doch alle: Wir haben einen festen Plan, haben extra einen Tag Urlaub genommen, haben alles vorbereitet, doch sobald wir anfangen wollen, verwandelt sich unser innerer Schweinehund in eine wilde Bestie. Dennoch haben Sie das Zepter selbst in der Hand und Sie können immer noch bestimmen, wie der Tag nun weitergehen soll. Und jetzt gilt eine einfache, aber sehr wirkungsvolle Devise: **Einfach anfangen!** Legen Sie los, fangen Sie an, es ist wirklich einfach. Viele unserer Kunden machen die großartige Erfahrung, dass es viel leichter als gedacht ist, wenn man es nur endlich anpackt. Wir hören oft: *Wenn ich vorher gewusst hätte, wie weit man an einem Tag kommen kann, ohne abends völlig kaputt zu sein, dann hätte ich längst angefangen!*

KAPITEL 4
IN DIE VOLLEN!

To-Do-Liste

1._____
2._____
3._____
4._____
5._____
6._____
7._____
8._____
9._____
10._____

ES GEHT LOS!

Nun sind wir gemeinsam hier angekommen, um loszulegen. Ist das nicht schön!? Wir sind der Meinung, dass es nirgendwo auf der Welt so wichtig ist, sich geborgen, wohl und sicher zu fühlen wie im **eigenen Zuhause**. Denn das ist der Ort, an dem Sie **genauso sein dürfen, wie Sie sind**. Machen Sie sich das nicht durch Müll, Gerümpel und Krempel zunichte. Gestalten Sie diesen Ort so, wie Sie ihn gerne hätten, und lassen Sie Ihren Wünschen und Vorstellungen freien Lauf. Wir gehen davon aus, dass keiner Ihrer Wünsche auf Gerümpel aufbaut, sondern dass in Ihren Gedanken die Räume ordentlich und sauber oder sogar erst einmal leer oder minimalistisch sind. Das können Sie schaffen, das wissen wir aus unserer Erfahrung.

> Machen Sie sich einen kleinen, aber allgegenwärtigen Plan, denn Einfachheit bringt meist den größten Erfolg. Ihr Plan sollte zu Ihnen und Ihren Tagesabläufen passen.

Kein Chaos ist über Nacht entstanden und kein Chaos verschwindet über Nacht wieder. Zugegeben, das wäre schön, aber es funktioniert leider nicht. Daher brauchen Sie einen kleinen Plan, wie Sie die **Unordnung aus dem Haus jagen** und wieder Herr Ihrer Wohnung werden. Wir sprechen hier absichtlich von einem kleinen Plan, denn Einfachheit bringt meist den größten Erfolg. Wenn Sie eine Woche lang ein ausgeklügeltes, vielschichtiges Konzept zur Chaosbeseitigung ausarbeiten, haben Sie wieder eine Woche verloren, in der Sie hätten praktisch agieren können, und Sie werden sich in dieser Vielschichtigkeit verzetteln. Machen Sie sich also einen kleinen, aber allgegenwärtigen Plan, der zu Ihnen und Ihren Tagesabläufen passt. Und berücksichtigen Sie die folgenden wichtigen Punkte, damit Sie Ihren **inneren Schweinehund mit ins Boot** bekommen!

Die angenehmste Aufräumzeit finden

Sind Sie ein Frühaufsteher oder eine Nachteule, sprich: Fällt es Ihnen morgens oder abends leichter, gewisse Dinge zu bearbeiten oder zusätzliche Aufgaben zu erledigen? Wenn Sie Frühaufsteher sind, sollten Sie ab sofort jeden Morgen 20 Minuten früher aufstehen, um **Ihre neue Aufräumroutine fest in den Alltag zu integrieren** (wenn Ihnen ein längerer Zeitraum realistischer erscheint, entsprechend früher). Sind Sie hingegen eine Nachteule, sollten Sie diese neue tägliche Aufgabe abends einbauen, denn zu dieser Tageszeit haben Sie noch viel Energie. Sich als Langschläfer den Morgen mit neuen Routinen zu ruinieren (obwohl das manchmal leider auch sein muss), ergibt keinen Sinn: Sie sollen sich schließlich motivieren! Suchen Sie also die für Sie angenehmste Zeit zum Aufräumen.

Routine schaffen

Ja, wir wiederholen uns, aber wir können es gar nicht oft genug sagen: Die neue Routine sollte jeden Tag stattfinden, möglichst ohne Ausnahmen. Geben Sie der Aufschieberitis keine Chance! Nur wenn Sie am Ball bleiben, werden Sie die neuen Angewohnheiten so fest in Ihren Alltag integrieren wie das Zähneputzen. Letzteres macht man auch nicht immer gerne, aber man macht es trotzdem, **ganz selbstverständlich** und automatisch, ohne darüber nachzudenken. Das ist ein tolles Ziel für solche neuen Verhaltensmuster und Routinen.

Ein Zieldatum setzen

Setzen Sie sich ein realistisches Ziel, bis wann Sie die Aufgaben auf Ihrer To-do-Liste erledigt haben wollen. Sonst wird nämlich schnell zu einem Jahresprojekt, was eigentlich nur ein Stundenprojekt gewesen wäre – Sie wissen ja: *Was du heute kannst besorgen, das verschiebe stets auf morgen …* Huhu, Ihr innerer Schweinehund lässt grüßen ☺! Planen Sie auch eventuelle Hindernisse mit ein wie Verschlafen (für die einen undenkbar, für die anderen selbst schon

fast Routine …), Überstunden, Stau oder spontane Aktionen, beispielsweise kurz jemand anderem helfen zu wollen. Wenn dann wirklich ein Hindernis auftaucht, haben Sie **ausreichend Puffer** und Ihre Pläne werden nicht sabotiert. Und wenn alles glatt läuft, haben Sie am Ende noch Zeit für etwas Schönes übrig, oder Sie können viel früher als gedacht ein neues Projekt angehen. In beiden Fällen ist das Resultat positiv!

Zahl der Aufgaben begrenzen

Kommen wir zu den realen Gegebenheiten, nämlich zu den Räumen und Ecken, in denen die Unordnung herrscht: Ihre Wohnung, Ihre Garage, Ihr Büro, Ihr Schreibtisch. Noch einmal: Chaos entsteht weder über Nacht, noch verschwindet es über Nacht wieder. Planen Sie entsprechend **kleine Schritte und kleine Aufgaben** ein, die zu Ihrer angenehmsten Aufräumzeit passen. Beginnen Sie möglichst mit einem Projekt, das Ihnen leicht fällt, und heben Sie sich die echten Herausforderungen noch ein wenig auf, bis Sie sich mit dem Entrümpeln und Aufräumen angefreundet und die neuen Routinen fest verankert haben. Für viele Menschen ist das Badezimmer ein guter „Einstiegsraum": Es ist meist klein und übersichtlich, und die vorhandenen Dinge sind klar zu ordnen (auch hier das Aussortieren nicht vergessen!). Wenn Sie täglich viel Zeit aufwenden können, um sich Ihrer Wohnung und dem Aufräumen zu widmen, planen Sie größere Aufgaben ein. Setzen Sie sich dabei aber bitte **keine unrealistischen Ziele**. Nehmen Sie sich am besten heute nur einen Küchenschrank vor, den Sie auswischen, aussortieren und in Ruhe und mit System wieder einräumen, morgen dann den zweiten, übermorgen den dritten. Niemals nur eine Stunde für die ganze Küche planen! Das kann nicht funktionieren.

Wenn Sie sich für **20 Minuten täglich** entschieden haben, könnten Sie zum Beispiel folgende Aufgaben erledigen, jeweils an einem Tag:

- Mit einem Müllbeutel (wir nennen sie auch gerne „Motivationsbeutel" ☺) in der ganzen Wohnung den offensichtlichen Müll einsammeln und alle Mülleimer leeren. Da kommt in 20 Minuten schon ganz schön was zusammen!
- Die ganze Wohnung von vertrockneten Grünpflanzen befreien und alle anderen Pflanzen auch mal gießen ☺. Auch dafür sind 20 Minuten meist vollkommen ausreichend.

Beispiel aus der Praxis

Sie können Ihre Wohnung sogar jede Woche mit einem Aufwand von nur 20 Minuten täglich von der gesamten Wäsche befreien:

- Montag: Die Wäsche zusammensuchen, die überall in der Wohnung herumliegt, und an einem einzigen Platz sammeln.
- Dienstag: Wäsche nach sauber und getragen sortieren und ggf. schon ein paar Teile zum Weggeben festlegen.
- Mittwoch: Waschmaschine laufen lassen, Wäsche zum Trocknen aufhängen und weitere Teile aussortieren.
- Donnerstag: Die verbleibende Wäsche in den Kleiderschrank räumen.
- Freitag: Wäsche abhängen und ebenfalls in den Kleiderschrank räumen.

Wirkungsort begrenzen

Wenn Sie mit **einem Raum** angefangen haben, bleiben Sie bei diesem. Beginnen Sie also nicht mit dem Küchentisch und nehmen sich als nächstes den Wohnzimmerschrank vor. Das bringt zu viel Unruhe und wahrscheinlich auch neue Unordnung in Ihre Wohnung.

Stolz sein ☺

Bitte fallen Sie nach der ersten Woche nicht in alte Denkmuster zurück und erklären Sie Ihre Wohnung nicht zur uneinnehmbaren *Festung des Chaos* (O-Ton eines unserer Kunden). Seien Sie stolz **auf jede Ecke**, die Sie für sich gewonnen haben, und auf jede kleine Aufgabe, die Sie bewältigt haben. So wird die Festung Schritt für Schritt ins Wanken geraten und Sie werden sich Ihre Wohnung zurückerobern!

Hilfe holen und annehmen

Wir haben hoch motivierte Kunden erlebt, die bereits mit ihrem inneren Schweinehund befreundet waren, sich sogar Urlaub für ihr Aufräumprojekt genommen hatten – und dann große Schwierigkeiten mit dem **ersten Schritt** hatten. Nach nur einem gemeinsamen Arbeitstag hatten sich diese Kunden diverse Vorgehensweisen und Methoden bei uns „abgeschaut" und konnten den Rest ihres Projekts alleine bewältigen. Großartig, das macht auch uns Aufräum-Profis Spaß! Wenn Sie sich also zu Anfang unsicher sind, wie und wo Sie beginnen sollen, holen Sie sich professionelle Hilfe. Manchmal ist ein solcher gemeinsamer Arbeitstag sehr hilfreich und inspirierend, um zu sehen, wie die Aufräum-Profis anpacken und welche Vorschläge sie machen, um die Wohnung wieder in den Griff zu bekommen. Sie können selbst bestimmen, ob und was Sie danach **alleine oder doch lieber mit Unterstützung** bearbeiten möchten.

Wichtig ist, dass Sie **beginnen**! Wer sich nicht im Weg steht und sich nicht blockiert, hat schon 80 % seiner Arbeit erledigt. Und beginnen Sie mit kleinen Schritten. Wie schon Richard Dryfuss als Psychologe Dr. Leo Marvin in dem Film „Was ist mit Bob?" riet: *Babyschritte. Babyschritte bis zur Tür und dann immer weiter!*

DER ERSTE SCHRITT: SICHTEN

Um so gut wie möglich loslegen zu können, planen Sie zunächst eine **Besichtigung Ihrer Wohnung** ein. Jetzt denken Sie: *Wie bitte? Ich bin jeden Tag hier, ich wohne hier seit Jahren. Warum soll ich irgendetwas besichtigen?* Aber bitte glauben Sie uns, das ist hilfreich und wichtig. Unser Körper und unsere Seele entwickeln in den vielen Tagen, Monaten oder auch Jahren der Unordnung verschiedene Strategien, um das Chaos und das damit zusammenhängende Unwohlsein nicht mehr täglich wahrzunehmen. Dies ist eine wichtige und äußerst sinnvolle Funktion, um im Leben auch mit schweren Zeiten und widrigen Umständen umgehen zu können: Wir blenden Dinge aus, sehen sie einfach nicht mehr (im wahrsten Sinne des Wortes), verdrängen sie und nehmen unsere Umgebung mit anderen Augen wahr. Um Ihre Aufräumpläne in die Tat umzusetzen, sollten Sie dieses Verdrängen unbedingt ablegen. Es ist wichtig, die Realität zu erkennen, den **Umfang der Unordnung zu sehen** und somit auch einschätzen zu können, wie viel Arbeit Sie erwartet.

Starten Sie die Begehung mit Notizblock und Stift an der Eingangstür. Lassen Sie den Flur auf sich wirken. Schauen Sie sich so um, als wären Sie das erste Mal zu Besuch. **Was stört** Sie? Wo sind die unaufgeräumten Ecken? Ist der ganze Raum betroffen? Fühlten Sie sich wohl beim Eintreten? Wenn nein, warum nicht? Wenn ja, warum? Ist der Flur vielleicht gar nicht so unordentlich und kann schnell aufgeräumt werden? **Notieren Sie Ihre Erkenntnisse** auf Ihrem Notizblock und erstellen Sie so eine To-do-Liste. Selbstverständlich müssen Sie nicht alle störenden Umstände wie zum Beispiel „dunkel und eng" aufschreiben. Die Störfaktoren und die unordentlichen Bereiche, die Sie notiert haben, sollen Ihnen in den Anfängen Ihres Projekts lediglich helfen, die Wohnung und die verschiedenen Bereiche wieder realistisch zu betrachten. Wir können uns nämlich sehr gut vorstellen, dass Sie diese Kartons da oben auf der Garderobe schon sehr lange gar nicht mehr gesehen (wahrgenommen) haben …

Wir blenden Dinge aus, sehen sie einfach nicht mehr, verdrängen sie und nehmen unsere Umgebung mit anderen Augen wahr. Um Ihre Aufräumpläne in die Tat umzusetzen, sollten Sie dieses Verdrängen unbedingt ablegen.

Besichtigen Sie so jeden Raum Ihrer Wohnung einmal und machen Sie sich Notizen. Das wird bei der **Festlegung der Prioritäten** („Wo beginne ich eigentlich?") und bei der Planung der Aufräumzeit sehr hilfreich sein. Nehmen Sie sich Zeit für diese Begehung und erstellen Sie ausführliche und **klar verständliche To-do-Listen**, damit Sie während des Aufräumens nicht darüber nachdenken müssen, was Sie mit dem einen oder anderen Kommentar eigentlich gemeint haben. Beim Aufräumen sollte es nur noch um die Abarbeitung eines klugen Planes gehen, denn eine gute Vorbereitung ist schon der halbe Sieg über das Chaos!

DER ZWEITE SCHRITT: PLANEN

Der beste Plan ist immer einfach!

- Esther Lübke -

Ihre Besichtigung ist beendet, die To-do-Listen sind geschrieben und liegen bereit. Sie bekommen einen riesigen Schreck, weil jeder Zettel lang, länger, am längsten ist und alle zusammen nun unüberwindbar erscheinen. Sie überlegen, doch besser alles so zu lassen, wie es ist, oder einfach ein paar Dinge zu streichen, um das Projekt noch irgendwie bewältigen zu können. Ach nein, Sie streichen nicht nur ein paar To-dos, Sie streichen gleich ganze Räume: *Soll die Küche doch einfach so bleiben!* Hoppla, wer meldet sich denn da?! Da meldet sich Ihr innerer Schweinehund. Bleiben Sie gelassen, winken Sie zurück. Wir fangen **erst einmal mit nur einem Thema** und nur einem Schrank und nur einem Raum an. Und auch nur mit dem, was Sie zeitlich schaffen können, ohne Ihr gesamtes Leben an das Aufräumen zu verlieren ☺.

Schauen Sie sich Ihre To-do-Listen an. Haben Sie schon entschieden, mit welchem Raum Sie beginnen möchten? Ist Ihnen **ein Raum besonders wichtig**, belastet er Ihr Gemüt deutlich mehr als andere? Dann sollten Sie mit diesem anfangen. Bei vielen unserer Kunden ist dies das Wohnzimmer, denn es ist sozusagen das „Aushängeschild" der gesamten Wohnung und dort empfangen wir Besuch. Wenn alle Räumlichkeiten die gleiche Priorität haben, beginnen Sie mit dem, der Ihnen **am leichtesten** fällt und den Sie am schnellsten wieder in den Griff bekommen. Dinge, von denen wir uns schwer trennen können (Bücher, Kleidung, Erinnerungen, Unterlagen, etc.), befinden sich meist im Wohn-, Arbeits- oder Schlafzimmer. Daher beginnen viele Leute mit dem Flur oder dem Badezimmer, also mit kleineren, wenig „emotionalen" Räumen. Auch der Balkon, der Abstellraum oder das Auto sind gute Einstiegsprojekte: mit Sicherheit an einem oder zwei Tagen zu schaffen, und sie bieten Ihnen die Möglichkeit, sich an die neuen Aufgaben zu gewöhnen und den Umgang mit dem inneren Schweinehund zu üben. Unser **Lieblings-Startprojekt** ist jedoch der **Keller**, denn ein aufgeräumter Keller bietet einen einzigartigen Vorteil für den weiteren Aufräumprozess (s. S. 131): Stauraum!

> Schauen Sie sich Ihre To-do-Listen an. Ist Ihnen ein Raum besonders wichtig, belastet er Ihr Gemüt deutlich mehr als andere? Dann sollten Sie mit diesem anfangen. Wenn nicht, beginnen Sie mit dem, der Ihnen am leichtesten fällt.

Beherzigen Sie in jedem Fall die Punkte, die wir Ihnen bereits an die Hand gegeben haben:

- Begegnen Sie größeren Projekten und Räumen mit kleinen Schritten. Auch wenn Sie die ganze Küche aufräumen möchten, beginnen Sie heute mit nur einem Schrank. Nichts in Ihrer Küche läuft Ihnen weg (manchmal schade, oder ☺?!) und es ist nicht wichtig, ob Sie die Küche an einem Tag aufgeräumt, aussortiert und geputzt haben oder in einer Woche oder in einem Monat. Wichtig ist nur, dass Sie es

wirklich getan haben! Und zwar **in Ihrem Tempo**, in Ihrem Stil und nach Ihren Prioritäten.
- Bleiben Sie immer bei einem Raum oder einem Projekt und **führen Sie zu Ende, was Sie begonnen haben**. Sonst wird das Chaos unter Umständen noch größer, als es vorher war. Wenn Sie sich also mit dem Wohnzimmer beschäftigen, bleiben Sie bei diesem Raum, bis er vollständig aufgeräumt und gesäubert ist. Erst dann beginnen Sie mit dem nächsten.
- Machen Sie sich über Ihre vorhandene Zeit Gedanken: Wie viele Minuten haben Sie jeden Tag zur Verfügung, um aufzuräumen? Wie viel Zeit am Wochenende? Möchten Sie unter Umständen sogar den einen oder anderen Tag Urlaub nehmen, um Ihr Aufräumprojekt in die Tat umzusetzen? Niemand kennt Ihre Tagesabläufe, Ihre Überstunden und Ihre sonstigen Verpflichtungen so gut wie Sie. Wenn Sie der Meinung sind, Sie können täglich 20 Minuten aufbringen, planen Sie mit diesen 20 Minuten. Wenn Sie am Montag eine Stunde Zeit haben, am Dienstag gar keine, am Mittwoch dafür wieder 30 Minuten, dann planen Sie das alles genauso ein.

Alles ist möglich und alles ist erlaubt! Erstellen Sie auf dieser Basis **kleine, aber kontinuierliche Zeitpläne**. Das Wichtigste: Bleiben Sie am Ball, schaffen Sie sich neue Routinen und behalten Sie diese bei. Nur so können Sie es schaffen.

Beispiel aus der Praxis

Sie können nicht erwarten, dass Sie sich am Mittwoch abends eine Stunde frei nehmen und in dieser Zeit das komplette Badezimmer aufräumen und putzen können. Es tut uns leid, das sagen zu müssen, aber: Keine Chance! In der einen Stunde können Sie aber schon mal mit einem Müllbeutel durch das Bad gehen und alles einsammeln, was Ihnen an offensichtlichem Müll begegnet. Sie können den Mülleimer leeren, alte Shampooflaschen und leere Klopapierrollen entsorgen usw. Auch die herumliegende Wäsche kann schon in die entsprechenden Körbe geräumt werden. In einer Stunde kann in einem Raum wirklich ganz schön viel passieren!

Am Donnerstag haben Sie leider nur 30 Minuten Zeit? Kein Problem! Reinigen Sie heute Dusche, Badewanne und Toilette, denn da sollte jetzt nichts mehr herumstehen, was dort nicht hingehört.

Am Freitag klappt es noch einmal mit einer Stunde? Dann sortieren Sie den Badezimmerschrank und Ihre Pflegeprodukte aus. Hat geklappt? Super! Nicht ganz? Auch kein Problem, dann machen Sie den Rest am Samstag! Ach, und machen Sie doch noch schnell eine Maschine Wäsche an – der Weg zur Waschmaschine ist ja jetzt wieder frei … ☺

DER DRITTE SCHRITT: VORBEREITEN

Sie haben Ihre Wohnung besichtigt und bereits Ihre Prioritäten gesetzt? Sie haben Ihre To-do-Liste und Ihren Zeitplan zur Hand? Sie sind stolz auf sich, dass Sie bereits so weit gekommen sind? Nein, sind Sie nicht? Sollten Sie aber! Treffen Sie nun noch einige Vorbereitungen, um **möglichst ohne die „üblichen" Stolperfallen und Störungen** agieren zu können. Keine Bange, jetzt folgt keine seitenlange Liste, aber ein paar Dinge sollten Sie zur Hand haben, um sich nicht mit *Ach, das muss ich noch schnell holen/einkaufen/besorgen!* aus dem Konzept bringen und ablenken zu lassen. An dieser Stelle winken wir freundlich und mit gewinnendem Lächeln dem inneren Schweinehund zu, der sich eigentlich schon ganz auf diese Strategie verlassen hatte. Nichts da, Freundchen ☺!

> Ein paar Dinge sollten Sie zur Hand haben, um sich nicht mit *Ach, das muss ich noch schnell holen/einkaufen/besorgen!* ablenken zu lassen.

Die Grundausrüstung

Zur Grundausrüstung im **Kampf gegen das Chaos** gehören (ganz gleich, mit welchem Raum Sie beginnen):

- **drei große (Umzugs-)Kartons / Kisten**
- **kleinerer Karton / kleinere Kiste**
- **reißfeste Müllbeutel = „Motivationsbeutel"**
- **Notizblock und Stift**
- **Klebezettel und Filzstift**
- **kleine Leiter / stabiler Hocker**
- **Reinigungsmittel und ein Eimer Wasser (stellen Sie diesen bitte zunächst außerhalb des Wirkungskreises ab, etwa griffbereit an der Zimmertüre, um in den noch sehr vollen Räumen Überschwemmungen zu verhindern!)**
- **Putz- und Handtücher**

Die vier fantastischen Aufräum-Fragen

Bevor wir uns nun dem Sortieren der Dinge widmen, sollten wir uns noch einmal mit ein paar grundsätzlichen Fragen befassen. Wenn Sie die vier fantastischen Aufräum-Fragen **verinnerlichen und konsequent anwenden**, wird Ihnen das Sortieren der Dinge, die Ihnen gleich begegnen werden, leicht fallen:

- Notwendigkeit: Brauche ich es wirklich? Brauche ich es überhaupt noch?
- Zustand: Ist es noch in Ordnung? Ist es noch nützlich?
- Anzahl: Wie viele habe ich davon? Brauche ich sie wirklich alle?
- Standort: Gehört es in diesen Raum?

Die Vier-Kisten-und-ein-Müllsack-Methode

Vielleicht haben Sie auch schon von der Drei-Kisten-Methode und ihrem Prinzip **„Behalten, Entsorgen, Unklar"** gehört. Sie ist ein altbewährtes System der „Anonymen Messies" (Messies Anonymus), die sich 1981 in den USA als eine Art Selbsthilfegruppe gegründet haben. Diese Methode ist jahrzehntelang erprobt worden und erweist sich bis heute als **effektive und sinnvolle Praktik**. Auch wir arbeiten mit ihr, haben sie allerdings um eine weitere Kiste (und einen oder mehrere Müllsäcke) erweitert, die ebenfalls dauerhaft in Ihrem Zuhause integriert werden sollten. Unsere Methode besteht also aus vier Kisten, einem Müllsack und fünf Prinzipen:

Karton 1, groß: „Behalten"
In diesen Karton legen Sie bitte alle Dinge, die Sie **wirklich behalten** möchten. Bitte überlegen Sie genau, was Sie in diesen Karton legen. Kommen Sie nicht in die Versuchung, ausschließlich diesen einen Karton zu benutzen. Hier darf nur das hinein, was auf keinen Fall in die anderen Kategorien sortiert werden soll. Seien Sie ein bisschen streng mit sich selbst – das ist ein gut gemeinter Rat!

Karton 2, groß: „Anderswo aufbewahren"
In diesem Karton sammeln Sie bitte alle Dinge, die Sie behalten möchten, die aber **nicht in diesen Raum** gehören. Ordnen Sie sie später den richtigen Räumen und Plätzen zu. Und legen Sie bitte nur die Dinge hinein, die definitiv bleiben sollen.

Karton 3, groß: „Verschenken"
Unser Lieblingskarton, weil allen Beteiligten damit geholfen wird! Füllen Sie diesen Karton mit Gegenständen, die Sie nicht mehr benötigen, die aber für jemand anderen noch sehr nützlich sein oder **jemandem eine Freude bereiten** können. Es wird Ihnen ein großes Vergnügen sein, diese Dinge zu verschenken oder zu spenden: Mit ihnen wird eine schöne Balance zwischen „Zuviel" und „Zuwenig" hergestellt. Diese Kiste oder dieser Karton sollte einen **festen Platz** in Ihrem Haushalt bekommen: So können Sie jederzeit etwas „entsorgen", ohne es wegzuwerfen, und tun etwas doppelt Gutes. Wenn Sie sie konsequent benutzen, werden Sie sich wundern, wie schnell dort einiges zusammenkommt.

Karton 4, kleiner: „Unklar – bedarf einer weiteren Entscheidung"
Alle Gegenstände, über deren weiteres Schicksal Sie sich noch nicht ganz im Klaren sind, sollten hier „geparkt" werden, damit Sie nicht ausgebremst werden. Sobald das Zimmer aufgeräumt ist, können Sie sich diesem Karton **ganz in Ruhe widmen**, die Dinge noch einmal in die Hand nehmen und wohlüberlegt eine Entscheidung treffen.

Müllsack, groß, reißfest: „Entsorgen"
Entsorgen Sie jeglichen Müll, also alles, was kaputt, beschädigt, irreparabel ist. Außerdem **alles Unnütze, Ungeliebte oder Unsinnige**, es sei denn, man kann es noch spenden oder verschenken. Befreien Sie sich von diesem ganzen Krempel und Gerümpel, das Ihnen zu Hause den Platz wegfrisst und keinen Raum für die schönen Dinge lässt. Weg damit!

RAUM FÜR RAUM

**Ich liebe es,
wenn ein Plan funktioniert!**
- Hannibal („Das A-Team") -

Wenn Sie Ihre Kisten und Müllsäcke vorbereitet haben, kann es endlich losgehen. Im Folgenden finden Sie Tipps und Hinweise zur Vorgehensweise für jeden Raum Ihrer Wohnung oder Ihres Hauses.

Der Flur / die Diele

Herzlich willkommen in Ihrer Wohnung! Kommen Sie herein und legen Sie Ihren Mantel ab. Wenn Sie möchten, können Sie auch gerne die Schuhe ausziehen. Geht beides nicht? Hm, dann sollten wir uns hier etwas genauer umschauen. Kein einziger Bügel frei und von der Garderobe ist unter dem Jackenhaufen sowieso nichts mehr zu sehen? Ihre Schuhe könnten Sie zwar noch irgendwie auf den großen Schuhhaufen legen, aber der Boden ist zu schmutzig, um auf Socken zu laufen? Dann wird es höchste Zeit, sich dem Flur zu widmen! Der Eingangsbereich ist die **Visitenkarte Ihrer Wohnung**: Der erste Eindruck zählt, für Sie und auch für Ihre Besucher. Daher sollten Sie ihn nicht vernachlässigen. Mal ganz abgesehen davon, dass Sie besser in den Tag starten, wenn Sie Jacke, Schlüssel und Tasche sozusagen „mit einem Griff" parat haben. Das kommt Ihnen schon an ganz normalen Tagen zugute und schont Ihre Nerven besonders an den Tagen, die bereits morgens total hektisch und stressig sind. Sie werden es erleben ☺! Meistens sind Flure klein, bieten auf den ersten Blick wenig Stauraum und es sammelt sich Schmutz, Schnee und Regenwasser von draußen. Zudem beherbergen sie sehr viele und sehr unterschiedliche „Bewohner": Jacken und Mäntel, Schuhe und Stiefel, Schals, Mützen und Handschuhe, Taschen, Rucksäcke, Fahrradkörbe, Schulranzen, Fahrräder und Skateboards, aber auch Post, Printwerbung, Tageszeitungen, Schlüssel, Leergut, Hundeleinen etc.

Legen Sie als erste Maßnahme auf beiden (!) Seiten der Eingangstüre, jeweils eine **große Fußmatte** aus, um diesen Schmutz direkt aufzufangen. Umso sauberer bleibt Ihr Wohnbereich!

Um eine sinnvolle Ordnung im Flur zu schaffen, beantworten Sie bitte zunächst zu jedem einzelnen Stück die vier fantastischen Aufräum-Fragen nach der Notwendigkeit, dem Zustand, der Anzahl und dem Standort (s. S. 87) und wenden dann die Vier-Kisten-und-ein-Müllsack-Methode an (s. S. 88). Mit den verbliebenen Dingen verfahren Sie wie im Folgenden beschrieben. Und dann werden Sie kreativ und **nutzen Sie auch ungewöhnliche Stellen als Stauraum**: den Platz hinter der Tür für Rahmenhaken oder Hängeregale aus Stoff mit vielen Fächern; den Platz über der Tür mit kleinen Regalen zum Beispiel für Bücher oder Kisten mit Accessoires; die Wände für zwei Haken, die beispielsweise das Jackenchaos deutlich minimieren können. Am Ende, wenn alles geschafft ist, putzen Sie den Boden, die Tür und ggf. das Fenster, und schon sieht alles noch viel freundlicher aus!

Jacken, Mäntel

Es ist Sommer und es hängen noch alle Winterjacken und -mäntel an Ihrer Garderobe? Ein Klassiker! Sortieren Sie den (vorsortierten ☺) Inhalt der Garderobe noch einmal: Was muss gewaschen werden, was soll bis zum nächsten Winter **„eingelagert" werden**? Lassen Sie nur die Stücke hängen, die aktuell getragen werden. Haben Sie für die Winterjacken Platz im Kleiderschrank? Dann dort hinein, weg von der überfüllten Garderobe. Alternativ verpacken Sie die Jacken (möglichst gewaschen) in einer gut schließenden Kiste, eventuell zusammen mit einem Duftsäckchen, und verstauen sie im Keller oder auf dem Dachboden. Je dichter die Kiste, umso frischer bleibt die Kleidung.

Schuhe, Stiefel

Verfahren Sie mit den (vorsortierten ☺) Schuhen genauso: Nur die, die **aktuell getragen** werden, bleiben stehen, alles andere wird weggeräumt und ausgelagert. Wählen Sie hierfür allerdings keine luft- und wasserdichte Kiste, denn Schuhe sollten lüften. Verwenden Sie bei Lederschuhen Schuhspanner, dann können Ihre Schuhe die Zeit nutzen, um sich zu „entspannen" und wieder in Form zu kommen.

Schals, Mützen, Handschuhe

Ist in der Kiste für die Winterjacken noch Platz? Dann hinein mit den (vorsortierten ☺) Schals, Mützen und Handschuhen. Sie werden ja zur gleichen Jahreszeit genutzt und benötigen nur dann eine Extrakiste, wenn bei den Jacken kein Platz mehr ist. Sollten Sie in der Garderobe noch Stauraum haben, verwenden Sie ein hübsches Behältnis oder eine vorhandene Schublade, um die winterlichen Accessoires zu sammeln – aber wirklich nur diese, sonst wird es wieder chaotisch! Andere Dinge bekommen eine eigene Kiste.

Taschen, Rucksäcke, Fahrradkörbe, Schulranzen

Wenn Sie alleine oder zu zweit wohnen, dürfte es mit einer oder zwei Taschen eigentlich keine Probleme geben. Nachdem Sie Ihre Garderobe von allen gerade nicht benötigten Jacken und Mänteln befreit haben, können Sie Ihren (vorsortierten ☺) Taschen dort **einen festen Platz** geben; daran gewöhnt man sich recht schnell. Ein bisschen komplizierter wird es mit drei, vier, fünf oder noch mehr Personen im Haus. In diesem Fall sollte jedes Familienmitglied eine „Einzelgarderobe" mit zwei oder drei Haken haben, die gut getrennt sind und jedem seinen Bereich bieten – und für die ist dann jeder auch selbst verantwortlich! So schaffen Sie Platz für eine Jacke, einen Ranzen oder Rucksack, Schuhe und ggf. einen Fahrradkorb. Bringen Sie möglichst unter jedem Haken noch eine kleine Holzkiste, ein Körbchen o.ä. an für Schlüssel, Kaugummis, Halstücher und andere Kleinigkeiten, die man regelmäßig mitnimmt, wenn man das Haus verlässt.

Fahrräder, Skateboards

Ein Fahrrad im Flur ist wirklich unpraktisch, aber in der Realität gang und gäbe. Die Frage ist: *Warum steht es hier!?*, die Antworten sind mannigfaltig: *Draußen wird es geklaut! – Ich habe keine Lust, es jedes Mal aus dem Fahrradkeller zu holen! – Keine Ahnung! – Ich wollte es drinnen reparieren, weil es hier wärmer ist!* und so weiter und so fort. Unser Tipp: Räumen Sie das Rad weg ☺! Sind Sie in der luxuriösen Situation, eine Garage oder einen (Fahrrad-)Keller nutzen zu können, nutzen Sie ihn! Auch wenn es ein bisschen komplizierter ist, das Rad dort zu holen und wieder zurückzubringen. Ihr Eingangsbereich wird sofort **sauberer, aufgeräumter und einladender** erscheinen. Haben Sie wirklich keine Möglichkeit, Ihr Fahrrad an einem anderen Ort zu lagern, ist eine Deckenaufhängung im Flur eine Möglichkeit. Das kann sehr stylish aussehen, schafft viel Platz und ist in der Regel recht einfach in der Handhabung. Bedenken Sie allerdings bei dieser

Planung auch das Gewicht des Rades! Es muss für Sie handhabbar bleiben.

Für Skateboards gibt es ebenfalls praktische Aufhängungen, die nicht nur die Unfallgefahr minimieren, auch beim Putzen werden Sie froh sein, sich nicht mehr danach bücken zu müssen. Sollte eine Aufhängung nicht infrage kommen, lassen Sie das Skateboard im Flur unter der Garderobe, dem Schrank oder der Kommode „verschwinden". Und keine Bange: Das werden Sie auch Ihren Kids beibringen ☺!

Post, Printwerbung

Und täglich grüßt das Murmeltier! Oder gibt es bei Ihnen tatsächlich Tage, an denen Sie keine Post, keine Zeitung und keine Werbung bekommen? Bei uns leider nicht ☹. Wir haben uns angewöhnt, das ganze Zeug vom Briefkasten direkt zum Schreibtisch zu tragen und dort **sofort gnadenlos auszusortieren**. Das halten wir für uns für die beste Lösung. Wenn Sie Ihre Post lieber **erst einmal sammeln** möchten, stellen Sie sich einen schönen Korb o.ä. in den Flur. Dort dürfen Sie eine Woche lang sammeln! Aber wirklich nur eine, denn dann sollte die aktuelle Post erledigt werden. So verpassen Sie keine Zahlungsziele mehr,

lassen wichtige Anfragen unbeantwortet oder To-dos unerledigt. Verabreden Sie sich einmal in der Woche mit sich selbst, leeren Sie Ihren Posteingang und arbeiten Sie ruckzuck alles ab. Innerhalb einer Woche dürfte nicht so viel zusammen gekommen sein, als dass Sie nicht in 20 Minuten fertig wären. Und was fühlt sich besser an: einmal in der Woche 20 Minuten oder irgendwann, *wenn ich mal Zeit und Lust habe*, fünf Stunden am Stück? 20 Minuten kann man auch aushalten, wenn man keine Lust hat, fünf Stunden aber nur sehr schwer (welch ein gefundenes Fressen für den inneren Schweinehund!).

Printwerbung, Flyer und „Käseblättchen" (wie eine unserer Kundinnen kostenlose Angebotszeitungen nennt) machen uns das Leben wirklich schwer. So viel Altpapier für so wenig Nutzen! Und meistens auch noch in Folie verpackt… Wir meiden diese vermeintlichen Angebote, weil sie nur zum Kaufen animieren (egal, ob wir etwas benötigen oder nicht) und Begehren schaffen sollen. *Bis heute haben wir nie über einen schwimmenden, aufblasbaren Dosenkühler für unseren Pool nachgedacht, aber jetzt ist er sogar im Angebot!?* Nein, nein, wir möchten uns nicht verführen oder locken lassen, außerdem haben wir gar keinen Pool. Wenn wir etwas benötigen, suchen wir gezielt nach aktuellen Angeboten, bevorzugt im Internet. Aber es kann für die Haushaltskasse natürlich nützlich sein, wenn man – gerade in Sachen Lebensmittel – immer weiß, wo es gerade günstige Angebote gibt. Für diesen Zweck nutzen Sie diese Werbeprospekte bitte regelmäßig, aber werfen Sie die alten Blättchen genauso regelmäßig ins Altpapier.

(Tages-)Zeitungen

Die Tageszeitung und andere Abonnements sind bei vielen Menschen auch „so eine Sache": geliebt und begehrt, und dann hat man doch nur die Wochenendausgabe gelesen, weil man in der Woche gar nicht dazu kam. Jetzt sammeln Sie also die ungelesenen Ausgaben in der Hoffnung, diese alle noch zu lesen. Man will ja nichts verpassen und auch keine ungelesene Zeitung ins Altpapier werfen… Wir brauchen nichts weiter zu sagen, Sie sehen den Haufen schon, oder? Überdenken Sie Ihre Abonnements neu. Manche hat man vielleicht nur, weil man sie immer schon hatte. Aber **brauchen Sie sie wirklich noch**? Oder können Sie sich samstags oder sonntags nicht einfach die Wochenendausgabe vom Einkaufen oder Brötchenholen mitbringen? Dann zahlen Sie nämlich wirklich nur diese Ausgabe und haben weniger Altpapier. Also zweimal gespart – das hört sich doch gut an ☺!

Schlüssel

Ich suche meinen Hausschlüssel nur einmal in meinem Leben, und das ist immer! (O-Ton eines unserer Kunden) – und so ist es auch: Alle Menschen hassen die scheinbar ewige Sucherei nach einem Schlüssel, egal welchem. Die Suche raubt Zeit, setzt Sie unter Druck, nervt und ist vollkommen verschwendete Energie. Ihr Schlüssel sollte darum grundsätzlich nur **einen einzigen Platz** in Ihrer Hand- oder Hosentasche und einen einzigen Platz in der Wohnung haben. Das kann ein Schlüsselbrett sein oder eine Schale oder ein Kästchen, eben etwas, das möglichst neben oder nahe der Haustüre platziert ist. Gewöhnen Sie sich an, Ihre Schlüssel sofort beim Reinkommen dort abzulegen. Auch alle anderen Familienmitglieder sollten den Schlüssel genau an diese Stelle zurücklegen – nicht in ihre Handtasche und auch nicht auf den Küchentisch. Ohne Ausnahmen oder Widersprüche, immer an diesen einen Platz! Wir versprechen Ihnen, dass Sie Ihren Schlüssel zu Hause nie wieder suchen werden!

Leergut

Leergut ist auch so ein ganz eigenes Thema: Wohin bloß immer mit diesem Zeug? Die Hälfte liegt bei den Kindern im Zimmer, in der Küche ist kein Platz, im Keller ist es unpraktisch, denn man vergisst dadurch oft, es zum Einkaufen mitzunehmen. Also lagert man es im Flur. Alle stolpern darüber, es ist unansehnlich, aber wir schauen einfach alle daran vorbei. Erkennen Sie sich wieder ☺? Kein Zweifel, Leergut im Flur ist praktisch, denn so sehen wir es und denken viel öfter daran, es zurückzubringen. Die Frage ist jedoch: Wie viel wird gelagert und wie lange wird es gelagert? Türmen sich über Wochen leere Flaschen und Joghurtgläser, sieht der Flur natürlich „plötzlich" übel aus. Selbst wenn alles andere dort schön aufgeräumt ist! Also übernehmen wir doch einfach die Regel des Posteingangs: Eine Woche darf gesammelt werden. Nutzen Sie dafür eine große Kiste oder Truhe, eine bunte Tüte oder eine stylishe Tonne – je ausgefallener und ansprechender der Aufbewahrungsbehälter, umso weniger fällt das Leergut darin auf. Alternative Aufbewahrungsorte sind der Balkon, der Keller (wenn's denn sein muss ☺), der Platz unter der Spüle in der Küche oder ein separater Eimer, der zu Ihren Mülleimern passt. Wichtig ist, dass Sie das Leergut **nicht zu lange aufbewahren** und den Behälter nicht überquellen lassen. Das ist unschön und verbreitet Unordnung. Räumen Sie das Leergut am Tag Ihres Wochen(end)einkaufs ins Auto. Selbst wenn Sie es dort einmal vergessen, werden Sie es in absehbarer Zeit abgeben – spätestens wenn im Kofferraum nichts anderes mehr Platz hat.

Hundeleine, Schirme

Bei Dingen wie Hundeleinen, Schirmen, Geliehenem, das zurückgegeben werden muss, und Ähnlichem gilt: Nutzen Sie die Wände. Es gibt zahllose schöne **Haken und Hängeregale** aus Stoff, die problemlos angebracht werden können und Ihnen das Aufräumen und Ordnunghalten wesentlich erleichtern. Alles, was vom Boden aufgehoben und nach Themen sortiert untergebracht werden kann, ist für diese Art der Aufbewahrung optimal. Für Geliehenes, das zurückgebracht werden soll, nutzen Sie zudem am besten schlichte Papiertüten. Diese sind meistens unbedruckt und können mit dem Namen der jeweiligen Person beschriftet werden. So werden Sie bei jedem Hinausgehen daran erinnert, wer noch etwas von Ihnen zurückbekommt, und können die jeweilige Tüte zu Ihrer nächsten Verabredung mitnehmen.

Der Flur: die Top 5 To-dos

- alles aussortieren
- Kleidung saisonal sortieren und umlagern
- für jedes Familienmitglied einen eigenen Bereich schaffen
- Leergut dauerhaft verstauen
- festen Platz für Schlüssel und Tasche festlegen

Das Wohnzimmer

Sie werden es bei sich selbst und bei anderen beobachten: Wohnzimmer sind oberflächlich meistens aufgeräumt (Ausnahmen bestätigen natürlich die Regel), unter anderem weil wir Besuch in diesem Raum empfangen und auch die Nachbarin, die unangemeldet auf einen Kaffee vorbeischaut, einen Platz zum Sitzen finden soll. Grämen Sie sich jetzt bitte nicht, falls Sie der Nachbarin gar nicht mehr aufmachen oder schon lange keine Freunde mehr einladen: Wir sind zusammen auf dem besten Weg, das wieder zu ändern! Zudem nutzen wir das Wohnzimmer zum Entspannen, zum Fernsehen oder um mit der Familie zusammen zu sein. Dies erfordert ein gewisses Maß an Platz und meistens schaffen wir es, diesen – trotz großer Anstrengungen – einigermaßen zu erhalten. Da das Wohnzimmer multifunktional genutzt wird, ist es leider auch ein **Magnet für Kram und Krempel** und vor allem für die nicht zurückgeräumten Dinge. Manchmal werden aus genau dieser Not heraus weitere Kommoden, Regale und Sideboards gekauft, sodass das Wohnzimmer neben der Funktion auch die Optik eines Lagerraums annimmt, anstatt der ansprechende Mittelpunkt Ihrer Wohnung zu sein. Vollgestopfte Schränke, überquellende Regale und ein Sofa unter einem Klamottenberg sind Klassiker, und oft kommt noch ein Esstisch dazu, auf dem kein Teller mehr Platz hat. Auf den kommenden Seiten werden wir uns diesen Problematiken widmen. Da davon auch Küche (Geschirr, Gläser), Schlafzimmer (CDs, Bücher) und Arbeitszimmer (Papiere, Unterlagen) betroffen sind, finden Sie weitere Tipps und Tricks in den jeweiligen Kapiteln (s. S. 113, 101 und 127).

Um eine sinnvolle Ordnung im Wohnzimmer zu schaffen, beantworten Sie bitte zunächst zu jedem einzelnen Stück die vier fantastischen Aufräum-Fragen nach der Notwendigkeit, dem Zustand, der Anzahl und dem Standort (s. S. 87) und wenden dann die Vier-Kisten-und-ein-Müllsack-Methode an (s. S. 88). Mit den verbliebenen Dingen verfahren Sie wie im Folgenden beschrieben. Ist die Ordnung erst einmal wiederhergestellt, können Sie sie besser halten, wenn Sie Ihr Wohnzimmer **in Bereiche einteilen**, zum Beispiel „Bereich Essen", „Bereich Relaxen", „Bereich Spielen". Dort können Sie die benötigten Materialien platzieren, also beispielsweise Geschirr und Besteck in den Schrank neben dem Esstisch, Bücher und Zeitschriften in die Nähe des Sofas, Spielzeugkisten in den untersten Teil des Schrankes, damit sie für die Kids erreichbar bleiben.

CDs, DVDs, Videokassetten

Oft sammeln wir im Laufe der Jahre diverse CDs und DVDs an und stellen am Tag X fest, dass wir die meisten gar nicht mehr nutzen. Natürlich gibt es Filme und Songs, die man sich immer wieder anschaut oder anhört, aber mindestens genauso viele eben auch nur einmal. Immer mehr Menschen nutzen die digitalen Möglichkeiten, konsumieren ausschließlich online und speichern, wenn überhaupt, auf dem Rechner. Das hat einen unwiderlegbaren Vorteil: Man benötigt keinen Platz mehr für CDs, DVDs oder Videokassetten. Trotzdem haben viele von uns noch immer viel davon und müssen damit umgehen. Wenn Sie also nicht über kurz oder lang eine Videothek oder einen professionellen CD-Vertrieb aufbauen möchten, sollten Sie **dringend aussortieren**. Nein, wir möchten Ihnen natürlich nicht Ihre persönlichen Klassiker oder die CDs Ihrer Lieblingsband „entreißen". Aber sortieren Sie aus, was Sie wirklich nie mehr sehen oder hören werden. Machen Sie anderen eine Freude damit, verschenken oder spenden Sie. Verkaufen können Sie auf diversen Internetportalen oder dem Trödelmarkt, aber das

lohnt sich nur, wenn Sie echte Raritäten oder Neuheiten besitzen.

Nehmen Sie sich ein bisschen Zeit für die Sortierung und überprüfen Sie gleichzeitig Ihre Abspielgeräte. Sie haben noch Kassetten, aber das Tapedeck ist hinüber? Dann tapfer aussortieren. Ebenso die Videokassetten, denn Sie werden kein neues Abspielgerät mehr kaufen können. Sollte etwas darunter sein, das für Sie großen emotionalen Wert besitzt, kaufen Sie sich die entsprechende DVD. Ein privat aufgenommenes Video kann man im Fachhandel relativ günstig auf CD oder DVD überspielen lassen. Solche gebrannten CDs und DVDs weisen übrigens eine Haltbarkeit von ca. zehn Jahren auf, dann müssen sie neu überspielt werden. Vermeiden Sie Schäden am Bild- oder Tonmaterial und kontrollieren Sie diese Träger von Zeit zu Zeit. Stellen Sie sich Ihre eigene **Favoritenliste** zusammen und **ordnen Sie sie**: alphabetisch, chronologisch oder nach Genre – nur die für Sie (und ggf. Ihre Familienmitglieder, falls auch deren Musik und Filme darunter waren) nachvollziehbare Unterteilung ist „richtig"!

Bücher

Wir sammeln im Wohnzimmer (und in allen anderen Räumen …) besonders gerne Bücher. Nichts spricht dagegen, denn auf der Couch liest es sich bekanntermaßen doch ganz gut. Problematisch wird es allerdings, wenn der Raum von Büchern belagert wird und das Ganze nicht mehr nach literarischem Genuss, sondern nach einem Wirbelsturm in der Bibliothek aussieht. Bücher stehen wie kein anderes Medium für Bildung und Emotionen. *Bücher erreichen Stellen, da kommt der Fernseher gar nicht hin!*, sagte eine unserer Kundinnen vor Kurzem. Recht hat sie, aber es gibt eben auch Literatur, die eher der kurzfristigen Unterhaltung dient: Wer einmal gelesen hat, wer der Mörder ist, den kann der Krimi kein zweites Mal packen. Darüber hinaus repräsentieren Bücher – sogar die, die man gar nicht gelesen hat (und auch nicht lesen will) – häufig guten Geschmack und literarische Bildung. Die großen Klassiker, die in keiner Bibliothek fehlen dürfen, stehen alle in Ihrem Regal? Wie lange quälen Sie sich schon damit, nur weil „man" sie gelesen haben muss? Machen Sie endlich Schluss damit: Sie müssen gar nichts lesen, wenn überhaupt möchten Sie doch lesen! Stellen Sie sich nur noch **geliebte und gewollte Bücher** ins Regal. Auch der Umgang mit geerbten und hinterlassenen Büchern ist für viele Menschen kompliziert. Sie haben den Verstorbenen meist viel bedeutet oder waren ein fester Bestandteil ihrer Wohnungseinrichtung. Wir glauben, dieser Tatsache gerecht werden zu müssen, und fürchten, mit dem Aussortieren auch einen Teil des Andenkens an diese Menschen zu verlieren. Doch auch wenn Sie sich auf ein paar wenige, vielleicht wertvolle Exemplare beschränken, bewahren Sie das Andenken, werden dadurch aber in Ihrer Einrichtung nicht fremdbestimmt. Spätestens wenn Ihre Bücher in den Regalen bereits in zweiter Reihe stehen und Sie auf dem Boden, unter dem Sofa, auf Fensterbänken und dem Couchtisch ganze Bücherei-Abteilungen eröffnet haben, sollte klar sein, dass Ihnen das Thema über den Kopf gewachsen ist. Bücher haben die Macht über Sie und den Raum gewonnen. Lassen Sie das nicht länger zu: Sortieren Sie beherzt aus!

Zeitschriften, Zeitungen

Zeitungen und Zeitschriften müssen anders als Bücher betrachtet werden, denn sie kommen täglich, wöchentlich und monatlich – und das regelmäßig. Wie viel Papier auf diese Weise einfach zu Hause liegenbleibt, wird den meisten nach einem Blick neben das Sofa oder auf den Couchtisch klar. Sollten Sie schon diverse Haufen von ungelesenen Zeitschriften im Wohnzimmer beherbergen, lassen Sie bitte die Frage zu, wann Sie dies alles „aufholen" möchten? Nein, lassen Sie sich nicht aus dem Konzept bringen von der Angst, Sie könnten etwas Wichtiges verpassen, sondern bemühen Sie sich um eine realistische

Zeiteinschätzung. Berücksichtigen Sie auch, dass jeden Tag eine neue Tageszeitung und jede Woche die neue Zeitschrift erscheint, die Sie ja auch lesen müssen. Sind Sie bereits zu einem Ergebnis gekommen? Wir nehmen an, Ihren Jahresurlaub opfern oder Ihren Beruf für zwei Monate aufgeben möchten Sie nicht? Dann, das sagen wir Ihnen ganz offen, wird es schwierig werden. Aber Sie haben es ja selber schon eingesehen: Hier haben Sie keine Chance. Ziehen Sie einen Schlussstrich und **fangen Sie bei Null an**. Das hört sich sehr rigoros an, wird Ihnen aber helfen. Beschränken Sie sich auf drei bis maximal fünf „alte" Zeitschriften, das kann man schaffen, und entsorgen Sie den Rest: spenden, verschenken, einfach ins Altpapier werfen. Sie werden nichts Weltbewegendes versäumen, denn an den wichtigen Themen kommt man heutzutage nicht mehr vorbei und andere Dinge wie Tipps zur Gesundheit oder Rezepte wiederholen sich ständig. Überdenken Sie Ihre Abonnements. Brauchen Sie die Zeitschrift wirklich noch jede Woche oder würde es reichen, Sie je nach Lust und Zeit am Kiosk zu kaufen? Viel spannender als ständig die gleiche Zeitschrift ist doch auch die Vielfalt, die man vielleicht dort erst entdeckt!

Geschirr, Gläser

Das Wohnzimmer ist, neben dem Esszimmer, ein beliebter Raum, um etwa in Vitrinen selten genutztes Geschirr, das geerbte Silberbesteck oder die guten Gläser aufzubewahren. Wenn Sie ausreichend Platz haben, steht dem nichts entgegen. Die Realität sieht jedoch oft anders aus: Öffnet man im Wohnzimmer eine Schranktür, kann man das Geschirr darin vor lauter Krempel überhaupt nicht mehr sehen und schon gar nicht bei Bedarf „einfach" benutzen, ohne es zuerst vollständig freiräumen und spülen zu müssen. Und man weiß auch nicht mehr, ob es überhaupt noch vollzählig und unbeschädigt ist. Darum wird es nicht benutzt. Eine andere Variante ist die, dass das Wohnzimmer von Krempel überzogen ist, man kaum noch eine Sitzmöglichkeit findet, aber das gute alte Geschirr seit Jahren fein säuberlich im Schrank steht und niemals herausgeholt wird. Beide Varianten sind für alle Beteiligten, nun ja, eher unbefriedigend. Bitte **sammeln Sie das ganze Geschirr zusammen** und erfassen Sie, was vor Ihnen steht: Hummerbesteck für acht Personen, mit passender Tischdekoration? Ein Trüffelhobel, original verpackt? Das wirklich schöne, wertvolle Kaffeeservice von Ihrer Uroma? Nachdem Sie das alles vorsortiert haben, überdenken Sie für die verbliebenen Dinge den Aufbewahrungsort: Können Sie sie auch im Keller einlagern oder in einem Ihrer Küchenschränke? Wenn nicht, suchen Sie im Wohnzimmer einen passenden Platz dafür.

Kinderspielzeug, Schulutensilien

Wenn Sie Kinder haben, wird Ihr Wohnzimmer wahrscheinlich von Spielsachen, Malsachen, Stofftieren, Schulheften und Kinderklamotten übersät sein – es ist ja auch ein Raum für die ganze Familie! Und darum sollten sich alle Familienmitglieder hüten, den Raum für sich alleine zu beanspruchen. Ist das Spielen im Wohnzimmer grundsätzlich erlaubt, **bekommt jedes Kind eine Kiste**, in der es Spielsachen aufbewahren kann. Wenn die Kiste voll ist, wird selbstverständlich keine zweite Kiste angeschafft, sondern es werden Spielzeuge aussortiert und zurück ins Kinderzimmer gebracht. Suchen Sie Kisten aus, die sich harmonisch in Ihr Wohnzimmer einfügen, und arbeiten Sie ruhig auch in den Schränken damit. Abends sollten Sie **zusammen aufräumen** und alles zurück in die Kisten packen – aber nur so lange, bis die Kinder das alleine erledigen können. Übertragen Sie ihnen diese Aufgabe schnellstmöglich: Erstens lieben Kinder Routinen, zweitens wird es sich in ihrem Aufräumverhalten dauerhaft positiv bemerkbar machen. Sollten Ihre Kids am Esstisch Hausaufgaben machen (was nicht ungewöhnlich ist), gilt das gleiche Prinzip: Sobald die Hausaufgaben erledigt sind, wird alles weggeräumt und der Tisch ist wieder ordentlich. Übrigens eine gute Gelegen-

heit, um gleich den Schulranzen für den nächsten Tag vorzubereiten und die leeren Butterbrotdosen und Getränkeflaschen in die Spülmaschine zu räumen. Diese möchte man ja auch nicht erst Wochen später im Kinderzimmer wiederfinden …

Kinderkleidung gehört gar nicht ins Wohnzimmer, und das sollten Sie unbedingt durchsetzen! Schmutzige Kleidung gehört in den Wäschekorb, saubere Kleidung in den Kleiderschrank, und Ende. Fangen Sie bei Bedarf auch hier noch einmal ganz von vorne an und besprechen Sie mit Ihren Kindern diese neue Regel. Auch wenn es aufwendig und stellenweise anstrengend ist: Je **selbstständiger und verantwortungsvoller** Ihre Kinder in Sachen „Ordnung" werden und je mehr Sie Ihnen beibringen und vorleben, umso weniger werden Sie Ihnen hinterherräumen müssen. Ein schöner Gedanke, oder?!

Dekoration, Erinnerungsstücke

Auf das große Thema Dekoration haben sich ganze Wirtschaftszweige spezialisiert. Sie ist meist zu sehr erschwinglichen Preisen zu erwerben, was ihren

Reiz nicht gerade schmälert – obwohl wir zu Hause Schubladen und Schränke voll haben und auch eine Menge benutzt in der Wohnung steht. Wir lassen uns eben gerne von den neuesten Trends inspirieren und machen es uns zu Hause schön. Das ist natürlich okay! Allerdings nur, solange Sie ausreichend Platz in Ihrer Wohnung haben und die Objekte gut unterbringen können. Wenn aus Platzmangel im Juli allerdings noch die verstaubte Weihnachtsdeko im Wohnzimmer steht, dann läuft etwas schief. Es sei denn, Sie dekorieren gerne das ganze Jahr weih-

nachtlich und mögen Staub ☺. Um dem Ganzen Herr zu werden (und zu bleiben), gilt auch bei Dekoration: Sammeln Sie sie in durchsichtigen Kisten und **ordnen Sie sie nach Themen oder Anlässen**. Heben Sie nicht jeden Kram auf, nur weil er einmal in Ihrer Wohnung stand, sondern behalten Sie nur die schönsten Stücke und Ihre Lieblinge. Befreien Sie sich von Fehlkäufen, seltsamen Farbarrangements, kaputten, zerknickten oder schmutzigen Artikeln. Überlegen Sie, was Sie dauerhaft als Deko nutzen möchten und was lediglich zu einem bestimmten

Anlass herausgeholt wird. Bedenken Sie, dass jedes dauerhafte Arrangement auch dauerhaft zu pflegen ist. Verstaubte und vergilbte Dekoration wird nämlich schnell zum negativen Hingucker.

Das Gleiche gilt für Erinnerungsstücke. **Überladen** Sie das Wohnzimmer und Ihre Regale nicht damit. Ihr Wohnungsmittelpunkt soll ja kein Ausstellungsraum werden. Suchen Sie sich auch hier die schönsten Stücke aus und präsentieren Sie diese einzeln, das gibt ihnen mehr Bedeutung und entspannt den optischen Eindruck des Zimmers. Für zusammengehörende Sammlungen kleinerer Gegenstände, etwa Porzellanfiguren oder Modellautos, empfehlen wir Vitrinen. Auch hier lässt die Begrenzung auf dieses eine Möbelstück alles aufgeräumter wirken. Prinzipiell gilt „Weniger ist mehr" und weniger macht weniger Arbeit ☺.

Nicht zurückgeräumte Dinge

Sie sind das größte Problem in den Wohnzimmern! Sie erleben jeden Tag, dass das Wohnzimmer für ziemlich viele Aktivitäten „herhalten" muss: fernsehen, Videospiele spielen, lesen, spielen, Hausaufgaben machen, basteln, telefonieren, Yoga machen, den Hund bürsten, das Baby stillen, Besuch empfangen, die Post erledigen, am Laptop arbeiten, bügeln und noch vieles mehr. Wenn Sie und Ihre Familie immer alles liegen lassen, was dazu nötig ist, verwandelt sich der Raum innerhalb eines Tages in ein „Chaoszimmer". Gewöhnen Sie sich und allen anderen daher an, Dinge, die benutzt wurden, sofort nach Gebrauch wieder wegzuräumen: Benutztes Geschirr kommt in die Spülmaschine, Kuscheldecken werden gelüftet, Zeitungen werden zusammengefaltet oder ins Altpapier gegeben. Zusammen benötigen Sie dafür maximal 15 Minuten, die Ihnen allen ein **dauerhaft aufgeräumtes Wohnzimmer** bescheren. Wir wissen natürlich, dass dieses ständige Zurückräumen auch nerven kann – aber lieber eine Minute genervt

als wegen der entstandenen „Berge" dauerhaft verzweifelt, oder?! Bleiben Sie dabei konsequent: Je öfter alles weggeräumt werden muss, umso schneller wird das für alle Beteiligten zur Routine.

Das Wohnzimmer: die Top 5 To-dos

- alle nicht zurückgebrachten Dinge zurückräumen
- alles aussortieren
- Raum nach Bereichen ausrichten und Schränke entsprechend einräumen
- Altpapier entsorgen
- saugen und Staub wischen

Das Schlafzimmer

Würden wir alle in unseren Schlafzimmern nur schlafen, wäre es nahezu immer aufgeräumt und ordentlich. Morgens lüften und das Bett machen – alles erledigt! Allerdings nutzen wir das Schlafzimmer im wahren Leben auch für viele andere Aktivitäten: Zum An- und Ausziehen, zum Lesen, Musikhören, Fernsehen, Spielen mit den Kindern, sogar zum Basteln, oder wir haben eine Ecke als Arbeits- und Computerplatz eingerichtet. So hat das Chaos natürlich eine reelle Chance, einfach einzuziehen. Ein unaufgeräumtes und chaotisches Schlafzimmer übt auf viele Menschen einen **besonders hohen Leidensdruck** aus. Der Ort, an dem wir zur Ruhe kommen und Geborgenheit empfinden sollten, wird von

Dingen überrollt, die uns nicht zur Ruhe kommen lassen. Meistens warten Berge von Kleidung darauf, gewaschen, gefaltet oder gebügelt zu werden, Unmengen Bücher verstauben, vor lauter gestapelten Papieren und Unterlagen kann man den Computer kaum noch sehen. Oft unterschätzen wir die Kraft dieser Dinge, die abends, wenn wir im Bett liegen, rufen: „Räum mich weg!" – „Ordne mich ein!" – „Bearbeite mich!" oder „Wie kannst du ruhig schlafen, wenn es hier so aussieht?!" Und wenn Sie empfänglich für diese Botschaften sind, werden Sie innerhalb kürzester Zeit tatsächlich **keine Ruhe mehr finden** – wie viele unserer Kunden. Darüber hinaus hat große Unordnung im Schlafzimmer für Sie als Paar viel mehr negative Auswirkungen als Unordnung in anderen Räumen: Das Chaos im intimsten Bereich der Wohnung lässt neben Harmonie und Leichtigkeit oft auch die Leidenschaft verschwinden. Natürlich ist Ordnung nicht die Lösung aller Probleme, aber sie kann bei vielen Dingen zur Entspannung beitragen. Ihr Schlafzimmer sollte ein Ort sein, der Ruhe, Wärme und Harmonie fördert, daher sollten Sie sich diesen Raum zurückerobern!

Machen Sie Ihr Bett nicht sofort, nachdem Sie aufgestanden sind: Das ist im wahrsten Sinne des Wortes ein gefundenes Fressen für Hausstaubmilben! Unsere Betten sind der ideale Lebensraum für Milben, hier finden sie alles, was sie brauchen: Wärme, ausreichend Feuchtigkeit und menschliche Hautschuppen als Futter. Im Sommer kann die Anzahl der Milben aufgrund der höheren Temperaturen noch steigen. Lüften Sie daher Bettdecke und Kopfkissen regelmäßig und ausgiebig, bevor Sie alles wieder schön herrichten. Auch das regelmäßige Absaugen mit dem Staubsauger auf höchster Stufe und das **Wenden der Matratze** helfen, die Anzahl der Milben gering zu halten. Das Wenden der Matratze hat zudem weitere Vorteile: gleichmäßige Abnutzung, damit keine ausgeprägten Liegekuhlen entstehen, bessere Durchlüftung und Vermeidung von Feuchtigkeitskonzentrationen (was wiederum der Milbe gar nicht gefällt), denn die Matratze nimmt die meiste Feuchtigkeit von oben auf. Durch das Wenden kann diese konzentrierte Feuchtigkeit abgebaut werden.

Um eine **sinnvolle Ordnung** im Schlafzimmer zu schaffen, beantworten Sie bitte zunächst zu jedem einzelnen Stück in diesem Raum die vier fantastischen Aufräum-Fragen nach der Notwendigkeit, dem Zustand, der Anzahl und dem Standort (s. S. 87), und wenden dann die Vier-Kisten-und-ein-Müllsack-Methode an (s. S. 88). Mit den verbliebenen Dingen verfahren Sie wie im Folgenden beschrieben. Wenn Sie im Schlafzimmer nur wenig Stauraum haben,

nutzen Sie auch den Platz hinter der Tür (etwa für Schuhkisten) und auf dem Schrank (für Gästebetten, Skianzüge etc.). Solange Sie optisch ansprechende Aufbewahrungsboxen benutzen, sieht der Raum dennoch weiterhin aufgeräumt und ordentlich aus.

Kleidung

Meistens verstopfen Unmengen an Kleidung das ganze Zimmer. Es beginnt mit sauberer Wäsche, die nicht in den Schrank geräumt wird, und endet mit der Kleidung, die wir gar nicht mehr tragen. Dazwischen sammeln sich Bügelwäsche, Schmutzwäsche, das Schwimmzeug vom letzten Badetag, alte Unterwäsche *(Die kann ich noch als Putzlappen benutzen!)*, Schuhe, Taschen, der Sombrero aus dem

letzten Urlaub und das 70er-Jahre-Kostüm der letzten Motto-Party. **Seien Sie ehrlich** und sortieren Sie auch so aus: Der Sombrero war nur im Urlaub lustig, und zur nächsten Motto-Party werden Sie in einem anderem Kostüm gehen. Außerdem gibt es diverse Fotos von genau dieser Party, um sich immer wieder an diesen schönen Abend und Ihr tolles Outfit zu erinnern, auch ohne das Kostüm. Sammeln Sie die Bügelwäsche in einem Korb und sortieren Sie bitte auch hier aus: Teile, die Sie sowieso nicht mehr tragen, müssen Sie auch nicht mehr bügeln! Sammeln Sie die gesamte Schmutzwäsche und starten Sie die erste Waschmaschine, während Sie aufräumen. Diese arbeitet dann schon mal, während Sie sich weiterhin dem Schlafzimmer widmen. Sobald sie fertig ist, machen Sie eine kleine Aufräumpause (dann kann sich Ihr Gehirn erholen von den vielen kleinen Entscheidungen, die Sie gerade getroffen haben) und hängen die Wäsche auf oder geben sie in den Trockner. Dann starten Sie die zweite Maschine und räumen weiter auf.

Die potenziellen Putzlappen, die Sie gesammelt haben, sollten Sie gnadenlos aussortieren. Auch Putzen sollte wenigstens etwas Spaß bereiten und so einfach wie möglich sein. Natürlich ist es immer gut, ein paar alte Lappen oder Handtücher in Reichweite zu haben, aber müssen Sie wirklich alle alten Frotteelappen und ausgemusterten Unterhosen aufbewahren? Wohl sicher nicht, und mit einem **ordentlichen, fusselfreien Putzlappen** putzt es sich auch viel besser als mit einer alten Unterhose ☺. (Für weitere Tipps, auch zur Organisation des Kleiderschranks, s. S. 107).

Schuhe, Stiefel

Nicht nur im Flur, sondern auch im Schlafzimmer sammeln wir oft Schuhe und Stiefel. Grundsätzlich empfehlen wir, die (vorsortierten ☺) Schuhe in ihren **Originalkartons** oder in einheitlichen Aufbewahrungskisten zu lagern: Die Schuhe bleiben darin länger schön und man kann diese Kisten komfortabler verstauen als „lose" Schuhpaare. Für den besseren Überblick und das leichtere Auswählen beim Anziehen kleben Sie **auf jeden Karton ein Foto** der darin gelagerten Schuhe, egal ob stylishes Polaroid oder selbst ausgedrucktes Foto. Je nach Größe passen auch mehrere Paare in einen Karton, etwa bei Zehensandalen. Dann einfach alle Paare auf ein Foto! (Weitere Tipps dazu und auch zur Organisation des Schuhschranks, s. S. 107).

Schmuck, Accessoires

Das Angebot an schönem und günstigem Modeschmuck ist heute sehr groß, dementsprechend viel sammeln leidenschaftliche Schmuckträger/innen. Oft ist der Schmuck Trends unterworfen und kommt recht schnell wieder aus der Mode, daher sollte man seine gesammelten Werke etwa einmal im Jahr aussortieren. Wichtig für den Überblick ist, **sämtlichen Schmuck zusammenzutragen**, erst dann können Sie entscheiden, was Sie wirklich noch nutzen. Oft bleiben wir bei altbewährten Klassikern und merken schnell, dass wir viel zu viel „Schnickschnack" gekauft haben. Sortieren Sie gründlich aus und machen Sie Freunden, der Familie oder karitativen Stellen eine Freude mit der „Ausbeute". Anders verhält es sich natürlich bei echtem und wertvollem Platin-, Gold-, oder Silberschmuck. Den goldenen Kettenanhänger haben Sie noch nie getragen, aber Sie hätten so gerne einen goldenen Ring? Lassen Sie den Anhänger bei einem Juwelier oder Schmuckdesigner einschmelzen und neu gestalten. Holen Sie sich dafür aber verschiedene Angebote ein, die Preise für solche Arbeiten schwanken erheblich! Andere Stücke, die Sie definitiv nicht mehr tragen und an denen Ihr Herz nicht hängt, sollten Sie verkaufen oder verschenken. Seien Sie aber bitte beim Aussortieren vorsichtig und entsorgen Sie keinen wertvollen Schmuck „mal eben auf die Schnelle".

Fragen Sie sich bei der Aufbewahrung des verbliebenen Schmucks, wo Sie diesen anlegen: Im Schlafzimmer? Im Bad? Dort sollten Sie ihn dann auch lagern, zumindest den täglich oder oft getragenen Schmuck. Für Modeschmuck eignet sich ein schönes Kästchen oder eine Schublade, auch kleine Wandhaken für Ketten machen sich gut. Für Ihre Schätze und den wertvollen Schmuck sollte die Aufbewahrung etwas sicherer sein, etwa in mit Watte oder Samt ausgelegten Kästchen oder am besten in der Originalverpackung.

Bücher

Natürlich bietet es sich an, Bücher im Schlafzimmer aufzubewahren. Problematisch wird es erst, wenn man vor lauter Büchern den Kleiderschrank nicht mehr öffnen kann oder unter dem Bett zehn total verstaubte Kartons voller Bestseller „versteckt". Was zu viel ist, ist zu viel, das finden Sie doch auch, oder?! Ihr Schlafzimmer soll ein **Ort der Muße** sein, kein Ort des *Hilfe, das muss ich alles noch lesen!* und des dazugehörigen Drucks! Sie müssen erst einmal gar nichts, auch nicht alles lesen. Behalten Sie nur die Bücher, die Sie mögen und gerade lesen bzw. noch lesen werden – alles andere ist **unnützer Ballast** und bereichert weder Ihr Leben noch Ihr Schlafzimmer. Eine übersichtliche Anzahl an Büchern macht Spaß, und etwas daraus auszuwählen, ist einfach. Räumen Sie die verbliebenen Exemplare in Ihr Bücherregal im Wohnzimmer, Arbeitszimmer oder Flur. Wenn Sie Bücher auf dem Boden lagern, bringen Sie an der Wand ein Regal dafür an: Böden sollten grundsätzlich frei sein, damit Sie vor dem Saugen und Putzen nicht erst alles Mögliche wegräumen müssen. Das gilt ganz besonders für den Platz unter dem Bett: Dieser sollte **so frei wie möglich** sein, damit die Luft zirkulieren und sich kein Staub sammeln kann. Im Feng Shui heißt es übrigens, unter dem Bett sollte die Energie fließen können. Wenn Sie also den Platz unter dem Bett unbedingt nutzen müssen (zum Beispiel für Ihre Winterklamotten), besorgen Sie sich

sogenannte Unterbettkommoden – beim Einkaufen genau ausmessen! –, um das Verstauben der gelagerten Dinge zu vermeiden.

Fernseher, Musikanlage

Der Fernseher im Schlafzimmer spaltet die Nation! Für die einen ist er unersetzliche Einschlafhilfe und Vergnügen, für andere Störfaktor und Übel. Wir sind neutral und arbeiten mit dem, was Sie gerne hätten. Trotzdem gibt es ein paar Fakten, über die Sie wenigstens einmal nachdenken sollten. So ist zum Beispiel erwiesen, dass wir mit laufendem Fernseher schlechter schlafen und morgens weniger ausgeruht sind, weil wir später in die Tiefschlafphase finden. Fernsehgeräte strahlen elektromagnetische Wellen aus, die wohl nicht förderlich für die Gesundheit sind. Der Fernseher kann ein echter Liebeskiller sein, wenn man sich mehr mit dem Programm als mit dem Partner beschäftigt. Und es ist einfacher und verlockender, die Fernbedienung in die Hand zu nehmen als zu lesen. Wenn Sie nicht alleine leben, sollten Sie vor der Anschaffung zudem berücksichtigen, ob Ihr Partner zur gleichen Zeit oder früher zu Bett geht als Sie, denn in letzterem Fall **könnten Konflikte entstehen**: Nicht jeder kann bei diesen Geräuschen und Lichteinflüssen schlafen. Sollten Sie sich (gemeinsam!) für einen Fernseher im Schlafzimmer entscheiden, gibt es mehrere Möglichkeiten für einen guten Standort. Für die richtige Position können spezielle Wandhalterungen aus dem Baumarkt oder Elektrofachhandel sorgen; der Vorteil dieser Konstruktionen besteht darin, dass man das Gerät nach Gebrauch zurück an die Wand schieben kann und der Raum **sofort größer und aufgeräumter** wirkt. Aber auch ein rollendes TV-Gestell eignet sich hervorragend, wenn Sie öfter Ihre Sitz- und Liegeposition ändern oder Sie beide abwechselnd fernsehen möchten. Bei einem festen Standplatz sind das Fenster (Sonneneinstrahlung) und eine gute Sicht auf den Bildschirm für alle Personen im Raum zu beachten. Nur so macht das Fernsehen dann auch allen Spaß.

Auch die Musikanlage kann im Schlafzimmer eine Bereicherung darstellen. Vielleicht hören Sie abends gerne noch Musik, machen im Bett Yoga oder Gymnastik und nutzen dafür CDs, oder Sie können Ihre Hörspiele am meisten genießen, wenn Sie unter der warmen Decke im Bett liegen. Nichts spricht dagegen! Aber auch hier gilt: Behalten Sie nur die CDs, die Sie wirklich hören, und **sortieren Sie alle anderen aus**. Räumen Sie die, die Sie noch hören, aber momentan nicht nutzen, im Wohnzimmer ein. Je kleiner der Stapel auf oder neben der Anlage ist, umso übersichtlicher und aufgeräumter ist auch der Raum und Sie finden leichter die passende CD.

Kinderspielzeug

Früher hatten wir drei Zimmer, Küche, Diele, Bad. Heute haben wir Kinderzimmer, Kinderzimmer und Kinderzimmer… (O-Ton eines unserer Kunden). Es klingt hart und gemein und die meisten Eltern möchten es nicht hören, aber: **Raus mit dem Spielzeug** der Kinder! Und zwar alles! Es gibt nur eine Ausnahme: wenn Ihr Kind noch sehr klein ist und Sie jeden Tag eine gewisse Zeit zusammen zum Spielen und Kuscheln in oder auf dem Bett verbringen. Dann sollten Sie die täglich benötigen Spielsachen

in einer schönen Kiste aufbewahren und nach dem gemeinsamen Spielen dort wieder hineinlegen. Ansonsten gilt: Liebe Eltern, erobern Sie sich Ihr Elternschlafzimmer zurück! Und fragen Sie jetzt bitte nicht, ob wir keine Kinder mögen. Doch, wir mögen Kinder sehr, Herr Dreeschmann hat sogar selbst eine zauberhafte Tochter. Wir wissen also, wovon wir reden ☺. Den Kindern stehen ihre eigenen Zimmer und das Wohnzimmer zur Verfügung, da brauchen sie nicht auch noch Ihr Schlafzimmer – Ihren gemütlichen, friedlichen und ruhigen Rückzugsort. Glauben Sie uns: **Sie brauchen diesen Ort**, gerade wenn Sie Kinder haben. Je mehr Sie darauf achten, dass das Schlafzimmer ein Zimmer der Erwachsenen bleibt, umso mehr Ruhe werden Sie in diesem Raum finden. Und diese Ruhe wird sich in den Beziehungen innerhalb Ihres Wohn- und Lebensraumes vielfach auszahlen. Natürlich sind die Kinder auch weiterhin im Schlafzimmer willkommen – wenn Sie es erlauben und ohne Spielzeug! (Weitere Tipps dazu, s. S. 118).

Arbeitsplatz

Sollten Sie einen Arbeits- oder Computerplatz in Ihr Schlafzimmer integriert haben, denken Sie bitte intensiv über eine Alternative nach! Das Schlafzimmer sollte eine vollkommen arbeitsfreie Zone sein, denn To-do-Listen, unerledigte Post und Ablageberge bringen Unruhe herein. Falls Sie keine Kinder haben und darum den Abschnitt „Spielzeug" übersprungen haben, erläutern wir es hier gerne noch einmal: Sie benötigen eine **Rückzugsmöglichkeit**, vom Beruf, vom Alltag und von allen anderen Verpflichtungen. Einen Raum ganz für Sie alleine, gestaltet nach Ihren Vorstellungen und Bedürfnissen, befreit von Ballast und Belastungen. Dort den Arbeitsplatz einzurichten ist kontraproduktiv. Wir haben Schlafzimmer gesehen, die nach und nach Arbeitszimmer geworden sind. Hier gut schlafen oder ausruhen? Keine Chance! Überlegen Sie bitte, in welchem anderen Zimmer Sie einen Arbeitsplatz einrichten können. Wenn Sie definitiv keinen anderen Ort haben und die Arbeit im Schlafzimmer verbleiben muss, sollten Rechner, Unterlagen und Papiere zumindest aus Ihrem Blickfeld verschwinden. Bereits ein Laptop – ohne großen Monitor, Tastatur und Rechner-Tower – bringt in dieser Hinsicht schon ein Riesenplus! Die anderen Dinge sollten Sie etwa mithilfe eines Vorhangs, eines Paravents oder einer Schiebegardine „verstecken". Etwas aufwendiger, aber schön und praktisch kann ein Regal als Raumtrenner sein, das dann auch noch zusätzlichen Stauraum für Bücher, Kleidung oder Schuhe bietet. Auch das Regal kann mit einem Rollo oder einer Schiebegardine versehen werden und **sieht gleich ruhiger aus** – und ruhiger ist gut fürs Schlafzimmer! Denselben Effekt erreichen Sie mit praktischen, einheitlichen Einschubkästen, die auch noch schön beschriftet werden können. (Weitere Tipps dazu, s. S. 127).

Krempel

Natürlich kann ein Schlafzimmer auch noch mit anderem Krempel vollgestopft sein, von Küchenutensilien bis Leergut. Im Rahmen der Anwendung der Vier-Kisten-und-ein-Müllsack-Methode kommen dabei besonders die Kisten „Anderswo aufbewahren" und „Verschenken" zum Tragen. In vielen Fällen haben viele Dinge schon einen Platz in der Wohnung, wurden aber schlicht nicht dort eingeräumt. In diesem Fall sollten Sie auch den Müllsack nicht vernachlässigen: Was bisher unter Wäschebergen begraben war, haben Sie anscheinend **nicht vermisst**, es kann also weg. Je weniger Sie in andere Räume bringen müssen, umso mehr Platz haben Sie, und zwar in allen Zimmern.

Das Schlafzimmer: die Top 5 To-dos

- alles aussortieren
- „fremden" Hausrat auslagern
- Kleiderschrank organisieren
- Anzahl der Bücher und CDs minimieren
- Bett frisch beziehen

Das Ankleidezimmer

Alle Tipps, die Sie hier finden, können Sie genauso beim Aufräumen und Entrümpeln Ihres Schuh- oder Kleiderschranks anwenden. Der begehbare Kleiderschrank bzw. das Ankleidezimmer werden immer populärer, auch in kleineren Wohnungen. Beiden wohnt meist ein großes Problem inne: Sie sind bis auf Hüfthöhe vollgestopft, hoffnungslos überfüllt und ein Aufbewahrungsort für alle großen und unhandlichen Dinge, die „schnell" aus der Wohnung verschwinden mussten – etwa die nagelneue Küchenmaschine mit allem Zubehör *(Huch, die ist ja viel zu groß für die kleine Küche!)* oder der neue Kinderschlitten, der im August gekauft wurde, aber noch bis Weihnachten versteckt werden muss. Darüber hinaus stehen hier drei Körbe Bügelwäsche *(bis ich dazu komme)*, ein Korb Wolldecken *(Die müssten alle mal gewaschen werden…)* und ein Haufen Winterschuhe, die vor dem Einlagern noch geputzt werden müssen. An die Schublade für die Unterwäsche kommen Sie schon seit Monaten nicht mehr ran, deshalb liegt diese Wäsche direkt neben der Tür auf dem Boden. Wie praktisch! Manchmal verleitet uns viel Platz eben auch dazu, viel aufzubewahren und zu lagern. Ein wirklich großer Kleiderschrank oder gar ein ganzes Zimmer für Kleidung sind **Fluch und Segen zugleich**: weil man fast zum Sammeln und Aufbewahren „eingeladen" wird einerseits, und weil viel Platz ein echter Gewinn für jede Art von Ordnung ist andererseits. Lassen Sie uns gemeinsam dafür sorgen, dass Ihr Platz wieder zum Segen wird!

Um eine sinnvolle Ordnung im Ankleidezimmer bzw. in Ihrem Kleiderschrank zu schaffen, beantworten Sie bitte zunächst zu jedem einzelnen Stück die vier fantastischen Aufräum-Fragen nach der Notwendigkeit, dem Zustand, der Anzahl und dem Standort (s. S. 87) und wenden dann die Vier-Kisten-und-ein-Müllsack-Methode an (s. S. 88). Mit den verbliebenen Dingen verfahren Sie wie im Folgenden beschrieben. Um „muffige" Gerüche zu vermeiden, **lüften Sie** Ihr Ankleidezimmer und Ihre Schränke nach dem Entrümpeln **regelmäßig** und lassen Sie auch während einer Reise alle Schranktüren geöffnet, so kann die Luft für längere Zeit zirkulieren. Da Sie nicht im Haus sind, stören Sie die offenen Türen auch nicht ☺. Lavendelsäckchen oder Zedernholzscheiben zwischen der Wäsche und Ihren Wollpullovern sorgen ebenfalls für Duft und halten Kleidermotten fern.

Kleidung

Meist verstopfen Unmengen an Kleidung den ganzen Raum: saubere Wäsche, die man vor lauter anderem Zeug nicht mehr einräumen konnte, Wintersachen, Sommersachen, Schuhe, Stiefel, Bett- und Tischwäsche, Decken, Handtücher. Beginnen Sie beim Aussortieren mit dem Sortiment, das Ihnen am leichtesten fällt. Sollte Ihnen alles gleich leicht (oder gleich schwer) fallen, teilen Sie sich die Themen nach der zur Verfügung stehenden Zeit ein, bei wenig Zeit zum Beispiel Socken und Handtücher, bei viel Zeit Hosen, Oberteile und T-Shirts. Sie werden sehen, dass diese Vorgehensweise wirklich nützlich ist. Oft ist das Aussortieren von Kleidung **eine recht emotionale Angelegenheit** und die vier fantastischen Aufräum-Fragen (s. S. 87) führen nicht immer gleich zum Ziel. Nehmen Sie sich daher ein bisschen Zeit und stellen Sie bei Bedarf Aussagen wie die folgenden infrage, um den „Stolperfallen" zu entgehen, die der innere Schweinehund für Sie aufgestellt hat. Bei genauerer Betrachtung werden Sie nämlich schnell feststellen: *Achtung, Falle!*

Das war so ein teures Stück! Wenn das wirklich ein Maßstab sein soll, müssen Sie nahezu alles aufbewahren, denn alles hatte seinen Preis. Wenn das Teil teuer war und Sie es gerne getragen haben, dann hat es doch gute Dienste geleistet. Wenn es teuer war und Sie es gar nicht getragen haben, müssen Sie sich wohl oder übel einen **Fehlkauf eingestehen**, dürfen es aber nun verschenken, spenden oder entsorgen. Oder soll es Sie weiter an diesen teuren Fehler erinnern?!

Das sind meine Motivationsteile: Wenn ich acht Kilo abnehme, passe ich wieder hinein! Trennen Sie sich mit dem Aussortieren bitte auch von **unrealistischen Träumen und Wünschen**. Nein, wir meinen mit „unrealistisch" nicht die acht Kilo! Natürlich können Sie es schaffen, abzunehmen. Wir meinen den Gedanken, dass Sie dann wieder diese alten Klamotten tragen wollen – ganz sicher nicht! Wer das

Diät- und Sportprogramm durchgehalten und mit großer Ausdauer solch ein Ziel erreicht hat, möchte sich gerne auch vollkommen neu präsentieren, und nicht in T-Shirts aus vergangenen Zeiten!

Das war mein Lieblings-T-Shirt, das habe ich damals unglaublich gerne getragen! Ja, die Betonung liegt auf „war" und „damals". Natürlich dürfen Sie jederzeit ein Shirt aufbewahren, das wirklich etwas Besonderes war, etwa aus der Schulzeit oder von einem Ehrentag. Aber beschränken Sie sich dabei auf **maximal zwei Exemplare**. Wenn Sie jedes Lieblingsteil aufbewahren, werden Ihnen diese den Platz für die aktuelle Kollektion stehlen. Falls Ihnen die Trennung von alten Lieblingsteilen besonders schwer fällt, machen Sie ein letztes schönes Foto und verabschieden Sie sich ein bisschen ausführlicher.

Es ist mir viel zu klein, aber die Farbe ist so toll! Es mag sein, dass die Farbe wirklich schön ist. Aber es ist Ihnen **zu klein**. Bitte verschenken Sie das Teil oder spenden Sie es. Jemand anderes wird sich sehr darüber freuen.

Diese Jacketts möchte ich zur Erinnerung an meinen verstorbenen Vater behalten! Da hat Sie Ihr innerer Schweinehund in die **Emotionsfalle** tappen lassen. Wir haben großes Mitgefühl für Ihren Verlust, das sagen und meinen wir ganz aufrichtig. Und selbstverständlich dürfen und sollen Sie Andenken aufbewahren, und wenn es in diesem Fall die Jacketts sind, dann ist das natürlich in Ordnung! Aber überdenken Sie Anzahl und Aufbewahrungsort: Lassen Sie den Gedanken zu, dass ein oder zwei Sie genauso an Ihren Vater erinnern werden wie zehn oder zwölf. Und Ihr Vater hätte sicher nicht gewollt, dass Sie Ihren Kleiderschrank mit seinen alten Jacken vollstopfen. Vielleicht können Sie die verbleibenden Jacketts ja noch in einem schönen Karton ganz oben auf einem Regal verwahren.

In Ihrem Ankleidezimmer sollten sich nur Dinge befinden, **die Sie wirklich brauchen**, die Sie **wirklich lieben**, die sich gut anfühlen und die Ihnen aktuell passen. Glauben Sie uns, das Ergebnis wird Ihnen sehr gut gefallen und es ermöglichen, morgens ganz schnell die richtige Kleidung auszuwählen.

Wenn Sie gründlich aussortiert haben, kommen wir jetzt zum Einräumen. Es ist wie in den anderen Räumen auch: Jedes Teil sollte seinen Platz haben, und zwar bei seinen „Artgenossen", also Hosen zu Hosen, Pullover zu Pullovern, Kleider zu Kleidern. Räumen Sie den Schrank oder die Regale zunächst vollkommen leer. Sollten Sie sehr wenig Platz haben, trennen Sie die Kleidung nach Saisons und legen Sie zum Beispiel die Winterkleidung beiseite; die Sommerware räumen Sie ein. Innerhalb der jeweiligen Kategorie sortieren Sie möglichst **nach Farbe**. Das wird beim morgendlichen Ankleiden eine große Hilfe sein. Kleidung, die Sie nicht so oft tragen, ordnen Sie bitte ganz oben oder ganz unten ein, was Sie nahezu täglich benötigen, hingegen in Augenhöhe und griffbereit. Lassen Sie sich aber nicht aufhalten, wenn Sie sich nicht sofort entscheiden können, was wohin soll! Sie können hinterher immer nochmal umräumen. Wenn Sie die Kleidung der aktuellen Saison eingeräumt haben, widmen Sie sich den Sachen für die kommende Saison. Wenn Sie tiefe Regale in Ihrem Ankleidezimmer haben, nutzen Sie den hinteren Bereich für diese momentan nicht benötigte Wäsche und den vorderen Teil für die aktuelle. Sind die Schränke nicht so tief, sollten die nicht benötigten Kleider luft- und wasserdicht verpackt ausgelagert werden. Seien Sie kreativ und nutzen Sie auch ungewöhnliche Stellen, etwa den Platz auf den Schränken oder hinter der Tür, oder einfach im Keller (dann aber besonders sorgfältig verpacken!).

Für kleinere Teile und Accessoires wie Schals, Tücher, Handschuhe etc. nutzen wir gerne **durchsichtige Aufbewahrungskisten**, da man so auf einen Blick erkennt, in welcher Kiste sich was befindet. Wenn Sie lieber Pappkartons nutzen möchten, beschriften Sie diese unbedingt. Dieses „Kistenprinzip" wenden wir übrigens auch oft beim Ordnen von Kinderkleidung an, damit kann man sich das mühsame Falten von Minibodys oder Hemdchen ganz einfach ersparen.

Schmutzwäsche, Bügelwäsche

Schmutzwäsche sollte zunächst gewaschen werden, denn sie wurde höchstwahrscheinlich erst vor Kurzem getragen. Lassen Sie die Maschine laufen, während Sie aufräumen, und nutzen Sie für die geeigneten Teile danach den Trockner, falls vorhanden, so geht es noch schneller. Da Sie schon so viel aussortiert und aufgeräumt haben, können Sie die frische Wäsche nach jedem Trockengang **sofort ordentlich**

einräumen. Da sich die Farben eines Stoffes durch Waschen verändern können, sollten Sie Twinsets und mehrteilige Anzüge immer zusammen waschen. So nutzt sich der Stoff gleichmäßig ab und Sie haben nicht plötzlich einen schwarzen Blazer und eine graue Hose.

Wenn Sie bereits mehrere Körbe Bügelwäsche gesammelt haben, wartet jetzt eine sehr undankbare Aufgabe auf Sie – mit zwei Möglichkeiten: Sie opfern entweder das Wochenende bzw. die Abende dieser Woche, um alles zu bügeln. Oder Sie lassen den Bügelwäschestau in einer Wäscherei beseitigen. Der Vorteil ist, dass Sie alles schrankfertig zurückbekommen und nur noch einsortieren müssen, der Nachteil ist, dass das Geld kostet. Unter Umständen denken Sie jetzt darüber nach, **sich dauerhaft bei der Bügelwäsche helfen zu lassen**. Gute Idee! Es soll tatsächlich Menschen geben, die gerne bügeln (zu finden im Internet oder an „Schwarzen Brettern" in Supermärkten) … Das bewundern wir ☺! Sortieren Sie bitte aber in jedem Fall zuerst aus: Wenn Sie etwas nicht mehr tragen werden, warum sollten Sie es dann noch bügeln (lassen)? Es sei denn, Sie möchten es verschenken, dann macht ein gebügeltes Teil bestimmt eine noch größere Freude.

Decken, Bettwäsche, Handtücher

Ganz oft übersehen wir diese Art von Wäsche schlichtweg, wenn wir einen Sack für die Kleidersammlung packen, und wundern uns hinterher, warum wir trotz der aussortierten Kleidung kaum Platz gewonnen haben. Decken und Handtücher kann man hervorragend spenden und in Tierheimen oder auf Gnadenhöfen werden sie meist sehr gerne genommen (bitte fragen Sie aber vorher nach). Gerade Decken und Bettwäsche **besitzen wir oft haufenweise**, ohne sie tatsächlich zu benutzen. Vermeiden Sie das: Eine Woll- oder Mikrofaserdecke pro Familienmitglied reicht vollkommen aus. Diese sollte

im Zimmer des Eigentümers gelagert werden, das verhindert den Riesenberg im Ankleidezimmer. Im Normalfall kommen Sie bei der Bettwäsche mit zwei bis drei Sommer- und ebenso vielen Wintergarnituren gut zurecht. Mit einem Wäschetrockner reicht eventuell auch eine Garnitur, denn Bettwäsche wird meistens sofort gewaschen und wieder getrocknet. Dann kann man sie auch am selben Tag gleich wieder aufziehen. Spannbetttücher können einfach und leger in einer durchsichtigen Box im Schrank verstaut werden. Da das Spannbettlaken (wie der Name schon sagt ☺) über das Bett gespannt wird, sind etwaige Knitterfalten nicht zu sehen, Sie sparen sich nach dem Waschen das lästige *Wie falte ich das eigentlich zusammen?* und Sie finden trotzdem auf Anhieb das Tuch, das Sie gerne aufziehen möchten.

Tischdecken, Platzsets und Stoffdekorationen werden oft inflationär angeschafft: zu jedem erdenklichen Thema, in allen möglichen Farben, für jede Saison, zu jedem Anlass … Fakt ist, dass die meisten zwei Lieblingsdecken haben, die sie abwechselnd nutzen, und Platzsets bleiben in der Regel dauerhaft liegen und werden nur zum Waschen ausgetauscht. Und Mitteldecken, Tischläufer, Stoffservietten etc. **werden kaum noch genutzt**. Nein, wir möchten Ihnen Ihre Leidenschaft für den schön gedeckten Tisch natürlich nicht madig machen! Aber wenn vor lauter Tischwäsche der Schrank, die Kommode oder sogar ein ganzes Zimmer nicht mehr genutzt werden können, muss etwas passieren. Überlegen Sie daher, welche Teile nur unnötige Schnäppchen waren und womit Sie wirklich gerne und oft dekorieren.

Bei Handtüchern verhält es sich oft so, dass wir die schönsten und hochwertigsten Exemplare besitzen und doch nur die alten, von unseren Eltern ausgemusterten benutzen. Wir könnten wetten, Sie lachen ☺. Bei Ihnen ist es sicher genauso, denn auch Sie meinen, die neuen, guten müssten „aufgehoben" und „geschont" werden, oder die alten wären noch nicht alt genug, um sie endlich auszumustern. Es gibt viele Gründe, aber letztlich besitzen wir nahezu alle **zu viele Handtücher**. Schauen Sie Ihren Stapel in Ruhe durch und sortieren Sie aus. Heben Sie drei oder vier alte Handtücher auf, denn dafür gibt es immer Bedarf, etwa zum Haarefärben, um den Hund abzutrocknen usw. Aber heben Sie bitte keine zehn davon auf, auch nicht zum Putzen oder „um mal was abzudecken". Dafür haben Sie schon zwei alte Bettlaken. Benutzen Sie Ihre neuen Handtücher – Sie haben es sich verdient!

Schuhe, Stiefel
Lagern Sie die (vorsortierten ☺) Schuhe und Stiefel in ihren **Originalkartons** oder in einheitlichen Aufbewahrungskisten mit entsprechender Kennzeichnung.

Taschen, Rucksäcke, Koffer
Viel zu oft bekommen wir Taschen, Rucksäcke oder Beutel als Werbegeschenke. Kurz vor den Sommerferien sind ganze Koffersets im Angebot und verleiten uns zu vermeintlichen Schnäppchenkäufen. Und jetzt bitte keine Vorurteile: Wir haben bereits sowohl eine sechste Laptoptasche als auch eine fünfte schwarze Clutch gefunden, denn Männer haben genau wie Frauen oft ein Faible für Taschen und besitzen zahlreiche in verschiedenen Farben, Formen und Größen. Geben Sie sich einen Ruck, sortieren Sie aus. Kaputt, abgeschabt, Riss oder Loch darin? Völliger Fehlkauf und daher nie benutzt? Weg damit! **Behalten Sie Ihre Lieblingstaschen** und die, die Sie viel benutzen, denn diese sind offensichtlich praktisch und komfortabel für Sie. Eine klassische Abendtasche reicht in der Regel vollkommen aus, und die Sporttasche kann doch auch zugleich die Strandtasche für den Urlaub sein.

Prüfen Sie auch Ihre Koffer genau: Welchen benutze ich wirklich? Wie viele Tage verreise ich im Schnitt? 1 bis 2 Tage? Ein Handgepäckkoffer reicht vollkommen aus. 10 bis 14 Tage? Ein großer Koffer reicht vollkommen aus. Und wenn es doch eher drei Wochen werden, kann ich eine Reisetasche dazu packen. Sie müssen auch bei Urlaubsreisen nicht für alle Eventualitäten gerüstet sein! Im Zweifelsfall können Sie sich bestimmt bei Freunden oder Verwandten einen Koffer leihen, wenn Ihrer partout nicht ausreichen sollte.

Koffer sind übrigens auch hervorragend dafür geeignet, entweder a.) andere Taschen und Rücksäcke darin zu lagern oder b.) die Sommer- oder Winterkleidung darin zu beherbergen, bis die andere Saison beginnt und Sie umsortieren müssen.

Beispiel aus der Praxis

Eine unserer Kundinnen bewahrt Saisonkleidung und Accessoires in schönen antiken Koffern vom Trödelmarkt auf. Sie hat ihr Schlafzimmer mit diesen Koffern dekoriert und das sieht einfach fabelhaft aus. Wenn sie in den Urlaub fährt oder fliegt, räumt sie kurzerhand einen passenden Koffer leer und nimmt diesen mit. Zwei Fliegen mit einer Klappe!

Krempel
Ankleidezimmer werden wegen ihres Fassungsvermögens auch gerne als Stauraum für große, „artfremde" Dinge zweckentfremdet. Das beginnt beim erwähnten Schlitten, geht über Lebensmittelvorräte und endet bei Autoreifen. (Kein Witz – wir hatten uns damals noch gewundert, warum der Raum so nach Gummi riecht …) So etwas erscheint manchmal vielleicht sehr kreativ, ist aber **alles andere als praktisch und sinnvoll**. Natürlich ist nichts dagegen einzuwenden, kurz vor Weihnachten die Geschenke hier zu verstecken und ein oder zwei Regalbretter (solange man sie nicht für die Wäsche

benötigt!) für andere Gegenstände zu verwenden. Wichtig ist, dass diese Gegenstände sauber und geruchslos sind – Ihrer Wäsche zuliebe. Prinzipiell sollten der Kleiderschrank und das Ankleidezimmer jedoch Ihrer Kleidung, Ihren Schuhen und **Ihren persönlichen Ankleidewünschen dienen**. Krempel räumen Sie am besten in das passende Zimmer zurück (mithilfe des Kartons „Anderswo aufbewahren"), oder Sie sortieren es direkt aus: Was lange irgendwo geschlummert und bereits eine Staubschicht angesetzt hat, wird wohl nicht besonders oft benutzt.

Das Ankleidezimmer: die Top 5 To-dos

- alle Teile im Raum aussortieren
- Kleiderschrank neu organisieren
- Schmutz- und Bügelwäsche bearbeiten
- Kleiderspende wegbringen
- Krempel auslagern

Die Küche

In vielen Wohnungen und Häusern ist die Küche das **Zentrum des Familienlebens**, und entsprechend chaotisch geht es dort oft zu. Vom Tortenbacken bis zum Lesen der täglichen Post, vom Hausaufgabenmachen zum Sockenstopfen wird alles in diesem Raum erledigt. Gut so und keine Bange: Das dürfen und sollen Sie selbstverständlich auch weiterhin so handhaben! Wir wollen Ihre Küche nicht zum reinen „Kochplatz" degradieren. Aber „wo gehobelt wird, da fallen Späne", und wir haben im Laufe der Jahre so manches Chaos zu sehen bekommen, das die alleinige Herrschaft über die Küche übernommen

hatte. Fällt Ihnen jedes Mal, wenn Sie den einen oder anderen Schrank aufmachen, alles entgegen? Finden Sie im Kühlschrank die Butter nicht mehr? Stapeln sich alte Zeitungen und Leergut unter der Küchenbank? Horten Sie Lebensmittel? Dann ist es Zeit, sich der Küche zu widmen! Bedenken Sie bei Ihrer Aufräumplanung bitte wieder, wieviel Zeit Sie zur Verfügung haben. Man kann die Küche an einem oder zwei Tagen komplett oder auch in kleinen Abschnitten von einer Stunde täglich schaffen. Dies ist alles eine Frage der Planung und der Organisation. In kleinen Schritten können Sie sich Schrank für

Schrank vornehmen, an einem Tag können Sie ganze Themenbereiche erledigen. Zum Ziel werden Sie mit beiden Methoden kommen!

Um eine **sinnvolle Ordnung** in der Küche zu schaffen, beantworten Sie bitte zunächst zu jedem einzelnen Stück die vier fantastischen Aufräum-Fragen nach der Notwendigkeit, dem Zustand, der Anzahl und dem Standort (s. S. 87) und wenden dann die Vier-Kisten-und-ein-Müllsack-Methode an (s. S. 88). Mit den verbliebenen Dingen verfahren Sie wie im Folgenden beschrieben. Wenn Sie einen ganzen Tag zur Verfügung haben, beginnen Sie sofort mit dem Aussortieren. Stellen Sie zum Beispiel alle Töpfe, Pfannen und Bräter zusammen, die sich (evtl. auch in anderen Ecken der Wohnung) angesammelt haben, und fragen Sie sich: Wann haben Sie diese zum letzten Mal benutzt? Den hochwertigen Bräter in den letzten 6 Jahren überhaupt nicht mehr? Dann bitte aussortieren. *Nein!*, werden Sie denken, *der war so teuer, den kann ich nicht entsorgen.* Ruhig bleiben: Sie müssen ihn nicht direkt entsorgen, aber packen Sie ihn in die Kiste „Unklar – bedarf einer weiteren Entscheidung". So können Sie nach dem Aussortieren noch einmal darüber nachdenken, was damit geschehen soll. Aber jetzt erst einmal zügig weiter, durch alle Themenbereiche in der Küche.

Töpfe, Pfannen, Backformen

Meist ist der Schrank vollkommen überfüllt, aber wir glauben trotzdem, nur die Töpfe und Pfannen zu haben, die wir wirklich benötigen. Aber als wir die neue Pfanne gekauft haben, haben wir die alte dann doch behalten. Und Omas Milchtopf, original von 1940, den können wir nicht einfach weggeben! Müssen Sie nicht, sollen Sie nicht. Aber vielleicht müssen diese Dinge nicht mehr im Schrank herumfliegen und Ihnen die Handhabung der wirklich benutzten Töpfe und Pfannen schwer machen? Die Reservepfanne darf weg, oder? Sehr gut. Was machen wir aber mit dem Milchtopf? Benutzt wird er natürlich nicht mehr.

Also **erst einmal raus aus dem Schrank**. Wie würde er sich denn als Blumentopf auf der Fensterbank machen, zum Beispiel für Schnittlauch oder Petersilie? Oder auch dauerhaft für den schönen Kaktus in seinem hässlichen Plastiktopf? Wir müssen uns nicht „zwanghaft" von Erinnerungsstücken trennen, nur sollten sie uns im Alltag nicht behindern. Werden Sie kreativ und überlegen Sie, was man noch Schönes damit anfangen kann!

Geschirr, Gläser

In manchen Haushalten sind uns schon solche Mengen an Gläsern, Tellern und Tassen begegnet, dass man mindestens zwei Gartenfeste mit je 50 Gästen hätte feiern können. Manchmal hat dies sogar Lebensmitteln und anderen notwendigen Gegenständen **den Platz in den Schränken geraubt**, aber das achte Kaffeeservice wurde trotzdem noch gehortet. Schade um den dringend benötigten Stauraum!

Sortieren Sie das so gut wie nie genutzte Geschirr und die Gläser bitte erst einmal aus. Dann überlegen Sie, was Sie mit den verbliebenen Dingen tun möchten: Würde eine **„Partykiste" im Keller** nicht auch ausreichen? Wenn Sie die Sektgläser doch lieber in der Küche lagern möchten, geben Sie ihnen einen Platz, der etwas schwerer zugänglich ist – den können Sie für täglich Benötigtes sowieso nicht verwenden, zum Bespiel ganz oben im Schrank.

Besteck, Küchenutensilien

Huch, was ist denn hier passiert? In der Besteckschublade liegen neben dem Besteck auch Sushi-Stäbchen, gespülte Eislöffel, Strohhalme, Haushaltsgummis, Kochlöffel, drei Werbegeschenke und das Taschenmesser aus Ihrer Pfadfinderzeit. Ach, und Brottütenverschlüsse, die Kassenbons vom letzten Einkauf, Krümel und vier Kugelschreiber, von denen zwei nicht mehr schreiben… Wir müssen es Ihnen nicht sagen, Sie wissen es schon: Erst einmal alles raus aus dieser Schublade! Und aussortieren. **In die**

Besteckschublade gehört Besteck, in die „Klimbim-Schublade" gehört der halbe Rest (und die andere Hälfte in den Müllsack). Wenn Sie in der Küche drei Schubladen haben, füllen Sie die dritte zudem mit größeren Küchenutensilien wie Kochlöffeln, Messern, Suppenkellen, Dosenöffnern und Sushi-Stäbchen. Wenn es nur zwei Schubladen gibt, kann man die dritte auch durch einen Topf (oh, Omas Milchtopf winkt!) oder ein anderes hohes Gefäß ersetzen. Wichtig ist, dass Sie sich **eine „Klimbim"-Schublade gönnen**. Ja, wirklich, wir bestehen darauf ☺. In dieser Schublade kann alles aufbewahrt werden, was sonst nur herumfliegen würde: Streichhölzer, Haushaltsgummis, Holzspieße, Kleingeld, das Taschenmesser, Kaugummis, Kugelschreiber (aber nur die, die noch schreiben) usw. Wir sind sicher, Sie haben viele Ideen für den Inhalt dieser Schublade!

Lebensmittelvorräte

Wir haben bisher nur sehr wenige Menschen kennengelernt, die keine oder nur minimale Lebensmittelvorräte angelegt haben, und vor ihnen ziehen wir den Hut. Eigentlich benötigen wir bei den heutigen Einkaufsmöglichkeiten alle keine nennenswerten Reserven mehr, alles ist nahezu immer und überall zu erwerben – aber das nur als kleine Anregung zum Nachdenken über das, was wir wirklich brauchen. Einen kleinen Lebensmittelvorrat im Hause zu haben,

hat jedoch noch niemandem geschadet und kann – wenn man im wahrsten Sinne des Wortes ordentlich damit umgeht – eine echte Bereicherung sein: Man muss dann nämlich nicht mehr wegen jeder vergessenen Kleinigkeit noch einmal los. Problematisch wird es, wenn wir bei jedem Einkauf einen Vorrat mitbringen, weil wir nicht mehr wissen, was wir im Schrank haben, oder weil wir uns von „Angeboten" verführen lassen und viel zu viel kaufen, da wir die **Relation zu unserem tatsächlichen Verbrauch verloren haben**. Also: Lebensmittelschrank erst einmal vollständig ausräumen und den aktuellen Bestand sichten. Was ist schon abgelaufen oder lange angebrochen? Weg damit! Welche Lebensmittel sind doppelt und dreifach vorhanden? Sortieren Sie sie aus, andere werden sich über Ihre Spende freuen! Erstellen Sie dann eine Liste der Dinge, die noch vorhanden sind und die Sie auch noch verwenden. Diese Liste können Sie zum Beispiel in die Schranktür kleben und bei Entnahme den entsprechenden Artikel durchstreichen – so bleibt sie stets aktuell. Beim nächsten Einkauf machen Sie schnell ein Handyfoto davon und **kaufen nur noch die Dinge ein, die wirklich im Vorrat fehlen**. Wenn Sie Mehl, Müsli, Reis, Haferflocken oder auch Tees oder Nudeln öffnen, geben Sie den Rest der Packung in einen gut verschließbaren Behälter und kleben Sie ein Etikett mit dem Mindesthaltbarkeitsdatum und dem Tag der Öffnung darauf. Lebensmittelmotten können diese Nahrungsmittel kilometerweit riechen und mögen dunkle, warme Schränke. Bei unsachgemäßer Lagerung in offenen Verpackungen ziehen diese Motten schneller in Ihre Küche ein, als Ihnen lieb ist. Befallene Lebensmittel unbedingt sofort entsorgen!

Auch die Kühltruhe ist ein „schwarzes Loch" für Lebensmittel. Deren Inhalt sollten Sie **ebenfalls mit einer Liste dokumentieren** und alle Dosen, die Sie selbst einfrieren, mit selbstklebenden Etiketten und einem wasserfesten Stift (beides am besten immer griffbereit in der „Klimbim"-Schublade ☺) beschrif ten, und zwar mit Bezeichnung (Kotelett, Möhren-gemüse), Einfrierdatum und ggf. Menge (1 Portion, 2 Portionen). Das hilft bei der Organisation der Truhe und dem sinnvollen Verbrauch des Gefrierguts.

Kühlschrank

Chaos kann überall entstehen, auch im Kühlschrank, weil der Platz dort ja relativ beschränkt ist. Jedem Kühlschrank tut es gut, wenn man ihn von Zeit zu Zeit aufräumt und säubert, so dass die Luft mal wieder zirkulieren kann. Sie werden sich wundern, was sich in diesen Untiefen so alles verbirgt ☺! Überprüfen Sie hierbei auch gleich, ob sich vielleicht **Ihre Ernährungsgewohnheiten oder Ihr Einkaufsverhalten**

verändert haben: Kaufen Sie immer noch Fleischsalat, obwohl ihn niemand in Ihrer Familie mehr isst? Wollten Sie eine Salat-Woche einlegen und mussten das Gemüse dafür jetzt doch vollständig entsorgen? Wenn Sie bewusster einkaufen, können Sie sich das Entsorgen von Lebensmitteln ersparen!

Der Kühlschrank ist übrigens ein schönes Projekt für **eine Stunde Aufräumzeit**: Räumen Sie ihn komplett aus und überprüfen Sie alle Lebensmittel auf Haltbarkeit und Zustand. Säubern Sie den Kühlschrank dann komplett (viele Teile lassen sich auch problemlos in der Spülmaschine reinigen). Wenn Sie mögen, können Sie einen Hygienereiniger verwenden, doch auch Allzweckreiniger oder Geschirrspülmittel leisten gute Dienste. Räumen Sie jetzt den Kühlschrank wieder ein; folgendes Wissen kann dabei nützlich sein:

- Wurst- und Käseaufschnitt für längere Haltbarkeit in Plastikdosen verpacken
- verschiedene Marmeladen und Brotaufstriche fürs Frühstück griffbereit gemeinsam in einer niedrigen Dose „sammeln"
- Obst und Gemüse im vorgesehenen Fach lagern, dort ist die Temperatur ideal
- Reste von Menüs in durchsichtige Boxen verpacken, damit sie nicht in Vergessenheit geraten
- Parfüm, Kosmetikartikel und auch Sekundenkleber für längere Haltbarkeit im Kühlschrank lagern

Dekoration, Erinnerungsstücke

Diese Themen bringen wir zwar eher mit dem Wohnzimmer in Verbindung, doch sie finden auch in der Küche ihren Platz, da die Küche in vielen Familien das Zentrum des Alltags ist. Das ist prinzipiell kein Problem – bis wir vor lauter Dekoration zum Beispiel nicht mehr an die Schränke herankommen oder die Schränke mit diesem (oft schon fettig gewordenen) Krempel voll sind und den nützlichen Dingen keinen Platz mehr lassen. Dann unbedingt raus damit! Und wenn Sie schon dabei sind, räumen Sie gleichzeitig die Tür Ihres Kühlschranks auf, wenn Sie sie als „Pinnwand" benutzen. Sie werden sich wundern, was sich von all den Notizen bereits erledigt hat und wie viele schöne Kinderzeichnungen mittlerweile unansehnlich geworden sind. Die Dämpfe in der Küche machen eben vor nichts Halt… Auch Erinnerungsstücke finden sich oft in den Schränken: Omas schöne Teekanne, Omas Brottopf, Omas alte Teller, das Puppengeschirr aus Ihrer Kindheit, die selbstgemachten Topflappen Ihrer besten Freundin. Das alles und noch mehr wird hier **lediglich aufbewahrt und nicht genutzt**, dafür müssen die täglich benutzen Schüsseln auf der Ablage stehen. Natürlich werden wir Sie nicht drängen, sich von geliebten Erinnerungsstücken zu trennen. Aber lassen Sie uns gemeinsam darüber nachdenken, ob diese wirklich in der Küche sein müssen, und wenn ja, wo dort. Beginnen wir mit den Schätzen Ihrer Oma. Brauchen Sie wirklich alle diese Dinge, um sich an sie zu erinnern? Wäre der Brottopf nicht vielleicht auch ein schönes Kistchen für die tägliche Post? Das wäre unkonventionell, aber so wäre es aufgeräumter! Und die schöne alte Teekanne wäre doch eine hübsche Dekoration auf dem Schrank! Gerade weil die Küche **kein empfehlenswerter Ort für empfindliche Stücke** ist, raten wir, diese hier auf ein Minimum zu beschränken. Tauschen Sie die Bilder Ihrer Kinder öfter aus und achten Sie darauf, was in den Schränken lediglich abgestellt, aber nicht benutzt wird. Erinnern Sie sich immer wieder an Ihre Kiste „Zum Verschenken" und nutzen Sie sie!

Reinigungsmittel

Reinigungsmittel sind ein Klassiker unter den „gehorteten" Dingen. Eigentlich benötigen wir **nur drei Reiniger**, um alles sauber und hygienisch zu halten: Spülmittel, Allzweckreiniger, Essigreiniger (s. auch S. 123). In der Realität wird allerdings in Küche, Bad, Waschküche, Keller und Garage oft alles gelagert, was der Markt hergibt, und das nicht selten seit Jahren oder Jahrzehnten. Es ist natürlich schwer, ein noch zu verwendendes Reinigungsmittel zu entsorgen, selbst wenn es unseren Ansprüchen nicht genügt hat. Dennoch: Mustern Sie solche Mittel frühzeitig aus, denn auch diese sind nicht ewig haltbar und Inhaltsstoffe, gerade von flüssigen Reinigern, können sich chemisch verändern. Hat sich ein Reiniger als Fehlkauf erwiesen, fragen Sie im Bekanntenkreis, ob jemand etwas damit anfangen kann, aber lagern Sie ihn nicht monate- oder jahrelang unter der Spüle oder in der Waschküche. Das hilft Ihnen nicht. Beschäftigen Sie sich noch einmal mit Ihren **Putzgewohnheiten und -vorlieben**, schon beim Kauf von Reinigungsmitteln! Was benutzen Sie oft und gerne, welche Mittel haben sich bewährt? Dasselbe gilt für Putzlappen und Schwämme. Trennen Sie Ihre Utensilien nach Bad und Küche und bewahren Sie sie auch jeweils dort auf. Das erspart Ihnen viel Lauferei.

Die Küche: die Top 5 To-dos

- alles aussortieren
- Lebensmittel auf Haltbarkeit überprüfen
- alles Verbleibende ergonomisch und praktisch einrichten
- Hausrat zusammenführen (Teller zu Teller etc.)
- Grundreinigung

Das Kinderzimmer

Dürfen wir, bevor wir beginnen, etwas ganz Wichtiges ansprechen? Kinder brauchen keine endlose Spielzeugfülle, um glücklich zu sein! Das möchten wir allen Eltern, die (wie ihre Kinder) an **vollgestopften Kinderzimmern verzweifeln**, mit auf den Weg geben. Ein Zuviel von allem liegt nie bei den Kindern, sondern immer bei den Eltern. Sie wissen das. Und trotzdem ist es oft schwer, es sich einzugestehen. Überdenken Sie, warum Sie Ihre Kinder so überschütten oder warum Sie zulassen, dass Verwandte und Bekannte das tun (*Oma und Opa und die nette Nachbarin von oben schenken doch so gerne!*). Unter Umständen stehen all die Spielsachen und Kleider für etwas, wonach Sie sich selbst sehnen oder was Sie in Ihrer Kindheit entbehrt haben. Ihr Kind soll eine solche Entbehrung auf keinen Fall erleben müssen? Denken Sie darüber nach, nur wer sich selbst reflektiert, kann sein Verhalten ändern. In Kinderzimmern gilt der Grundsatz: **Weniger ist mehr!** Sie werden es erleben, wenn Sie aussortiert und den Raum aufgeräumt haben, und das wird Ihnen ausreichend Argumente liefern, um sich selbst und auch andere vom „Krimskrams"-Schenken abzuhalten und ihnen sinnvolle Alternativen schmackhaft zu machen (weitere Tipps, s. ab S. 146).

So wie Kinder zu kleinen Erwachsenen werden, werden Kinderzimmer zu kleinen Wohnungen, die stets altersgerecht gestaltet werden müssen. Die Kleinen benötigen noch keinen Schreibtisch, Teenager brauchen keine Spielecke mit Bauklötzen mehr. Sie werden dieses Zimmer im Laufe der Jahre mehr als einmal umgestalten (müssen), und das fällt umso leichter, wenn es frei ist von ungeliebten, kaputten und nicht mehr benötigten Dingen. Wichtig ist, dass Sie – bis zu einem gewissen Alter – **mit Ihrem Kind zusammen aufräumen** und es hierbei einbeziehen. Kinder lernen durch Sehen und ahmen nach. Gehen Sie darum in der ganzen Wohnung mit gutem Beispiel voran. Wie oft hören wir den Satz *Warum soll ich denn mein Zimmer aufräumen, wenn meine Eltern auch nichts machen?!* Sie müssen zugeben: Eine berechtigte Frage …

Um die Motivation zu fördern, bietet sich auch immer ein Spiel an. Schreiben Sie beispielsweise kleine Zettel mit Haushaltsaufgaben, die Ihr Kind bewältigen kann: Abtrocknen, Ein- oder Ausräumen der Spülmaschine, Einsammeln von Wäsche, Paare bilden aus der „einzelne-Socken"-Kiste etc. Dazu schreiben Sie jeweils eine kleine Belohnung, zum Beispiel eine Geschichte vorlesen, am Wochenende zehn Minuten länger aufbleiben etc. Die Zettel kommen in einen kleinen Karton und jedes Kind darf in der Woche fünf ziehen. Und schon ist das „lästige" **Aufräumen** gar nicht mehr so lästig und wird automatisch **mit etwas Positivem in Verbindung gebracht**. Im Handel gibt es zudem sehr praktische „Aufräumsäcke" für Kinder: Aufgezogen dienen sie als stabile, runde Unterlage, auf denen die Kinder mit kleinteiligen Dingen spielen können. Danach kann man sie mit einem stabilen Band zusammenziehen und es werden Aufbewahrungssäcke daraus, die problemlos gelagert werden können. Und bei (Pubertäts-)Härtefällen hilft vielleicht auch ab und zu ein Post-it: *Komme heute Abend erst sehr spät nach Hause. Habe dir Geld fürs Kino dagelassen. Räum dein Zimmer auf und du wirst es finden! Gruß Mama* ☺

Um eine sinnvolle Ordnung im Kinderzimmer zu schaffen, beantworten Sie bitte zunächst zu jedem einzelnen Stück die vier fantastischen Aufräum-Fragen nach der Notwendigkeit, dem Zustand, der Anzahl und dem Standort (s. S. 87) und wenden dann die Vier-Kisten-und-ein-Müllsack-Methode an (s. S. 88). Mit den verbliebenen Dingen verfahren Sie wie im Folgenden beschrieben.

Kleidung

Ihr Kind ist bereits zwölf Jahre alt, aber es steht immer noch der erste Kleiderschrank im Zimmer, der vor allem für Pullover in Größe 68 geeignet ist? Dann sollte zunächst Stauraum geschaffen werden, damit Ihr Kind überhaupt aufräumen kann. Den neuen Kleiderschrank schaffen Sie möglichst erst an, wenn Sie die Kleidung aussortiert haben: Nur dann wissen Sie, wie viel Platz jetzt benötigt wird und was außerdem in diesem Schrank unterzubringen ist (Bettwäsche, Schlafsack, Verkleidungen etc.). **Planen Sie** grundsätzlich **etwas mehr Stauraum ein**, denn Ihr Kind wird größer und der Bedarf an Kleidung wird im Laufe der Jahre sicher nicht weniger … Wir sagen nur: Achtung, Teenager ☺! Bei Babys und Kleinkindern kann man sich sehr gut mit **durchsichtigen Boxen** behelfen, in die die Minikleider einfach sortiert (Bodys, Hemdchen, Söckchen etc.) hineingelegt werden: kein Falten mehr, keine Stapel im Kleiderschrank, die ständig umfallen! Zudem können Sie so direkt sehen, was in der Kiste ist, und unkompliziert und schnell auswählen. Genial! Sortieren Sie bitte alles aus, was Ihrem Kind nicht mehr passt oder was es definitiv nicht mehr trägt. Verschenken, spenden, verkaufen oder entsorgen Sie diese Teile. Ist ein heißgeliebtes oder unvergessliches Kleidungsstück darunter, lagern Sie dieses Teil in einer Erinnerungskiste. Aber ernsthaft: Wir sprechen hier von Einzelteilen! (Weitere Tipps dazu, s. ab S. 107).

Spiele, Lego, Playmobil, Stofftiere

In den meisten Kinderzimmern begegnen uns Berge von Spielzeug, von dem vieles alt, sehr staubig, kaputt oder nicht mehr vollzählig ist. Alles fliegt durcheinander und es sind keine kindgerechten Aufbewahrungen vorhanden. Schimpfen Sie bitte nicht mit Ihrem Kind: Ohne **die richtigen Aufbewahrungsmöglichkeiten und Stauraum** haben Kinder keine Chance, Ordnung zu halten! Strukturieren Sie alle Maßnahmen so einfach wie möglich: Ordnung soll keine Sisyphusarbeit sein, sondern ein einfach zu handhabendes System. Wir erzielen meist mit bunten, durchsichtigen Boxen die größten Erfolge. Sortieren Sie aber bitte vorher gründlich aus, verabschieden Sie sich von unvollständigen Spielen (unbenutzbar!), unnützem Kleinkram (meist aus billigem Plastik und mit Schadstoffen belastet!) und Geschenken, die voll danebengegangen sind (ungeliebt!). Bei Spielen sollten Sie zunächst entscheiden, ob Ihr Kind sie alleine aus dem Schrank nehmen darf oder nur mit Ihnen zusammen, und sie dann entsprechend aufbewahren: Spiele, bei denen gefragt werden soll, ganz oben im Schrank, die anderen in Griffhöhe des Kindes. Für das rest-

liche Spielzeug verwenden Sie Kisten, möglichst durchsichtige. Nicht durchsichtige Kisten beschriften Sie bitte kindgerecht. Wenn Ihr Kind noch nicht lesen kann, können Sie etwa ein Teil aus der Box darauf kleben: einen Legostein, ein Holzklötzchen, ein Gummitier. Oder Sie lassen Ihr Kind ein Bild vom Inhalt malen, das auf die Kiste geklebt wird. Spielerisch wird so alles leichter für Ihr Kind! **Eine Kiste für „Klimbim"** (also Dinge, die man keinem bestimmten Thema zuordnen kann) ist übrigens durchaus legitim und auch gewünscht! Für die ganz Kleinen reicht in der Regel eine Box für alles Spielzeug. Üben Sie das Aufräumen schon von klein auf und lassen Sie sich überraschen, wie viel Spaß auch eine leere Kiste machen kann ☺!

Erfahrungsgemäß kann der Nachwuchs in einem bestimmten Alter einfach nicht genug von Legosteinen und Playmobil bekommen und die kleinen Teile fliegen überall herum. Bleiben Sie tapfer, es kommen auch wieder bessere Zeiten… Bis dahin sollten Sie jedoch damit umgehen können. Packen Sie alle Teile in eine große Box oder eine große Kiste – nach jedem (!) Spielen und **sehr, sehr konsequent**. Fertige Objekte dürfen natürlich ausgestellt werden, aber Einzelteile müssen am Abend zurück in die Box; Projekte, die „in Arbeit" sind, vorsichtig oben draufstellen und am nächsten Tag daran weiterbasteln. Achten Sie bei neu gekauften Sets von vornherein darauf, dass der Inhalt zusammenbleibt. Sonst ist die Burg oder der Bauernhof nach dem ersten Zusammenbau nicht mehr zusammenzubekommen und die Enttäuschung (sowie der Wunsch nach einer neuen Packung) groß. Stellen Sie dem Kind daher die Originalverpackung oder kleine Tüten zur Verfügung und machen Sie ihm klar, dass es am besten nichts vermischen sollte. Die Originalverpackung ist übrigens auch sehr hilfreich, wenn Sie später einmal ein vollständiges Set verkaufen möchten. Wird trotzdem einmal etwas vermischt, kommt einfach alles in die große Sammelkiste.

Stofftiere sind sehr oft emotional besetzt, bitte keinesfalls achtlos aussortieren! Auch die kaputten, abgeschmusten Exemplare nicht, gerade die könnten am wichtigsten sein. Sortieren Sie daher mit Ihrem Kind gemeinsam aus, erklären Sie ihm, was „Spenden" bedeutet, und motivieren Sie es so, etwas wegzugeben. **In der Regel spenden Kinder gerne**, um anderen eine Freude zu machen. Sollte sich Ihr Kind partout nicht auch von nur einem Stofftier verabschieden wollen, sortieren Sie die etwas unwichtigeren Kandidaten aus: *Sie kommen auf keinen Fall weg, aber in deinem Zimmer müssen sie im Moment auch nicht wohnen!* Lagern Sie diese Stofftiere wirklich mindestens ein Jahr ein und sortieren Sie dann erneut mit dem Kind zusammen aus: Meist darf zu diesem Zeitpunkt mindestens die Hälfte der Exemplare gehen. Für die im Zimmer verbliebenen suchen Sie gemeinsam mit dem Kind etwas aus den tollen Aufbewahrungsmöglichkeiten für Stofftiere aus: Kisten, Truhen, Hängeaufbewahrungen oder Kleinregale speziell fürs Kinderzimmer. Wir haben auch schon mal eine Hängematte angebracht, in der alle geliebten Tiere aufbewahrt wurden. So blieben Boden und Schränke dennoch frei.

Bücher, Hörspiele, CDs

Bei Büchern und Hörspielen ist besonders darauf zu achten, dass sie für das Alter des Kindes geeignet sind. Sortieren Sie daher alles aus, was nicht **altersgerecht** ist, denn Ihr Kind ist bis etwa zu einem Alter von zehn Jahren dazu selbst nicht in der Lage. Achten Sie zudem auf eine Menge an Büchern und CDs, die Ihr Kind auch handhaben kann. Denn Reizüberflutung bewirkt genau das Gegenteil von dem, was eigentlich erzielt werden soll: Ruhe, Entspannung und die Konzentration auf eine Sache. Wenn Kinder in die Verlegenheit kommen, sich vor lauter Büchern nicht mehr für eines entscheiden zu können, werden sie dies schlichtweg auch nicht tun. Gleiches gilt für Hörbücher. Und auch wenn es profan klingt, möchten wir es doch gesagt haben: Wenn Ihr Kind noch gar keinen CD-Player im Zimmer hat, sollten dort auch keine CDs gelagert werden.

Kunstwerke, Selbstgebasteltes

Es gibt Phasen, da will die Produktion dieser Dinge gar kein Ende nehmen: Ob im Kindergarten, auf Geburtstagspartys oder zu Hause, überall wird gemalt und gebastelt, was das Zeug hält. Wir finden das toll ☺! Auch in unserem Büro hängen Bilder unserer jüngsten Kunden, die wirklich wunderschön sind. Schaffen Sie **Freiräume** in Ihrer Wohnung – und natürlich auch im Kinderzimmer –, um diese Kunstwerke aufzuhängen und zu präsentieren. Sie und Ihr Kind werden sich gleichermaßen daran erfreuen. Gebastelte Laternen kann man beispielsweise sehr schön in verschiedenen Höhen unter die Decke hängen und mit einer Lichterkette kombinieren. Aber bitte heben Sie nicht jede bemalte Klorolle auf, das wird einfach zu viel. Sie können zum Beispiel drei Monate lang alles sammeln und dann am Tag X aussortieren – Hauptsache, Sie behalten die **Kontrolle** über die Anzahl. Verwenden Sie doch das eine oder andere Kunstwerk als Brief an die Oma, als Einladung für den nächsten Geburtstag oder als Geschenkpapier! Kunstwerke vor den Augen Ihres Kindes zu entsorgen, sollten Sie möglichst vermeiden, zumindest wenn das Kind noch klein ist. Erklären Sie dem Kleinen behutsam, dass Sie nicht alles aufheben können, aber die schönsten Werke besonders würdigen möchten. Um das zu verstehen, benötigt ein Kind Zeit, daher ist die Drei-Monats-Methode sehr sinnvoll: In dieser Zeit hat es schon wieder so viele neue Werke geschaffen, dass die älteren uninteressant geworden sind.

Kaufen Sie sich für Bilder am besten **eine große Mappe** – für jedes Kind eine eigene, wenn Sie mehrere Kinder haben – und vergessen Sie nicht, das Datum auf der Rückseite zu notieren, denn wie wir alle wissen, sind wir später besonders neugierig darauf, was wir in welchem Alter produziert haben. Die Mappen können auf oder im Kleiderschrank, unter dem Bett oder auch etwas unkonventioneller hinter einem Schrank oder zwischen zwei Schränken aufbewahrt werden. Die tollsten Bilder gehören an die Pinnwand, den Kühlschrank (aber denken Sie an die Küchendämpfe! S. S. 113) oder tatsächlich gerahmt an die Wand. Oder Sie spannen eine Schnur oder ein schönes Stoffband wie eine Wäscheleine an die Wand oder durch das Zimmer und befestigen die Bilder mit kleinen Klammern daran.

Krempel

Natürlich findet man auch im Kinderzimmer – vor allen Dingen bei Teenagern – Dinge, die überhaupt nicht hierher gehören oder die „nur kurz ausgeliehen" wurden. Bringen Sie Ihrem Kind frühzeitig bei, benutzte oder geborgte Gegenstände wieder an ihren angestammten Platz zurückzubringen. Dabei kann eine **Kiste im Kinderzimmer** helfen, in die alle Gegenstände gelegt werden, die man aus anderen Räumen mitgenommen hat. Mit einer Ausnahme: Benutztes Geschirr (wenn Essen und Trinken im Zimmer erlaubt ist) kommt stets postwendend in die Küche, nicht in diese Kiste!

Das Kinderzimmer: die Top 5 To-dos

- alles aussortieren
- Themengruppen bilden (Spiele zu Spiele, etc.) und Kisten dafür einrichten
- Platz für Kunstwerke schaffen
- Zimmer neu gestalten
- Krempel zurückbringen

Das Badezimmer

Der erste Raum, den Sie morgens betreten, sollte positive Gefühle hervorrufen und die Möglichkeit unkomplizierter, strukturierter Pflegeroutinen bieten. Die Vorbereitung auf einen Arbeits- oder Schultag, die allgemeine Pflege und selbst die Koordination und Zeitplanung aller Familienmitglieder werden Ihnen in einem sauberen, aufgeräumten und effektiv nutzbaren Badezimmer sehr viel leichter fallen. Nutzen Sie darum alle Möglichkeiten zur **Optimierung Ihres Badezimmers**, und Sie werden schnell spüren, wie Sie damit Ihr grundlegendes Lebensgefühl positiv beeinflussen. Da die meisten Bäder eher klein sind und trotzdem mehrere Funktionen erfüllen müssen, ist eine optimale Raumausnutzung wichtig, besonders von Bereichen, die eigentlich ungenutzt bleiben: der Platz unter dem Waschbecken, hinter der Tür, über dem Regal. Ihr Ziel sollte das Schaffen weiterer Abstellflächen sein – **für mehr Ordnung und eine einfachere Reinigung**: Vollständig leere Flächen sind spielend zu reinigen und schaffen Raum und Luft. Die themenbezogene Konzentration von Materialien und die Unterbringung in Kisten oder Dosen dienen der Übersichtlichkeit und einfachen Handhabung.

Um eine sinnvolle Ordnung im Bad zu schaffen, beantworten Sie bitte zunächst zu jedem einzelnen Stück die vier fantastischen Aufräum-Fragen nach der Notwendigkeit, dem Zustand, der Anzahl und dem Standort (s. S. 87) und wenden dann die Vier-Kisten-und-ein-Müllsack-Methode an (s. S. 88). Teilen Sie sich wie immer Ihre Zeit gut ein: Sollten Sie das Badezimmer zu einem Tagesprojekt machen wollen, beginnen Sie am besten, indem Sie alles ausräumen und in Wäschekörbe oder Umzugskartons packen.

Diese stellen Sie in den Flur oder in einen anderen Raum, in dem Sie gut sortieren und entsorgen können. Lassen Sie dabei keinen Schrank aus! Wenn das Bad leer ist, denken Sie über räumliche Veränderungen nach (neue Wandfarbe, Einbauregale etc.) und planen diese. Wenn Sie – zumindest momentan – nicht viel verändern möchten, nehmen Sie die **Grundreinigung** in Angriff. Machen Sie dabei auch gleich den Waschbeckensiphon sauber, und wenn der Abfluss unter dem Waschbecken frei zugänglich ist, stellen Sie einen Eimer darunter und drehen Sie die Verbindungsstücke auf (links herum). Dabei unbedingt Handschuhe tragen, denn auch schon nach kurzer Zeit sammelt sich Unangenehmes in den Rohren, und mit heißem Wasser gründlich ausspülen. Die Perlatoren der Armaturen sollten Sie abdrehen und in Essig entkalken; prüfen Sie aber bitte vorab die Essigverträglichkeit des Materials. Sollten sich die Perlatoren nicht lösen lassen, liegt dies vielleicht an übermäßiger Kalkbildung. Ziehen Sie in dem Fall einen mit Essig gefüllten Luftballon über den Wasserhahn und lassen Sie den Essig einwirken, um den Kalk zu lösen. Solche Reinigungsarbeiten verlängern die Lebensdauer der Armaturen und steigern deutlich die Sauberkeit und Hygiene.

Zurück ins Badezimmer kommen natürlich nur noch die Dinge, die das Aussortieren „überlebt" haben. Ordnen Sie diese nun nach den jeweiligen Personen und Funktionen. Beachten Sie persönliche und gemeinsame Produkte. Gestehen Sie jedem Familienmitglied die gesetzten Prioritäten zu und räumen Sie den jeweiligen eigenen Bereich frei. Eine eigene Box pro Person hilft, dass keine Haargummis, Haarklämmerchen, Zahnseide, tägliche Medikamente, eigenen Kämme oder Bürsten, etc. mehr herumfliegen. Beim Einräumen sollten folgende Regeln eingehalten werden:

1. Häufig benutzte Dinge sollten an leicht zugänglichen Stellen aufbewahrt werden
2. Gelegentlich benutzte Dinge an zugänglichen, aber nicht exponierten Stellen aufbewahren
3. Selten benutzte Dinge gehören nach „ganz hinten" oder auch „ganz oben" und können auch gerne in einer Kiste mit Deckel verstaut werden

Bademäntel

Sollten Sie im Kleiderschrank keinen Platz für die Bademäntel haben, lagern Sie sie im Bad hinter der Tür mithilfe von mobilen Türrahmenhaken oder einer Garderobenleiste. Bedenken Sie dabei, dass die Bademäntel im Bad durch den Wasserdampf beim Duschen immer wieder feucht und dadurch „muffig" werden können und eventuell öfter gewaschen werden müssen.

Handtücher

Natürlich spricht nichts dagegen, Handtücher im Bad aufzubewahren, doch auch hier ist die eventuelle Geruchsbildung durch die Luftfeuchtigkeit zu beachten. Wenn Sie alle Ihre Handtücher regelmäßig benutzen und keines lange im Regal oder im Schrank liegt, entsteht aber auch kein Geruch.

Pflegeprodukte, Kosmetika

Diese Produkte oder einzelne ihrer Bestandteile können unbrauchbar werden. Das können Sie in den meisten Fällen daran feststellen, dass sich die Bestandteile getrennt haben oder das Produkt nicht mehr gut riecht und aussieht. Auch das Mindesthaltbarkeitsdatum ist ein Anhaltspunkt, denn nicht immer ist es so offensichtlich. Wenn auf der Packung nur steht: „Nach dem Öffnen 6 Monate haltbar", nehmen Sie sich einen wasserfesten Stift und schreiben Sie beim Öffnen das Datum darauf. Falls nur die

Chargennummer aufgedruckt ist, stand das Mindesthaltbarkeitsdatum auf der Verpackung, die Sie sicher schon entsorgt haben. Der Hersteller kann Ihnen aufgrund dieser Nummer aber das Datum mitteilen.

Fehlkäufe sollten Sie nicht bedauern, sondern einfach **entsorgen oder verschenken**. Nur wenn Sie besonders neugierig oder mutig sind, ist es sinnvoll, den neongelben Lidschatten oder die rote Wimperntusche zu behalten. Aber Sie werden wohl eher Ihrem eigenen Stil treu bleiben. Und sollte Sie ein bestimmter Lippenstift nur noch an ein besonderes Date oder an den letzten Italien-Urlaub erinnern, Sie ihn aber nicht mehr benutzen, fragen Sie sich, ob es sich wirklich lohnt, ihn nur deswegen noch zu behalten. Auch Gratisproben sind eine Verlockung und können zum Problem werden, wenn Sie die Sachets lediglich sammeln und nicht verwenden. Halten Sie Ihre Menge darum gering und benutzen Sie die Proben (aber nur die, die zu Ihrem Hauttyp passen!) bald, denn auch ihnen tut langes Aufbewahren nicht gut. Achten Sie zudem schon beim Neukauf darauf, ob wirklich eine **Notwendigkeit** für dieses

Produkt besteht, auch so lassen sich die Artikel im heimischen Kosmetikköfferchen reduzieren.

Haargummis, Haarklammern, Bürsten, Kämme

Diese kleinen Dinger fliegen überall herum, erst recht, wenn Sie Kinder haben. Es gibt nur eine Chance hier Ordnung zu halten: die Unterbringung in einem Kästchen oder Körbchen. Und dahin müssen sie auch immer wieder zurück! Bei Bürsten und Kämmen kommt es darauf an, ob jedes Familienmitglied sein eigenes Exemplar hat. Gemeinsam genutzte Untensilien sollten in ein großes Behältnis, das für alle griffbereit platziert ist. Individuell genutzte Bürsten und Kämme werden dagegen in das Körbchen des jeweiligen Nutzers gelegt. Dieser ist dann auch für deren Säuberung zuständig.

Schmuck

Schmuck gehört eigentlich nicht ins Bad: Wegen der Luftfeuchtigkeit läuft er schnell an, sodass Sie ihn ständig putzen müssen. Diese Zeit sollten Sie sich sparen und ihn lieber gleich im Schlafzimmer aufbewahren. Dort ist es trocken und Sie können beim Ankleiden entscheiden, was heute zu Ihrem Outfit passt. Sollten Sie Ringe tragen und diese abends im Bad abnehmen, legen Sie sie in eine kleine Schale in der Nähe des Waschbeckens. Ein Sieb im Siphon verhindert ein Malheur!

Medikamente

Medikamente unterliegen einem Verfallsdatum und verlieren oder verändern ihre Wirksamkeit mit der Zeit. Das sollte man keinesfalls unterschätzen. Im besten Falle kommt es gar nicht dazu, dass Sie Tabletten, Salben oder Tinkturen länger als für die Dauer der entsprechenden akuten Erkrankung lagern, denn bei einer erneuten oder anderen Erkrankung werden Sie neue Medikamente erhalten. Aber natürlich gibt es Arzneimittel, die wir immer im Hause haben möchten oder (bei chronischen Erkrankungen) müssen. Kontrollieren Sie bitte regelmäßig de-

ren **Haltbarkeit** und beachten Sie auch, dass sich durch eine jahrelange Aufbewahrung von abgelaufenen Medikamenten das Risiko erhöht, dass Kinder unsachgemäß mit diesen „Resten" umgehen. Bei Kopfschmerz-, Durchfall- oder Reisetabletten geht das meist glimpflich aus, aber unserer Erfahrung nach werden oft auch wesentlich gefährlichere Wirkstoffe viel zu lange aufbewahrt. Viele Apotheken bieten heutzutage eine Beratung zu Verpackungsgrößen von Medikamenten an. Wenn Sie trotzdem „Reste" haben, **sortieren Sie jetzt mutig aus**! Zu entsorgende Medikamente sowie medizinische Säfte und Tinkturen gehören nicht in die Toilette oder den Ausguss. Entsorgen können Sie sie laut Bundesverband der Energie und Wasserwirtschaft e.V. (BDEW) im Restmüll, sofern der Müll in Ihrer Kommune oder in Ihrem Landkreis vollständig verbrannt wird, in Apotheken, sofern diese sie annehmen, und bei allen Schadstoffsammelstellen. Bei Unklarheiten wenden Sie sich bitte an den Abfallbeseitigungsbetrieb vor Ort.

Die Hausapotheke und der Erste-Hilfe-Kasten sind übrigens **nicht unbedingt im Badezimmer** unterzubringen: Medikamente bevorzugen eine dunkle, kühle und vor allem trockene Lagerung, und da der

Platz im Bad ohnehin begrenzt ist, können etwa der Flur oder das Schlafzimmer ein sinnvollerer Standort sein. Dort kann man auch dann jederzeit darauf zugreifen, wenn das Bad gerade besetzt ist. In einem hohen Regal oder einem Oberschrank sind sie zudem vor unsachgemäßem Gebrauch durch Kinder geschützt.

Reinigungsmittel

Für jede Gelegenheit gibt es einen speziellen Reiniger, aber eigentlich benutzen wir immer dieselben bewährten Produkte (in der Regel drei bis vier), denn damit kommt man bestens aus. Dies sind in der Regel Spülmittel, Glasreiniger, Allzweckreiniger und Essig, und je nach Einrichtung kommen eine Holzmöbel- oder Bodenpflege (für Kork, Echtholz, Schiefer etc.) hinzu. Dennoch versprechen neue Produkte viel und wir erliegen oft der Werbung. Meistens werden wir jedoch enttäuscht und kaufen dann aus reiner Frustration einfach noch ein weiteres, neues Produkt. Sich von solchen (Impuls-)Käufen zu trennen, bedeutet leider auch, danebengelegen zu haben. Das macht keinen Spaß, ebenso wenig wie das Entsorgen eines nur einmal benutzten Produkts. Das Weitergeben an Freunde oder karitative Einrichtungen ist da schon angenehmer, vielleicht nutzt es ja einem anderen noch. **Sortieren Sie Ihre Bestände** bis auf die bewährten Produkte aus, brauchen Sie alle Reste auf und schütten Sie gleiche Reiniger mit gleichen Düften (etwa Spülmittel oder Glasreiniger) oder halbvolle Essigflaschen zusammen.

Das Badezimmer: die Top 5 To-dos

- alles aussortieren
- Kosmetika auf Haltbarkeit überprüfen
- für jedes Familienmitglied einen eigenen Bereich schaffen
- freie Flächen schaffen
- Grundreinigung

Das Arbeitszimmer

Unter den Top 3 der am häufigsten unordentlichen, chaotischen Zimmer befindet sich das Arbeitszimmer. Sie sind also in bester Gesellschaft! Dennoch muss natürlich etwas unternommen werden, wenn Sie mit diesem wirklich schwer zu ordnenden Raum nicht klarkommen. Das Arbeitszimmer scheint eine Art **Magnet für Krempel aller Art** zu sein und nahezu alle Familienmitglieder nutzen es gerne, um dort Dinge abzulegen, mit denen man gerade nichts anzufangen weiß. Ruckzuck ist der Schreibtisch voll, und dann kommen noch allgemeine Post, Rechnungen, Kinderzeichnungen und Gehaltsabrechnungen dazu. Vielleicht haben Sie bereits die Erfahrung gemacht, dass der Weg zu guter Organisation voller Stolpersteine in Form diverser angefangener, ausprobierter und als unpassend entlarvter Ablagesysteme ist. Eine sinnvolle, gut sortierte Ablage ist eine echte Herausforderung! Oder, wie Kurt Tucholsky schon sagte: „Basis einer gesunden Ordnung ist ein großer Papierkorb!" Mit welchem System Sie letztendlich arbeiten, bleibt alleine Ihnen überlassen, wichtig ist nur, dass alles **klar, übersichtlich** und für Sie **einfach zu handhaben** ist! Lassen Sie sich von den Krempel- und Papierbergen und den schon verstaubten Ablagesystemen nicht abschrecken, das bekommen wir gemeinsam in den Griff. Und dann werden Sie Ihr Arbeitszimmer wieder nutzen können und den Posteingang beherrschen!

Um eine sinnvolle Ordnung im Arbeitszimmer zu schaffen, beantworten Sie bitte zunächst zu jedem einzelnen Stück die vier fantastischen Aufräum-Fragen nach der Notwendigkeit, dem Zustand, der Anzahl und dem Standort (s. S. 87) und wenden dann die Vier-Kisten-und-ein-Müllsack-Methode an (s. S. 88) – allerdings sollten Sie Unterlagen, die Sie in den „Entsorgen"-Sack packen, je nach Brisanz, schreddern. Mit den verbliebenen Dingen verfahren Sie wie im Folgenden beschrieben.

Computer, Bildschirm, Drucker

Als Herzstück des Arbeitszimmers sollte dieser Platz immer aufgeräumt, sauber, **jederzeit zugänglich und nutzbar** sein. Wir hatten schon Kunden, die, weil sie nicht mehr zu ihrem PC gelangen konnten, aus Verzweiflung ein zusätzliches Laptop gekauft haben, um am Küchentisch zu arbeiten! Das waren keine sinnvollen Kaufentscheidungen, da sie die Ursache des Problems nicht gelöst haben. Kaufentscheidungen können hier jedoch durchaus sinnvoll sein, etwa wenn Sie einen kleinen Schreibtisch haben, aber (noch) einen großen Röhrenbildschirm, der schon allein die Hälfte des Platzes einnimmt – keine gute Kombination. Gönnen Sie sich einen (ggf. gebrauchten) Flachbildschirm und schon wird alles leichter. Haben Sie einen großen Drucker, schaffen Sie einen kleineren an, oder sparen Sie Platz durch ein Kombigerät, das Drucker, Fax und Scanner zugleich ersetzt.

Unterlagen, Papiere

Wenn wir aufräumen, bearbeiten wir Papiere und Unterlagen immer erst am Ende, egal in welchem Raum. Nicht weil wir keine Lust auf das Sortieren haben (das wäre ja noch schöner ☺), sondern weil wir es als sinnvoll und effektiv erachten: Sie benötigen Platz, um die gesammelten Unterlagen sortieren und bearbeiten zu können – gut, wenn das Zimmer dann schon aufgeräumt ist und Ihnen komplett zur Verfügung steht. Zudem sollten **alle(!) Papiere aus der gesamten Wohnung** und auch aus dem Auto, aus Jacketts, Tüten und Taschen in einem großen Korb oder Karton **zusammengetragen werden** – umso besser, wenn die Wohnung bereits aufgeräumt ist und Sie keine „Überraschungstüten" mit Unterlagen mehr finden können. Nichts ist frustrierender, als eine neue, übersichtliche Ablage geschaffen zu haben und dann doch noch einen Karton voll staubiger Papiere in der Garage zu finden! Und zu guter Letzt erfordert die Arbeit mit Papieren und Unterlagen eine hohe Konzentration und ist auf Dauer anstrengend – wenn der Rest bereits aufgeräumt ist, können Sie sich voll und ganz dieser Aufgabe widmen.

Sobald Sie alles zusammen haben, beginnt der erste Durchgang: Sortieren Sie aus, was weg darf! Sortieren Sie noch nicht nach Themen oder Sachgebieten, sortieren Sie ausschließlich das aus, was **definitiv entsorgt** werden kann. Stellen Sie zwei Müllsäcke bereit und trennen Sie den Papierkram nach Altpapier und Schredder. Bleiben Sie bei dieser Aufgabe, bis der große Haufen einmal durchgearbeitet ist, oder bis die eingeplante Zeit um ist. Sie werden sehen: Am Ende dieses ersten Durchgangs hat sich der Papierberg schon um die Hälfte reduziert – das sind tolle Aussichten und sie machen Lust auf die zweite Runde! In dieser sortieren Sie die verbliebenen Unterlagen grob vor, wobei die Betonung auf „grob" liegt. Bestimmen Sie **übergeordnete Themen**, die Sie in Ihren Unterlagen finden, zum Beispiel Finanzen, Versicherungen, Steuer, Haus/Wohnung, Auto, Kinder, Gesundheit, und sortieren Sie diesen die jeweiligen Unterlagen zu: Renten-, Lebens-, Haftpflichtversicherung zu Versicherungen, Kreditkarte, Kontoauszüge, Korrespondenz mit Banken zu Finanzen usw. Sie werden auch bei diesem Durchgang noch einmal Papiere entsorgen, die Sie bei näherem Hinsehen als unwichtig einstufen konnten. Gut so! Am Ende müssten vor Ihnen etwa fünf bis zwölf Stapel liegen, die noch feinsortiert werden müssen. Und trotzdem ist es jetzt schon übersichtlich, nicht wahr?! Ab diesem Zeitpunkt können Sie ganz in Ruhe, je nach Zeit und Motivation, Stapel für Stapel abarbeiten. Beginnen Sie mit dem kleinsten Stapel (das fördert die Motivation!) oder mit dem Thema, das Ihnen am leichtesten fällt oder Ihnen am meisten zusagt. **Legen Sie je einen Ordner** an und teilen Sie ihn mithilfe eines Registers, den Bankordner zum Beispiel nach den verschiedenen Konten und Sparanlagen, den Versicherungsordner nach den jeweiligen Versicherungen. Die Ordner sollten für Sie (bzw. alle, die damit umgehen müssen) **logisch und eindeutig beschriftet** werden, gerne mit ansprechenden Rückenschildern. Heften Sie die Unterlagen darin so ab, dass das aktuellste Schreiben obenauf liegt, das erleichtert die Ablage der neuen Post und lässt Sie laufende Vorgänge schneller finden.

Ablagekörbe

Bei überquellenden Ablagekörben ist der eigentlich dafür angedachte Inhalt höchstwahrscheinlich mit allen möglichen anderen Dingen vermischt. Sollte der Korb schon ein übergeordnetes Thema haben, nutzen Sie diesen Stapel, um dort weitere Unterlagen des gleichen Themas abzulegen. Falls nicht, leeren Sie alles in den großen Unterlagenkarton und **sortieren Sie neu**, wie oben beschrieben. Wir sind grundsätzlich dafür, den Umgang mit Papieren

und Unterlagen so einfach und unkompliziert wie möglich zu halten (die Inhalte sind ja oft kompliziert genug), daher empfehlen wir **nur vier Ablagekörbe**: „Posteingang" (gerne auch im Flur oder in der Küche zu platzieren), „Rechnungen/zu bezahlen", „To-dos/langfristige Projekte", „Ablage". Wenn Sie Kinder haben, sollte zudem jedes Kind ein eigenes Fach erhalten. Widmen Sie sich diesen Fächern einmal in der Woche – nicht öfter! Wenn Sie erst einmal eine geordnete Basis geschaffen haben, werden Sie nicht mehr länger als 20 Minuten dafür benötigen. Einmal in der Woche 20 Minuten, um erneutes Chaos zu vermeiden: Das schaffen Sie ☺! Aus dem „Posteingang" öffnen Sie dann alle Briefe und werfen die Umschläge direkt ins Altpapier, ebenso Werbung etc. Rechnungen legen Sie in den Korb „Rechnungen". Wenn hier etwas drin liegt, prüfen Sie, ob es schon zu bezahlen ist, und kümmern sich darum. Briefe, zu denen Sie etwas erledigen müssen, legen Sie in das Fach „To-dos", am besten jeden Vorgang in einer festen Klarsichthülle. Was Sie lediglich zur Kenntnis nehmen und ablegen müssen, kommt in die „Ablage". Ihr Posteingang müsste nun wieder leer sein. In Zeiten mit sehr wenig Posteingang, spätestens jedoch alle zwei Wochen leeren Sie die Ablage und heften die erledigten Themen ab. Klingt profan und einfach? Ist es auch!

Bestehende Ordner

Wenn Sie Ihre Ablage neu gestalten möchten, sollten die Inhalte der bereits angelegten Ordner ebenfalls neu sortiert und abgelegt werden. Überlegen Sie vorher, was in welchen neuen Ordner soll und welche Themen gut zusammenpassen. Bestehende Ordner, die sich bewährt haben, können selbstverständlich weiter genutzt werden; achten Sie nur auf eine einheitliche Beschriftung.

Bücher

Das Aufbewahren alter Fachliteratur ist ein echter Klassiker in Arbeitszimmern. Regalbretter stehen voll mit umfangreichen Anleitungen zum Umgang mit Corel Draw 12, Windows 1.0 von 1987 oder dem Internet Explorer von 1995. Hinzu kommen Sachbücher (teilweise doppelt und dreifach) zu Themen, die niemanden mehr interessieren. Aber die aktuellen Ordner, die nahezu jeden Tag benötigt werden, stehen irgendwo auf dem Boden … Sortieren Sie auch hier aus (und heben Sie maximal Windows 1.0 von 1987 für die Erinnerungskiste auf) und **überlegen Sie genau, was Sie heute wirklich noch brauchen**. Alles andere werden Ihre Kinder und Kindeskinder bei Interesse im Internet nachlesen. Und da Sie gerade so gut dabei sind: sortieren Sie doch auch gleich die gesammelten Gebrauchsanweisungen aus. Da schlummern mit Sicherheit ebenfalls diverse Exemplare, zu denen das entsprechende Gerät gar nicht mehr existiert!

Büromaterial

Ja, wir benötigen auch zu Hause Büromaterial. Aber bitte in Maßen, nicht in Massen, diese verstopfen nur das Arbeitszimmer. Wenn Sie zu viel haben, verschenken Sie etwas davon an Freunde und Familie oder an einen Kindergarten. Behalten Sie die Menge, die Sie wirklich benötigen, das hat auch im kleinsten Zimmerchen noch Platz. Für die Aufbewahrung bieten sich Rollcontainer an, die es in verschiedenen Höhen und Breiten gibt. Nutzen Sie zudem auch die Wände des Arbeitszimmers, etwa mit einem Wand-Utensilo, das recht viel Büromaterial aufnehmen kann und auch noch schön aussieht. Fürs Regal sind durchsichtige Kisten sinnvoll.

Bastelmaterial

Basteln Sie noch oder horten Sie nur?! Eine freche, aber unseren Erfahrungen nach berechtigte Frage. Gebastelt wird häufig nämlich schon lange nicht mehr, obwohl die Utensilien dafür immer noch im Arbeitszimmer verstauben. Überlegen Sie, welche handwerklichen Tätigkeiten Sie wirklich noch interessieren, **wie viel Zeit** Ihnen für dieses Hobby **realis-**

tisch zur Verfügung steht, wie viel Platz Sie haben und wo das Material besser untergebracht werden könnte. Überprüfen Sie dann Farben, Lacke, etc. auf ihre Haltbarkeit und entsorgen Sie alle alten Tuben und Töpfe. Schauen Sie Ihre Bastelbücher durch und verschenken Sie die nicht mehr benötigten. Behalten Sie von allem nur das, was Sie noch mit Spaß „bewältigen" können!

Krempel

Wie gesagt, das Arbeitszimmer ist ein Magnet für Dinge, die dort nicht hingehören: Einfach jeder lässt dort seinen Krempel liegen. Sie werden das unter Umständen nicht sofort abstellen können, denn **Verhaltensmuster zu ändern, braucht Zeit**. Räumen Sie bis dahin den Krempel immer dann weg, wenn Sie sich Ihrem Posteingang und der Ablage widmen. Am besten lassen Sie die Kinder mitmachen, damit sie sich das Ablegen im Arbeitszimmer abgewöhnen. Und wenn das Arbeitszimmer erstmal schön aufgeräumt ist, werden Sie sehen, dass auch Ihre Familie nicht mehr „mal eben" etwas hineinwirft – so ein Anblick motiviert alle!

Das Arbeitszimmer: die Top 5 To-dos

- alles aussortieren
- alle Unterlagen und Papiere zusammenführen
- bestehende Ordner und Ablagekästen bearbeiten
- neues und einfaches Ablagesystem schaffen und Unterlagen abheften
- Krempel zurückbringen

Der Keller

Für uns Aufräum-Profis ist ein aufgeräumter Keller der Ausgangspunkt auf dem Weg zu einer aufgeräumten Wohnung: Er bietet Aufbewahrungsmöglichkeiten für Dinge aus der Wohnung, die gar nicht dorthin gehören oder wirklich nur sehr selten benutzt werden. Sie sollten sich daher zunächst dem Keller widmen, ihm eine **klare Struktur** und sich selbst die Möglichkeit seiner möglichst uneingeschränkten Nutzung geben. Oft wird dieser Raum jedoch nicht gerne aufgesucht und muss für die Unterbringung von Krempel, alten Unterlagen und Farb- und Renovierungsresten herhalten. Schade um den sinnvollen, aber sinnlos genutzten Platz! In der Psychologie ist der Keller das Sinnbild unseres Unterbewussten, lagern dort doch alte Spielzeuge, Unterlagen aus Schule, Ausbildung und Studium, längst unansehnlicher Partykram, Omas Küchengeräte, alte Ordner von noch älteren Rechtsstreitigkeiten und ähnliches. Gehen die meisten von uns deshalb nicht gerne in den Keller? Oder hat es etwas damit zu tun, dass wir dort plötzlich von Dingen umgeben sind, mit denen wir uns nicht beschäftigen, die wir schon gar nicht in der Wohnung aufbewahren, die wir aber auch nicht endgültig entsorgen wollen? Niemand möchte doch sorglos alte Erinnerungen (oder auch „Renovierungsträume" in Form von Farben, Tapeten und Zierleisten) wegwerfen! Die Auseinandersetzung mit genau diesen Themen beim Aufräumen des Kellers wird Ihnen helfen, auch in Ihrem Leben ein wenig aufzuräumen: Sie werden mit jeder Entscheidung genauer und klarer sehen, **was Ihnen wichtig ist**. Wussten Sie, dass wir alle maximal ein Viertel aller „eingekellerten" Gegenstände auch wirklich benutzen? Der Großteil Ihrer aufbewahrten Gegenstände hat also wohl nicht mehr viel mit Ihrem heutigen Leben zu tun. Wenn Sie die „Aufräumaktion Keller" planen, unterschätzen Sie bitte den Zeitaufwand nicht. Gerade Dinge, die jahrelang aufbewahrt wurden, können nicht „mal eben" aussortiert werden, in nur zwei oder drei Stunden kommen Sie also nicht weit. Und in einem nur halb erledigten Keller sind erneutes Zustellen und Horten von „Entscheidungsopfern" vorprogrammiert. Nehmen Sie sich daher möglichst **einen ganzen Tag**, überlegen Sie sich im Vorfeld, wo Sie Spenden oder Müll abstellen können und lassen Sie sich beim Ausräumen und Tragen helfen.

Die wenigsten Keller sind sauber, trocken und saniert, daher sollten Sie sorgfältig auswählen, was im Keller verbleibt. Bücher, Unterlagen, Kleidung, Leder und Holz können schnell von Feuchte und Schimmel befallen und beschädigt werden. Auch muffiger Geruch kann sich so in Papier und Kleidung festsetzen, dass eine Verwendung dann nicht mehr möglich ist. Sofern es wirklich notwendig ist, derartige Dinge im Keller zu lagern, verwenden Sie geschlossene, **luft- und wasserdichte Boxen** dafür. So ist auch im Falle eines Rohrbruchs oder eines Unwetterschadens vorgesorgt. Und die alten Fotoalben oder die schöne antike Wanduhr der Großeltern sind diesen Aufwand sicher wert. Für möglichst viel Stauraum sollte nicht nur die Breite der Wände, sondern auch die Raumhöhe voll genutzt werden: am besten mit robusten Kunststoff- oder Metallregalen, die an der Wand befestigt werden. Die schweren Gegenstände kommen in die unteren Fächer, die leichteren nach oben, um das Regal zu stabilisieren und die Handhabung der schweren Dinge zu vereinfachen. Der Boden sollte möglichst frei bleiben. Zur Nutzung der oberen Regalbretter eine Leiter oder einen Hocker bereitstellen, und nicht vergessen: Je weniger die Regale beinhalten, umso mehr Platz haben Sie für Gegenstände, die momentan noch in der Wohnung stehen. **Ein freier, aufgeräumter Keller entlastet Sie** also in vielen Bereichen!

Um eine sinnvolle Ordnung im Keller zu schaffen, beantworten Sie bitte zunächst zu jedem einzelnen Stück die vier fantastischen Aufräum-Fragen nach der Notwendigkeit, dem Zustand, der Anzahl und dem Standort (s. S. 87) und wenden dann die Vier-Kisten-und-ein-Müllsack-Methode an (s. S. 88). Mit den verbliebenen Dingen verfahren Sie wie im Folgenden beschrieben. Sorgen Sie für Ihre Aufräummaktion unbedingt für zusätzliches Licht, etwa mithilfe von Baulampen oder Deckenflutern. So können auch versteckte Mängel besser erkannt werden! (Weitere Tipps zur Aufbewahrung kellerspezifischer Dinge, s. S. 138.)

Koffer

Wenn Ihr Keller trocken und sauber ist, ist er der richtige Aufbewahrungsplatz für Ihre Koffer: Sie sind in der Regel robust, aus Kunststoff oder Metall und somit relativ unempfindlich gegen Gerüche oder Feuchtigkeit. Sollte Ihr Keller eine gewisse Feuchte aufweisen, verpacken Sie die Koffer in einem großen Plastiksack, den Sie entsprechend beschriften. Stellen Sie nach dem **Matroschka-Prinzip** den kleinen Koffer in den größeren und diesen in den nächstgrößeren, und lagern Sie Kofferbänder, Strandtaschen und ähnliches Zubehör im zugehörigen Koffer. Wenn Sie etliche Koffer besitzen, was bei Familien mit Kindern häufig der Fall ist, überlegen Sie, ob Sie wirklich alle behalten müssen, denn oft versteckt sich auch hier das eine oder andere gute Stück, das seit Jahren nicht mehr benutzt wird. Sollten Sie Ihren Koffer wirklich nur einmal im Jahr benutzen, bietet er sich auch zur **Lagerung von Winterkleidung** oder Ähnlichem an; das spart eine weitere Kiste für

diese Dinge. Vor Reiseantritt müssen Sie den Koffer dann zwar leeren, aber Sie können ihn nach der Reise ja sofort wieder einräumen (und dabei gleich überprüfen, ob Sie noch alles aus dem Koffer behalten möchten ☺).

Renovierungsutensilien

Ein Klassiker im Keller sind alte Tapeten- und Farbreste, benutzte Folien und Malervlies – meistens eingestaubt und nicht mehr zu verwenden. Angebrochene Wandfarbe hält sich weniger lang, als man erwartet, und Tapetenreste reichen oft noch nicht einmal mehr für eine kleine Zimmerwand. Staub und Luftfeuchtigkeit tragen zusätzlich zur Unbrauchbarkeit bei. Und wer renoviert, kauft üblicherweise sowieso neue Tapeten und neue Farbe, denn meist wünscht man sich andere Farben und Designs. Für kleinere Ausbesserungen nach der Renovierung bewahren Sie in einem kleinen, sehr gut verschließbaren Glas ein wenig Farbe auf (entsprechend beschriften, etwa mit „Grün – Kinderzimmer" oder „Blau – Bad"), das genügt völlig; und schon können Sie sich und Ihren Keller **von den anderen Resten einfach befreien**. Farben und Lacke gehören übrigens zum Sondermüll und müssen auf dem Wertstoffhof

oder im Schadstoffmobil abgegeben werden. Ach, und wenn Sie schon dabei sind: Alte Batterien, Energiesparlampen etc. müssen dort auch hin!

Alte Küchengeräte

Steht er da, der große Einmachtopf von Tante Louise, den Sie zwar nicht zum Marmeladekochen nutzen, aber „irgendwann" als Deko auf den Balkon stellen möchten? Und die alte Fritteuse Ihrer Mutter, weil Sie die Süßkartoffelpommes unbedingt selber frittieren wollten (diese aber dann doch im Backofen geröstet haben)? Und Ihr Brotbackautomat und Ihre alte Küchenmaschine mit komplettem Zubehör, falls die neue mal ausfällt? Jetzt müssen Sie lachen, oder? Tun Sie es! Wir haben eben schon viele Keller gesehen ☺. Viele der neu erworbenen und speziellen Küchengeräte erweisen sich oft sehr schnell als kompliziert zu handhaben und die Zubereitung der jeweiligen Speise als besonders zeitaufwendig. Und schon verlieren wir die Lust daran. Aber weil das Teil so viel Geld gekostet hat, stellen wir es in den Keller, anstatt es wegzugeben. Spätestens beim Aufräumen des Kellers sollten Sie **entscheiden, was Sie damit machen möchten**. Wenn die Geräte noch in Schuss sind, verkaufen Sie sie, und zwar möglichst zeitnah, sie werden ja nicht besser durch noch längeres Herumstehen. Ebenso den Einmachtopf (nachdem Sie vielleicht vorher ein schönes Erinnerungsfoto gemacht haben), wenn er nicht doch auf den Balkon soll – Sie sind ja gerade so gut dabei. Räumen Sie diesen doch einfach als Nächstes auf ☺!

Partybedarf

Der steht hier goldrichtig! Abgesehen von Bierbänken und -tischen kann man diese Dinge nämlich sehr gut in großen (am besten durchsichtigen) Kisten unterbringen. Sortieren Sie sie zuerst aus (feucht gewordene Partyteller, beschädigte Laternen etc.) und dann **nach Themen**: eine Kiste mit Geschirr, eine mit Gläsern, eine mit Dekoration und so weiter (eventuell entsprechend beschriften!). Das erleichtert die Vorbereitungen für die nächste große Party, bei denen Ihnen jetzt viele Leute helfen können, weil ja alles für jeden aufzufinden ist ☺. Unempfindliche Bierbänke und -tische sowie Camping- und Gartenstühle können sehr gut ohne Verpackung im Keller gelagert werden: Muffiger Geruch, Feuchtigkeit und Staub können ihnen nichts anhaben! Bringen Sie sie möglichst **platzsparend** unter: Klappstühle kann man etwa an großen Haken an die Wand hängen, Bierbänke passen gut zwischen Wand und Regal.

Altes Spielzeug, Erinnerungen

Wenn Sie (von den vorsortierten Dingen, die Sie weiter aufbewahren möchten) größere Exemplare, etwa Ihr erstes Dreirad, im Keller unterbringen (müssen), achten Sie unbedingt auf die richtige Verpackung! Auch hier besteht die **Gefahr von Schimmelbefall und Wasserschäden**, die verheerend sein können. Überlegen Sie daher beim Aufräumen, ob Sie das eine oder andere Teil nicht doch an einem trockeneren Ort unterbringen können. Wenn nur der Keller infrage kommt, unbedingt alles luft- und wasserdicht verpacken!

Vielleicht möchten Sie nach einigen Jahren das geliebte Dreirad doch noch einmal im Wohnzimmer dekorieren. Und dann wäre es mehr als schade, wenn es bis dahin verrostet, verschimmelt oder durch ständiges Hin- und Hertragen beschädigt wäre.

Große Dekorationen

Auch diese finden, da in der Regel sperrig, häufig im Keller Platz, auch wenn (oder gerade weil ☺) sie nur von einem Familienmitglied wirklich gemocht werden. Hier können wir nur raten: **Sortieren Sie gründlich aus**! Bleiben darf nur, was unversehrt und funktionstüchtig und in der ganzen Familie beliebt ist. Die leuchtenden Steine für den Garten leuchten nicht mehr? Reparieren Sie sie oder entsorgen Sie sie! Das gleiche gilt für Zimmerbrunnen, Weihnachtsdeko und Saisonartikel. Verpacken Sie den Rest gut und beschriften Sie die Kisten entsprechend. (Weitere Tipps dazu, s. S. 95.)

Der Keller: die Top 5 To-dos

- für mehr Licht sorgen!
- alles aussortieren
- Sondermüll zusammensuchen und entsorgen
- den Raum neu gestalten, ggf. zusätzliche Regale aufbauen
- alles übersichtlich einräumen

Die Waschküche

Ein separater Raum als „Wäschezentrum" ist wahrer Luxus: Das Badezimmer bleibt frei von Schmutzwäsche, das Schlafzimmer ist aufgeräumter, das Wohnzimmer muss nicht als Bügelzentrale herhalten. Leider wird die Waschküche dennoch oft **stiefmütterlich behandelt**: Auf dem Boden türmen sich Berge von Wäsche (gewaschen oder ungewaschen, man weiß es nicht mehr so genau), gespickt mit leeren, angebrochenen oder neuen Waschmittelpackungen. Das nasse Schwimmzeug der Kinder wird in die Ecke gepfeffert, die schmutzigen Gummistiefel stehen direkt neben den frisch gewaschenen Handtüchern. Der Raum ist schlecht beleuchtet und schlecht gelüftet. Kurz: Sie halten sich lieber in jedem anderen Raum auf. Auch wenn die Waschküche zunächst in die Kategorie „Aus den Augen, aus dem Sinn" zu gehören scheint, so hilft ein **gut strukturiertes Wäschezentrum** enorm bei der Ordnung im gesamten Haus. Sie verbringen nämlich meist sehr viel mehr Zeit mit Ihrer Wäsche, als Ihnen (zum Glück ☺) bewusst ist. Kleidung ist dabei das Hauptthema und nimmt mit jedem Familienmitglied zu. Die deutsche Durchschnittsfamilie wäscht entsprechend zwischen ein- und sechsmal pro Woche. Schöner wäre es doch, wenn Sie diese Zeit in einer neu gestalteten, angenehm zu nutzenden Waschküche verbringen können, in der Sie die Dinge im Griff haben und sich gerne aufhalten. Apropos angenehm: Wir haben uns einmal von einer Ergotherapeutin zeigen lassen, wie man Socken auszieht, ohne hinterher einen feuchten, miefigen und falsch herum gedrehten Ball in der Hand zu haben – der Ekelfaktor beim Auseinanderpfriemeln ist ja doch nicht zu unterschätzen … Und so geht's: Sie streifen den Socken über die Ferse und ziehen dann am Zehenende. Das ist im wahrsten Sinne kinderleicht und doch so wirkungsvoll!

Sortieren Sie die Wäscheberge konsequent aus; räumen Sie danach Ihre Waschküche so leer wie möglich und lassen Sie nebenbei immer die Waschmaschine laufen – das ist Multitasking ☺! Und dann **machen Sie sich Gedanken**: Wie viel Stauraum benötigen Sie, wo entsteht der Wäschestau, warum sind Sie nicht gerne hier drin? Vielleicht liegt es am mangelnden Licht, an den betongrauen Wänden, an diesem enormen Chaos oder daran, dass Ihnen notwendige Dinge zur Erledigung der Wäsche fehlen. Machen Sie eine To-do-Liste (evtl. ähnelt diese der für den Flur) und planen Sie, wie Budget und Zeit es zulassen: Es gibt tolle Regalsysteme und „Überbauten" für Waschmaschine und Trockner, die man auch sehr gut in kleine Waschküchen integrieren kann. Wandhalterungen sind nützlich für Bügelwäsche oder für Kleidung, die gelüftet werden soll, und auch der zusammengeklappte Wäscheständer kann an einem Haken an der Wand hängen, genau wie das Bügelbrett und Putzhelfer wie Besen oder Wischmopp. Waschmaschine und Trockner können Sie mit einer Arbeitsplatte für Ausbesserungsarbeiten oder zum Wäschefalten versehen. Sammeln Sie die Wäsche in verschiedenen Kisten (keine Pappkartons!) und farbigen Wäschekörben. Ausreichend Licht hilft, kleine Löcher und Flecken zu erkennen. Teilen Sie Ihre Waschküche zudem in Bereiche ein: „Waschen", „Bügeln", „Lagern", „Ausbessern", und verstauen Sie die dazu benötigten Utensilien im jeweiligen Bereich. Sie werden sehen: Je schöner und komfortabler Ihre Waschküche eingerichtet ist, umso weniger Wäschestau wird entstehen, weil Sie jetzt viel lieber hineingehen. Allerdings, das sagen wir Ihnen ehrlich, müssen Sie am Ball bleiben und eine **gewisse Routine entwickeln**, um die ständig wiederkehrenden Wäschemengen dauerhaft im Griff zu behalten!

Wäscheberge

Tragen Sie zunächst die gewaschene Wäsche in die Wohnung. Aussortieren ist hier wahrscheinlich nicht nötig, denn da sie gerade gewaschen wurde, wurde sie wohl auch vor Kurzem noch getragen. Schauen Sie alle Wäscheberge und Körbe in Ihrer Wohnung durch und **sortieren Sie konsequent aus**: Was wird definitiv nicht mehr getragen, ist zu klein oder beschädigt? Was haben Sie vor langer Zeit zur Seite gelegt, um es zu nähen, zu stopfen oder eine besondere Fleckentfernung daran auszuprobieren? Weg damit! Wäre es ein geliebtes Stück gewesen, hätten Sie es sofort getan, aber Sie brauchen es wohl nicht mehr. Halten Sie auch Ausschau nach lange gelagerten Teilen, etwa alten Laken *zum Unterlegen, wenn wir mal wieder renovieren*, Handtüchern, Putzlappen

oder auch Decken und feucht gewordenen Schlafsäcken. Haben Sie diese Dinge überhaupt schon einmal benutzt? Zwei, drei saubere alte Bettlaken sind immer gut zu gebrauchen, ebenso ein paar alte Handtücher. Der Rest kann doch aber wirklich weg. Wäschestücke, die wirklich gebraucht werden, aber nur ganz selten, sollten Sie zwei- oder dreimal im Jahr neu falten. So prägen sich die „Knickstellen" nicht dauerhaft ein und das Gewebe wird nicht beschädigt. Nutzen Sie **zum Vorsortieren** künftig **farbige Wäschekörbe**: einen weißen für die Weißwäsche, einen dunkelblauen für Jeans, einen roten für bunte Wäsche. So können auch die kleinsten Familienmitglieder schon „helfen" und Sie haben nur noch die halbe Arbeit. Starten Sie erst nach dem Aussortieren die erste Waschmaschine, ohne diesen unnötigen Ballast!

Die Waschküche: die Top 5 To-dos

- frisch gewaschene Wäsche einräumen
- Wäscheberge aussortieren
- Schmutzwäsche waschen und trocknen
- Raum neu gestalten mit Regalen etc.
- Waschmittelpackungen etc. sinnvoll verstauen

Die Garage

Die Garage ist in vielen Erzählungen ein legendärer und manchmal sogar magischer Ort. In ihr werden mächtige IT-Imperien gegründet, weltbewegende Erfindungen gemacht, und auch großartige Rockbands probten zum ersten Mal in einer Garage. Hinter diesem Tor scheint alles möglich zu sein! Und doch ist für die meisten unserer Kunden eine Sache nahezu undenkbar: das Auto darin zu parken! In der Regel wird die Garage weder für den eigenen Wagen noch für die genannten Heldentaten genutzt, sondern als **Abstellkammer, Depot oder Versteck** für alles Mögliche und Unmögliche: Die Garage bietet den nötigen Stauraum. Meist wird das Raumwunder schon am Tag des Einzugs in das neue Haus oder die neue Wohnung an seine Grenzen gebracht: *Erst mal alles in die Garage!* Aber auch bei Sperrmüll und all dem Krempel, von dem wir nicht sicher sind, ob wir ihn behalten oder entsorgen sollen, hilft die Garage beim Aufschieben: Wir legen alles dort ab und vertagen die Entscheidung. Aus den Augen, aus dem Sinn. Auch als Versteck hilft die Garage: Viel zu viel fürs neue Hobby ausgegeben und schnell die Lust daran verloren? Der dritten Küchenmaschine aus dem Verkaufsfernsehen nicht widerstanden? Den Kindern neue Schlitten gekauft, obwohl noch welche im Keller stehen? Super Lösung: In der Garage hinter all den anderen Sachen fallen diese Dinge nicht auf und niemand merkt was!

Man vergisst schnell, dass die Garage ein einzigartiger Raum ist: Boden und Wände sind extrem robust und die Nutzungsmöglichkeiten sind durch den zusätzlichen Raum enorm. Lediglich zu beachten ist, dass die Temperaturen saisonal stark schwanken und Feuchtigkeit oder auch Ungeziefer dem Gelagerten zusetzen könnte.

Sofern man die Garage aber frei zugänglich hält und sie regelmäßig aufräumt und entrümpelt, reichen einfache Reinigungsarbeiten aus und sie bietet über das Parken des Autos hinaus ausreichend Raum für unterschiedlichste Aktivitäten. Starten Sie die Aktion **im Frühling oder im Sommer**, öffnen Sie das Tor und verbringen Sie den Aufräumtag an der frischen Luft! Um eine sinnvolle Ordnung in der Garage zu schaffen, beantworten Sie bitte zunächst zu jedem einzelnen Stück die vier fantastischen Aufräum-Fragen nach der Notwendigkeit, dem Zustand, der Anzahl und dem Standort (s. S. 87) und wenden dann die Vier-Kisten-und-ein-Müllsack-Methode an (s. S. 88). Mit den verbliebenen Dingen verfahren Sie wie im Folgenden beschrieben. Beziehen Sie bei allen Aufräumarbeiten auch die Wände und die Decke mit ein. Haken und hohe Regale haben sich bewährt. Arbeiten Sie mit durchsichtigen Kisten und sortieren Sie die Dinge nach Themen und Zugehörigkeit. Denken Sie daran: **Je mehr Freiraum Sie schaffen, umso größer werden die neuen Möglichkeiten!** Sie könnten in der Garage ein Tischtennisturnier oder einen kleinen Flohmarkt veranstalten, endlich eine Werkbank aufbauen, bei schlechtem Wetter sämtliche anfallenden Pflanzarbeiten wie das Ein- oder Umtopfen von Zimmerpflanzen darin erledigen – oder vielleicht sogar wieder Ihren Wagen im Trockenen parken ☺! Diverse KFZ-Versicherungen bieten übrigens günstigere Kaskoversicherungen an, wenn der Wagen in einer Garage steht. Erkundigen Sie sich und sparen Sie mit der aufgeräumten Garage so auch noch bares Geld!

Werkzeug

Auch wenn man es zunächst nicht ahnt: unsere bisherige Erfahrung hat gezeigt, dass wir in punkto Werkzeug beide Geschlechter gleichermaßen ansprechen müssen. Längst haben auch Frauen ein Faible für Werkzeug entwickelt und „Do-it-yourself" ist alles andere als eine „reine Männersache". Werkzeug ist in jedem Haushalt und natürlich in jeder Garage in unterschiedlichen Qualitäten und Quantitäten vorhanden. Wir haben Garagen gesehen, die konnten es mit dem Sortiment eines Baumarktes locker aufnehmen ☺. Dabei ist es für den Hausgebrauch vollkommen ausreichend, **ein qualitativ möglichst hochwertiges Basis-Set** zu besitzen. Dazu können natürlich Geräte für spezielle berufliche oder hobbybedingte Bedürfnisse kommen, etwa für Holzbearbeitung oder fürs Schrauben am Auto. Wenn Sie zu Hause jedoch lediglich Bilder aufhängen, einen verstopften Abfluss reinigen oder Regale an der Wand befestigen, sollten Sie nur das behalten, was Sie auch tatsächlich benutzen: kein altes oder beschädigtes Werkzeug (vor allem bei defekten elektrischen Werkzeugen lohnt sich eine Reparatur so gut

wie nie), keine besonders ausgefallenen Geräte. Professionelle Handwerker, die Sie bei größeren „Baustellen" ohnehin brauchen, bringen immer eigene Gerätschaften mit.

Bei den meisten „gehorteten" Werkzeugbergen handelt es sich unserer Erfahrung nach um geerbte und geschenkte Stücke, die auch ohne erkennbaren Nutzen einfach immer weiter aufgehoben werden. **Prüfen Sie alles auf Notwendigkeit, Anzahl und Nutzbarkeit** und sortieren Sie beherzt aus! Verkaufen Sie übriges Werkzeug zum Beispiel; auch für altes und gebrauchtes Werkzeug kann man noch ordentliche Preise erzielen, gerade für außergewöhnliche, eher seltene oder große Werkzeuge, die ein anderer noch gut gebrauchen kann. Lassen Sie sich von einem versierteren Freund oder Nachbar beraten, wenn Sie nicht wissen, was Sie da eigentlich vor sich haben (gerade bei geerbten Werkzeugen ist das manchmal schwer zu sagen).

Suchen Sie dann für jedes einzelne verbliebene Werkzeug einen **geeigneten Platz**. Eine spezielle Werkzeugkiste kann dabei helfen, denn ihre Maße sind auf Werkzeug und die Anordnungsmöglichkeiten auf eine klare Übersicht ausgelegt. Werkzeuge mit Akku nutzen übrigens nur im geladenen Zustand, sie benötigen also einen Platz, an dem sie geladen werden können. Halten Sie Ihr Sortiment generell übersichtlich, universell einsetzbar und qualitativ hochwertig und deponieren Sie zusätzlich ein überschaubares (!) Set im Haus, um bei kleineren Problemen, zum Beispiel einem lockeren Schrankscharnier, schnell Abhilfe schaffen zu können, ohne dafür raus zu müssen und ohne den Platz im Haus mit einer großen Kiste zu blockieren.

Gartengeräte, -artikel

Ohne Gartenhäuschen müssen diese natürlich ebenfalls in der Garage gelagert werden. Achten Sie aber auch hier darauf, keine Dinge anzuschaffen und einzulagern, die nur bedingt einsetzbar sind und eher dem Traum von einem größeren oder ganz anderen Garten entsprungen scheinen. Wir haben schon Gartengerätschaften gefunden bei Garagenbesitzern, die gar keinen Garten besaßen, sich den Traum aber „irgendwann" erfüllen wollten. Und viele Gartenbesitzer neigen dazu, sich für kleine Probleme viele spezielle Dinge zuzulegen, anstatt sie sich **erstmal auszuleihen** oder nach einer Alternative zu suchen, die man ohnehin im Haus hat. Diverse Discounter bieten Gartengeräte zudem oft so günstig an, dass eine Anschaffung kaum ins Gewicht fällt. Vielleicht müssen Sie sich über kurz oder lang von Ihrem Traum verabschieden oder sich klarmachen, dass Harke und Spaten ausreichen und auch der zweite Rasenmäher nicht sein muss. Weniger zu besitzen hilft nicht nur bei der Konzentration auf die wirklich wichtigen Dinge, sondern auch bei der Ordnung in der Garage.

Bringen Sie die (vorsortierten) Geräte mithilfe von Haken und Leisten nebeneinander an der Wand an, um alles sofort und einfach zu erreichen. **Samen, Dünger und Pestizide nur in kleinen Mengen** anschaffen, damit nichts herumsteht, nichts verdirbt oder unsachgemäß gebraucht und damit gefährlich wird. Auch das Teilen dieser Dinge mit den Nachbarn ist eine gute Möglichkeit.

Geräteverpackungen

Gerade bei Unterhaltungselektronik können die Verpackungen unglaubliche Ausmaße erreichen, ebenso bei großen Haushaltsgeräten (hier nehmen die Lieferanten sie aber meist sofort wieder mit). Ganz wichtig: Sie brauchen die Originalverpackung nur, wenn Sie den Artikel innerhalb des ersten Monats zurückgeben wollen. Ausnahme: Beim Wiederverkauf begehrter (und vollständiger) Sammlerstücke werden für originalverpackte Artikel deutlich höhere Verkaufspreise erzielt, zum Beispiel bei Lego oder Playmobil. Für alles andere gilt: **Styropor, Folie und Pappe können entsorgt werden**. Im Garantiefall

können Sie für die Rücksendung auch schon nach ca. zwei bis vier Wochen jede andere Verpackung wählen. Also nur so lange aufheben und dann zurück damit in den Wertstoffkreislauf!

Freizeitgeräte

Neben den Fahrrädern, die in nahezu jeder Familie zu finden sind und die auch tatsächlich benutzt werden, stehen meistens noch weitere „Drahtesel" in der Garage herum: etwa die in der Zwischenzeit zu klein gewordenen Räder der Kinder, das erste Renn- oder Hollandrad oder alte Exemplare, die man eigentlich noch reparieren wollte. Und die kosten richtig Platz! **Trödelmärkte und Internet-Plattformen** helfen Ihnen, diesen schnell und einfach wieder freizuräumen. Wenn ein wirklich antikes oder originelles „Schätzchen" dabei ist, das Sie aber nicht mehr fahren können oder wollen, ist vielleicht die Zweckentfremdung als Deko für die Wohnung (oder den Keller oder die Garage) eine gute Alternative: Aufgehängt oder an der richtigen Stelle abgestellt kann ein schönes Rad wirklich etwas hermachen.

Natürlich können auch andere Freizeitgeräte Platzprobleme verursachen. Sortieren Sie aus: Sind Sie nicht 2004 das letzte Mal Ski gefahren (und in dementsprechendem Zustand ist jetzt auch die Ausrüstung)? Brauchen wirklich alle Familienmitglieder noch Inlineskates? Und was ist mit den drei Holzschlitten mit Kindersitz – Ihr Jüngster ist doch gerade 17 geworden!? Sie merken es schon selbst… Wenn Sie schnell genug beim Weiterverkaufen sind, bekommen Sie für die Bergsteiger-Ausrüstung (gekauft, aber dann doch nicht in die Berge gefahren) und das Surfer-Set noch gutes Geld. Mit den Jahren der Aufbewahrung werden die Gegenstände in der Garage aber leider nicht besser und der Verkaufspreis sinkt jedes Jahr. Vielleicht lassen sich auch Freunde oder Verwandte für eine neue Sportart begeistern. Und bei Fahrrädern, Skateboards, Rollern und Inlineskates ist auch eine Spende eine gute Alternative. Bieten Sie es an und genießen Sie es, jemandem eine Freude gemacht zu haben. Eine Trennung ist zudem dann sinnvoll, wenn Sie oder Ihre Kinder genug damit „gespielt" haben. **Belohnen Sie sich** und Ihre Familie (natürlich erst nach dem Aufräumen der Garage ☺) etwa mit neuen, coolen Fahrradklingeln – es muss nicht immer etwas Großes sein, damit es Spaß bereitet!

Autozubehör

Außer dem Bordwerkzeug und dem vorgeschriebenen Zubehör aus ehemaligen Fahrzeugen (Warnwesten, Erste-Hilfe-Kasten, Warndreieck etc.) sammelt sich in der Garage oft alles, was nicht aktuell, aber bald wieder für das Auto benötigt wird: Eiskratzer, Türschlossenteiser, Sonnenblenden, Parkscheiben… Packen Sie **eine Sommer- und eine Winterkiste** (beide nicht zu groß) für Ihren Wagen und tauschen Sie diese je nach Saison einfach aus. Überlegen Sie, welche Autoatlanten und welche Straßenkarten noch wichtig für Sie sind, und sortieren Sie den Rest ebenfalls aus. Sie besitzen bereits ein Navi und ein Handy, oder? Dann seien Sie gnadenlos, zumindest mit alten Karten. Benötigen Sie denn überhaupt noch welche? *Was, wenn das Navi mal ausfällt?* Richtig: Sie nehmen das Handy ☺! Dass Navigationsgerät und Handy zur gleichen Zeit,

am selben Ort und ausgerechnet in Ihrem Wagen ausfallen, ist so wahrscheinlich wie ein Lottogewinn – dieses Argument lassen wir nicht gelten ☺. Sollten noch Motoröl oder Kühlerflüssigkeit herumstehen, nutzen Sie diese bei der nächsten Gelegenheit oder schenken Sie sie jemandem, der diese Flüssigkeiten noch selbst auffüllt: Auch diese Stoffe sind nicht endlos haltbar und schon gar nicht automatisch für modernere Fahrzeuge geeignet. Überprüfen Sie daher bei allem Zubehör genau, ob es für Ihr aktuelles Fahrzeug zugelassen ist. Wenn nicht, weg damit! Sicher finden Sie jemanden, der die alten Glühbirnen, das Motoröl oder die Ersatzantenne noch gebrauchen kann.

Kinderspielzeug, Erinnerungen

Natürlich findet man hier viele Freizeitgeräte, aber oft werden Gegenstände gelagert, die in erster Linie Erinnerungen an die Zeit mit den Kindern sind: der alte Muschel-Sandkasten, diverse Gartenspiele, Frisbees und die kleinen Surfboards aus dem Badeurlaub vor zehn Jahren, der erste Trecker, die Hula-Hoop-Reifen. Die Kinder, jetzt wahrscheinlich schon (fast) erwachsen, werden nicht mehr damit spielen und diese Dinge auch nicht mit in ihre Wohnung nehmen. Nur Enkelkinder würden Ihnen die Möglichkeit bieten, sie noch einmal einzusetzen, aber bitte üben Sie nicht mit einem Hula-Hoop-Reifen Druck in diese Richtung aus ☺! Seien Sie großzügig und **ermöglichen Sie anderen jungen Familien, die Spielzeuge zu benutzen**, solange sie noch in gutem Zustand sind. Denn es könnte noch Jahre dauern, bis Ihre Enkel da sind!

Die meisten anderen Erinnerungsstücke, zum Beispiel solche, die als Dekoration zu groß für die Wohnzimmerwand oder das Kinderzimmer sind, werden die Aufbewahrung in der Garage nicht gut überstehen: Dinge wie Pappmaschee-Figuren, gerahmte Bilder und Spielzeuge aus **Holz oder Stoff halten den Bedingungen in einer Garage nicht**

stand und sollten dort keinesfalls gelagert werden. Wenn Ihnen die Entsorgung dieser Dinge wirklich sehr schwer fällt, machen Sie zum Abschied ein paar schöne Fotos. Sie werden Sie genauso an die Zeit der Schöpfung dieser Objekte erinnern wie der Gegenstand selbst. Packen Sie kleinere Dinge, für die Sie wirklich keinen anderen Platz finden können, in transparente, vor Feuchtigkeit schützende Kisten, so ist der Inhalt sicherer und Sie sehen schnell, ob er Schaden durch Schmutz, Staub oder Feuchtigkeit genommen hat.

Outdoor-, Campingausrüstung

Diese Gegenstände sind für draußen geschaffen und sollten in trockenem Zustand die Unterbringung in der Garage schadlos überstehen. Man kann sie direkt von dort aus im Garten aufstellen oder ins Auto packen, wenn man in den Urlaub fährt. Sofern Sie auch weiterhin zelten, Zeit am See und im Wald verbringen oder andere Outdoor-Aktivitäten betreiben, gibt es keinen Grund, etwas davon zu entsorgen. Bitte beachten Sie dennoch: Überfluss entspricht nicht der Philosophie des Campens! Sortieren Sie regelmäßig aus und **behalten Sie nur wenige bewährte, intakte und wirklich nützliche Dinge**. Sonst packen Sie am Ende einen Autoanhänger voll, weil der Kofferraum überquillt, nur um am Zielort festzustellen, dass die Hälfte der Utensilien doppelt vorhanden oder beschädigt ist. Die Reduzierung auf das Wesentliche ist hier wichtig!

Hausrat, Möbel

Die Garage ist häufig ein Ort der Unentschiedenheit. Diese zeigt sich in eingelagerten Haushaltsgegenständen und Möbeln, die man nicht mehr haben will, die aber *eigentlich zu schade zum Entsorgen* sind: der Schokobrunnen, mehrere riesige Backformen, das Käse-Fondue, der Mosaik-Beistelltisch, Omas 1950er-Jahre-Garderobe, die letzten drei Barhocker aus dem ehemaligen Partykeller ... Wir könnten noch endlos aufzählen! Alle diese Gegenstände haben

meist eines gemeinsam: Man hat einmal viel Geld dafür bezahlt, lange daran gearbeitet oder sie *dieses eine Mal damals* wirklich gut gebrauchen können. Fragen Sie sich nun ganz ehrlich, ob diese Dinge noch ein zweites Mal zum Einsatz kommen werden. Wir wissen, wie schwer das sein kann, doch es wird sich lohnen! **Kurzfristig etwas in der Garage zu lagern**, kann eine sehr gute Sache sein, zum Beispiel bei Renovierungsarbeiten in der Wohnung oder einer großen Gartenparty. Auf lange Sicht sollten Sie jedoch einen Schnitt machen: Setzen Sie sich einen Termin, zu dem mit dieser vorübergehenden Lösung Schluss sein soll. Mit dem nötigen Abstand fällt es garantiert leichter und Sie werden merken, dass Sie die eingelagerten Sachen gar nicht vermisst haben. Ach, und übrigens: Nur in einer aufgeräumten und sauberen Garage ist ausreichend Platz, um kurzfristig etwas einzulagern ...

Die Garage:
die Top 5 To-dos

- alles aussortieren
- Sperrmüll für die Entsorgung großer Teile bestellen
- Kategorien festlegen und Artikel zusortieren
- Regale aufbauen, Haken an Wänden und Decke anbringen
- gründliche Reinigung

KAPITEL 5

BESONDERE AUFRÄUMSITUATIONEN

AUFRÄUMEN MIT KINDERN

Kinder geben einem so viel zurück. Bonbonpapier zum Beispiel.

- unbekannt -

Viele unserer Kundenanfragen bewegen sich rund um dieses Thema, daher möchten wir hier noch einmal detailliert auf diese Zusammenarbeit (ja, Sie haben richtig gelesen ☺!) eingehen. Zunächst möchten wir jedoch betonen, dass es **kein schablonenhaftes Schema** für das Aufräumen mit Kindern gibt, das erlauben schon die unterschiedlichen Altersgruppen nicht. Darüber hinaus haben unterschiedliche Aufgaben mit unterschiedlichen Entwicklungen, Neigungen, Talenten und Charakteren der Kinder zu tun, die für eine erfolgreiche Teamarbeit unbedingt berücksichtigt werden sollten. Aber natürlich gibt es hilfreiche Tipps und Tricks, wie Sie und Ihr Kind ein gutes (Aufräum-)Team bilden und die „nervenden" Aufgaben plötzlich gar nicht mehr so nervend sind.

Kinder lernen viel schneller visuell als durch Hinweise, Erklärungen oder gar Schimpfereien. Sind Sie in dieser Hinsicht ein gutes Vorbild für Ihr Kind, ist Ihre Wohnung aufgeräumt und fühlen Sie sich wohl darin?

Nehmen Sie sich immer genug Zeit für das Aufräumen mit Ihrem Kind: Wenn Sie „zwischen Tür und Angel" agieren, selbst schon gestresst sind und dann natürlich automatisch keine Geduld mit Ihrem Kind haben, ist die Aktion zum Scheitern verurteilt. Und jetzt sind wir schon da, wo wir hinwollten: nämlich bei Ihnen! Mit Ihnen möchten wir gerne beginnen, nicht mit Ihrem Kind. Jetzt sagen (oder denken) Sie *Hey, das ist nicht fair, ich muss mich ja schon um die gesamte restliche Wohnung kümmern!* Stimmt, dabei soll Ihnen zukünftig ja auch geholfen werden. Doch bis dahin sind zunächst Sie gefragt. Kinder

lernen viel schneller visuell als durch Hinweise, Erklärungen oder gar Schimpfereien. **Sind Sie** in dieser Hinsicht **ein gutes Vorbild für Ihr Kind**, ist Ihre Wohnung aufgeräumt und fühlen Sie sich wohl darin? Hat Ihr Kind schon gemerkt, dass jeder für seinen eigenen „Krempel" verantwortlich ist und dass alle beim Tischdecken, Spülen und Aufräumen mithelfen? Wenn ja, sind Sie auf einem sehr guten Weg. Wenn nicht, sollten Sie dies ändern und mit einem guten Beispiel vorangehen, bevor Sie Ihr Kind zum Aufräumen bewegen wollen. Keine Bange, dafür ist es nie zu spät! Jederzeit können neue Wege eingeschlagen und alte, ungünstige Muster abgelegt werden. Nutzen Sie die Zusammenarbeit mit Ihrem Kind als Inspiration und Motivation, Ihr eigenes Verhalten zu ändern! Sie werden sehen, dass auch Sie viel dazulernen und Sie beide mehr Spaß und weniger Konflikte haben werden.

Für eine erste Orientierung, wozu ein Kind in welchem Alter in der Regel in der Lage ist, sollen die folgenden Beispiele dienen. Sie stellen aber natürlich lediglich einen Richtwert dar und sind individuell zu überprüfen und ggf. anzupassen: Beauftragen Sie Ihre Kinder nur mit Aufgaben, denen sie gewachsen sind, und denken Sie unbedingt daran, dass Kinder jeden Tag auch unverplante Zeit brauchen, ohne Hausaufgaben, Haushaltsverpflichtungen und Termine wie Nachhilfe, Sport etc. Bitte beachten Sie zudem, dass das Delegieren von Hausarbeit unausweichlich mit einer **Veränderung Ihres gewohnten Standards** verbunden ist. Seien Sie nachsichtig, wenn nicht alles perfekt gesaugt, geputzt oder abgestaubt wurde. Und putzen Sie möglichst nicht hinterher, denn sonst könnte es schnell heißen: *Wieso soll ich das denn machen, wenn du hinterher sowieso nochmal putzt!?* Und wenn wir kurz nachdenken, ist diese Frage durchaus berechtigt. Gestehen Sie Ihrem Kind zu, Aufgaben anders zu erledigen als Sie, und rechnen Sie mit kleinen Pannen, die gehören nämlich dazu. Auch bei guter Anleitung und aus-

führlicher Erklärung ist eben noch kein Meister vom Himmel gefallen. Aber riskieren Sie es – die Unterstützung im Haushalt wird sich für Sie lohnen!

Mit Kindern bis 6 Jahren

Die ersten gemeinsamen Aufräumaktionen können bereits mit einem ca. 1,5 bis 2 Jahre alten Kind durchgeführt werden. Bitte berücksichtigen Sie jedoch, dass sich jedes Kind anders entwickelt. Wichtig ist, das Kind nicht mit den Aufgaben alleine zu lassen und klare Ansagen zu machen. Für ein pauschales *Räum dein Zimmer auf* ist Ihr Kind noch zu klein, aber *Leg alle Bauklötze in die rote Kiste* versteht es schon. **Loben Sie Ihr Kind aufrichtig**, wenn die Klötze in der Kiste sind, auch wenn ein paar übersehen wurden: In erster Linie geht es um die

Etablierung und Festigung von Aufräumritualen, um das Erlernen des „Mithelfens", noch nicht so sehr um die Ordnung selbst. Ab ca. 3 Jahren können Kinder schon ein paar Kleinigkeiten selbstständig, etwa Spielsachen in die richtigen Kisten sortieren und Bücher zurück ins Regal stellen. Auch Wäsche (die Sie sortiert haben) kann in kleinen Mengen ins Kinderzimmer getragen werden. Selbstverständlich braucht Ihr Kind immer noch Ihre Unterstützung, räumen Sie daher weiterhin gemeinsam auf. Erkennen Sie aber unbedingt die erste Selbstständigkeit Ihres Kindes lobend an, das ist pure Motivation! Und hüten Sie sich vor langen Belehrungen und Erklärungen, *was wie wo* aufgeräumt werden sollte. Kinder wollen in keinem Fall „vollgequatscht" werden, das verwirrt und überfordert sie. **Machen Sie klare, freundliche Ansagen.** Auch ein Foto davon, wie der Regalboden oder das Schrankfach nach dem Einräumen aussehen soll, kann sehr hilfreich sein. Diese Idee stammt von einer unserer Kundinnen, die mit dieser Methode sehr gute Erfolge bei ihrer fünfjährigen Tochter erzielt hat. Das Foto wurde am Schrank angebracht und die Kleine hat sich für jedes Regalbrett „abgeschaut", wie die Sachen am besten passen, und sich nach dem Aufräumen jedes Mal gefreut, dass sie das alles alleine geschafft hat. **Haben Sie Geduld** mit Ihrem Kind, es soll ihm schließlich Spaß machen, aufzuräumen. Wenn Ihnen die Geduld fehlt und Sie daher (wieder) alles selbst machen, damit es schneller geht, haben Sie weder Ihrem Kind noch sich selbst geholfen.

Mit Kindern bis 12 Jahren

Ab ca. 6 Jahren können sich Kinder an Routinen gewöhnen. Helfen Sie dabei, indem Sie **feste Zeiten für das Aufräumen etablieren**, zum Beispiel jeden Abend vor dem Abendbrot alles vom Tag aufräumen und jeden Freitag nach der Schule das Zimmer für das Putzen und Saugen vorbereiten, sprich: den Boden komplett freiräumen und saubere Kleidung in den Kleiderschrank räumen. Auch hier dürfen Sie

gerne helfen oder zur Unterstützung präsent sein. Sortieren Sie ab jetzt außerdem die Schulsachen mit Ihrem Kind zusammen, denn je früher es lernt, mit „Papierkram" umzugehen, umso leichter wird es in der Schule, der Ausbildung, im Studium und im Beruf werden. Ab ca. 8 Jahren sollte Ihr Kind die eingeführten Aufräumregeln beherrschen und Sie können einmal im Jahr einen gemeinsamen „Entrümpelungstag" einlegen. Ab diesem Alter fällt den Kindern das Aufräumen übrigens leichter, wenn es hinterher schöner aussieht, also sind **Belohnungen** in Form neuer Aufbewahrungskisten sinnvoll, oder es werden neue Bilder und Fotos dekoriert. Auch Spenden an karitative Einrichtungen können motivieren oder ein neues Spiel oder Buch: *Wenn du drei alte Spiele aussortierst, kaufen wir dafür ein tolles neues!*

Mit Teenagern

Ab ca. 12 Jahren können Kinder neben dem Aufräumen ihres eigenen Zimmers Schritt für Schritt Aufgaben im Haushalt übernehmen. Dazu gehören zum Beispiel Spülen, Staubsaugen, am Wochenende eigenverantwortlich das Frühstück für alle vorbereiten, Müll hinausbringen, Einkäufe erledigen etc. Auch kleine Handarbeiten wie das Annähen eines Knopfes sollten ab jetzt möglich sein. In der Zusammenarbeit mit Teenagern ergeben sich ganz andere Konflikte als beim Aufräumen mit Kindergartenkindern. Beherzigen Sie dabei unbedingt das Stichwort **„Konsequenz"**. Bloß nicht (mehr) hinterherräumen oder meckern und dann doch alles selber machen, das hilft niemandem. Ihr Kind lernt dabei nur ganz schnell, dass zwar gemotzt wird, sich das Aufräumen aber dann doch „wie von selbst" – nämlich durch Sie – erledigt: keine gute Basis, um Aufgaben zu verteilen und Aufräumroutinen zu etablieren. Oft sind Zimmer von Jugendlichen so chaotisch, dass sie ihre Aktivitäten ganz einfach in andere Räume verlegen. Hausaufgaben werden in der Küche gemacht (da ist der Tisch ja frei), die Spielkonsole wird ins Wohnzimmer geräumt (da kann man auf der leeren Couch sitzen), Freunde werden ins (aufgeräumte) Zimmer des Bruders eingeladen. Machen Sie Ihrem Teenie klar, dass das auf gar keinen Fall geht und jetzt schnellstmöglich das Zimmer aufgeräumt werden muss. Sollte das Chaos bereits so massiv sein, dass Ihr Teenager an den Rande der Verzweiflung gelangt, **bieten Sie ihm Ihre Hilfe an**.

Ab ca. 16 Jahren ist ein Teenager im Großen und Ganzen in der Lage, alle Haushaltsaufgaben zu erledigen und die Erwachsenen auch einmal zu „vertreten". Dazu gehören das Babysitten der kleineren Geschwister, größere Einkäufe und Rasenmähen. Die Vorbereitungen auf den Führerschein und das Verwalten des eigenen Budgets sollten ab diesem Alter ebenfalls selbstständig erledigt werden.

Die kindliche Sammellust

Sie ist ein ganz spezielles Thema! Wie oft sprechen wir mit „aufgeräumten" Eltern, die über die Sammellust ihrer Sprösslinge regelrecht nervös werden: ob Steine, Scherben, Stöckchen oder bedruckte Korken, etwa ab dem Kindergartenalter verwandeln sich die meisten Kinder in leidenschaftliche Jäger und Sammler scheinbar nutzloser Materialien – eine Entdeckungs- und Bewahrungsfreude, die wir Erwachsenen einfach nicht (mehr) nachvollziehen können. Natürlich, für den einen schönen Stein oder die Muscheln aus dem Urlaub haben wir noch Verständnis, jedoch spätestens nach dem zwanzigsten grauen Kiesel und der Schublade voller Holzstöcke hat der Spaß für uns ein Ende und wir befürchten, dem Chaos den Eintritt in das Kinderzimmer ermöglicht zu haben. Nein, haben Sie nicht, da können wir Sie beruhigen ☺! Auch wenn wir es oftmals nicht nachvollziehen können, so haben diese Dinge doch meist **einen unschätzbaren Wert für Ihr Kind**. Denken Sie an Ihre eigene Kindheit: Wir sehen die uns noch fremde Welt mit anderen Augen und müssen uns die täglichen Erlebnisse und Erfahrungen in einer ganz eigenen Form begreifbar machen – im wahrsten Sinne des Wortes. Manch ein Hölzchen oder eine Feder ist im Zusammenhang mit dem Erlebten gerade lebendig und wird immer wieder angefasst und angeschaut. Die fremde Welt da draußen will noch erobert und verstanden werden, und so sammeln Kinder Dinge, um sie sich vertraut zu machen. Mit dem Gesammelten „von dort" können sie ein bisschen über dieses unbekannte Leben verfügen und den Gegenständen nach eigenem Ermessen einen Wert zuschreiben. Dies sind oft die ersten Gefühle persönlicher Freiheit und Autonomie.

Nehmen Sie diese Erfahrungen ernst. Diese kleinen Gegenstände fördern die Kreativität, geben Ihrem Kind Sicherheit und steigern die Freude, zu erforschen, was wichtig und was unwichtig ist, was tauglich und was untauglich ist. Meistens ist für das Kind das Ordnen und Aufräumen dieser Schätze zwangsläufig mit dem Sammeln verbunden. Dabei darf man jedoch nicht vergessen, dass der gefundene goldene Knopf etwa in den Augen des Kindes nun zu den Puppensachen gehört, denn eine bessere Krone hat es bisher noch nicht gegeben. Sie jedoch werden diese „Ordnung" wahrscheinlich nicht verstehen und den Knopf zum Bastel- oder Nähzeug legen – dies kann zu kleinen Konflikten führen, in denen sich das Kind unverstanden fühlt und trotzig reagiert. **Erlauben Sie Ihrem Kind darum eine eigene Ordnung** für seine Schätze. Machen Sie es ihm leichter und stellen Sie kleine Dosen, Boxen oder Papiertüten bereit, in denen die Sammelstücke aufbewahrt werden können. Auch ein Setzkasten ist eine tolle Idee, um diese Schätze zu präsentieren. Akzeptieren Sie, dass immer mal wieder das eine oder andere Teil im Bett, im Federmäppchen oder im Kleiderschrank liegt, und vertrauen Sie darauf, dass es für den Moment so seine Richtigkeit hat. Wir müssen nicht alles verstehen, aber wir sollten bestimmte Dinge akzeptieren und respektieren. Im Laufe der Zeit werden sich die Sammlungen verändern, Teile werden verschwinden, andere hinzukommen. Aber eins ist ganz sicher: Wir haben noch nie ein Kind entdeckt, das vor lauter Steinen, Stöcken und gesammelten Knöpfen in seinem Zimmer verloren gegangen ist…

AUFRÄUMEN MIT SENIOREN

In diesem Kapitel geht es darum, dass Sie als Kind Ihrer Eltern oder als Enkel Ihrer Großeltern oder als Vertrauter oder eingetragener Vormund von betagten Freunden und Verwandten in die Situation kommen können, mit dem Senior selbst und seinem Hab und Gut umgehen zu müssen: Etwa bei einem Umzug in ein Alten- oder Pflegeheim, oder wenn nach einem Unfall oder durch eine Erkrankung ein Leben mit einem „Zuviel" einfach nicht mehr möglich ist. Wer ab sofort auf einen Rollstuhl oder einen Rollator angewiesen ist, wird zwangsläufig seinen Wohnraum verändern müssen, es sei denn, er hat bereits in Sachen Möbeln minimalistisch gelebt. Und natürlich wird auch oft einfach der Wunsch an die eigenen Kinder herangetragen, sich von zu viel Besitz zu befreien, um den Lebensabend mit weniger „Kram" zu verbringen. Spätestens jetzt sind von Ihnen **viel Ausdauer, Geduld und Verständnis** gefragt, sonst kann das gemeinsame Auf- und Ausräumen zu einer echten Herausforderung werden, die Sie und wahrscheinlich auch Ihr Gegenüber nachhaltig beschäftigen wird. Und das nicht unbedingt im positiven Sinne… Doch scheuen Sie sich nicht. Diese Zusammenarbeit kann vollkommen neue Teamqualitäten zwischen Ihnen entstehen lassen und Sie und Ihr Gegenüber bereichern! Probieren Sie es nicht mit übermäßigem Druck und machen Sie Ihrem Gegenüber auch kein schlechtes Gewissen, das führt nur zu allgemeinem Unmut und oft sogar zu Streitereien. Bleiben Sie gelassen, haben Sie Geduld und lassen Sie sich auch von „Ausrutschern" in alte Verhaltensmuster nicht aus der Ruhe bringen. Ein guter Berater ist flexibel und strebt realistisch die **bestmögliche Lösung** an, auch wenn sie nicht perfekt ist. Damit Ihnen diese Aufgabe gut gelingt und Sie zu einem für alle Beteiligten zufriedenstellenden Ergebnis gelangen, möchten wir Ihnen ein paar Tipps mit auf den Weg geben.

> Diese Zusammenarbeit kann vollkommen neue Teamqualitäten zwischen Ihnen entstehen lassen! Probieren Sie es nicht mit übermäßigem Druck oder einem schlechten Gewissen. Bleiben Sie gelassen, haben Sie Geduld und lassen Sie sich auch von „Ausrutschern" in alte Verhaltensmuster nicht aus der Ruhe bringen.

Verständnis und Empathie aufbringen

In der Regel arbeiten Senioren sehr gerne zu zweit, denn zu zweit geht (fast) alles besser. Darüber hinaus hat man sofort jemanden zur Seite, der bei Entscheidungen beraten kann. Auch körperliche Arbeit wie das Tragen von Kartons, das Packen schwerer Tüten oder der Transport von sperrigen Teilen sollte vom Unterstützenden übernommen werden. Allerdings kommt es nicht nur auf Muskelkraft und ein freundliches Wesen an, sondern vor allem auf viel Verständnis und Empathie. Das ist nicht immer ganz einfach: Legen Sie zu viel Verständnis an den Tag, werden Sie wahrscheinlich nichts aussortiert bekommen, denn zum Entrümpeln gehört immer ein Stück Bestimmtheit. Bei zu wenig Verständnis hingegen

entsteht schnell Misstrauen (*Man will mir etwas entreißen*), oder Ihr Gegenüber fühlt sich unverstanden (*Du weißt gar nicht, was mir das alles bedeutet und wie wichtig das für mich war!*). Seien Sie geduldig und tasten Sie sich langsam an die Zusammenarbeit heran, so werden Sie **das richtige Maß finden**. Senioren können auch meist nur sehr schwer damit umgehen, dass etwas „einfach" weggeworfen und entsorgt wird. Dies rührt oft aus Zeiten, in denen man wenig hatte. Nicht umsonst finden wir in nahezu allen Seniorenwohnungen Sammlungen von Knöpfen, Zierborten, Streichhölzern, Stoffresten, Eierkartons oder leeren Joghurtbechern, weil man *das alles bestimmt noch einmal gut gebrauchen kann*. Unterschätzen Sie bitte nicht, welche **tiefsitzende Angst mit dem Entsorgen dieser Materialien verbunden sein kann**, auch wenn Sie sie nicht nachvollziehen können! Diese Angst ist vor vielen Jahren und aus Erfahrung entstanden und war und ist so groß, dass sie bis heute präsent sein kann. Beruhigen Sie Ihr Gegenüber empathisch, aber stellen Sie zugleich sachlich klar, dass diese Dinge heute überall zu bekommen sind und man sich jetzt und hier nicht von Unwiederbringlichem trennt.

So viel Zeit lassen wie möglich

Sollte aufgrund eines langfristig geplanten Umzugsdatums oder einer fristgerechten Kündigung kein Zeitdruck vorhanden sein, lassen Sie bitte auch keinen entstehen. Überfordern Sie Ihren Senior nicht mit Aussagen wie *In einer Woche muss die ganze Wohnung fertig aussortiert sein!*, denn mit diesem Tempo kommen ältere Menschen nicht mehr mit. Beginnen Sie mit einem bis maximal zwei Terminen pro Woche für das Aussortieren und Entsorgen; so hat Ihr Gegenüber ausreichend Zeit, sich nicht nur an die Zusammenarbeit mit Ihnen, sondern auch **an das „Verabschieden von Dingen" zu gewöhnen** und zwischendurch etwas Abstand zu gewinnen. Bleiben Sie bitte auch hier so geduldig, wie die Zeit es nur irgend zulässt.

Behutsam aussortieren

Das Aussortieren in der Küche bzw. bei den Lebensmittelvorräten ist für Senioren häufig mit Ängsten verbunden. Sie rollen jetzt schon mit den Augen, weil Sie dies bereits mehrfach ohne Erfolg versucht haben? Wir können das nachvollziehen. Wir bewegen uns bei diesem Thema auf oft hochsensiblem Terrain, darum sollten Sie mit besonders **viel Fingerspitzengefühl und Empathie** vorgehen. Das Horten von Lebensmitteln und das Aufbewahren jeglicher Art von Küchenartikeln hat ganz oft etwas mit dem (frühen) Verlust der Mutter oder der Eltern zu tun: Es kompensiert die Angst, nicht mehr „versorgt" und „genährt" zu werden, die Ursicherheit zu verlieren oder einen massiven Mangel an Liebe und Geborgenheit zu erleiden. Die Küche war früher meist der einzige Raum im Haus, in dem geheizt wurde und in dem sich die ganze Familie dauerhaft aufhielt, wo gearbeitet, gekocht, gegessen, gebadet wurde. Daher bezieht sich die Sammelwut in vielen Fällen erst einmal auf die Küche und auf Lebensmittel. Alte Gummiringe oder leere Gläser können für Ihren Senior für **Verlustangst** stehen. Gehen Sie daher behutsam vor und versuchen Sie, dies zu verstehen. Sie müssen nicht zwanghaft alle alten Gläser entsorgen; reduzieren Sie anfangs nur ein wenig (die Hälfte zu entsorgen wird oft akzeptiert) und nähern Sie sich dem Ziel etappenweise.

Mit Krankheiten umgehen

Ein wichtiges Thema sind altersbedingte Vergesslichkeit und Erkrankungen wie Alzheimer und Demenz. Alle „Eigenheiten" Ihres Seniors, mit denen Sie sich eventuell auseinandersetzen müssen, können sich im Rahmen der genannten Krankheitsbilder zu Symptomen ausweiten, die Sie **mit einem Arzt besprechen** sollten. Dazu können zwanghaftes Horten, Persönlichkeitsveränderungen, Angst und Panik, mangelnde Einsicht, nicht mehr vorhandenes Urteilsvermögen, Depressionen, Starrsinn und natürlich starke Vergesslichkeit gehören. Der Umgang mit dem Patienten hängt sehr stark vom Fortschritt der Erkrankung und den individuellen Symptomen ab; wir empfehlen daher, ärztliche Hilfe in Anspruch zu nehmen, sich kompetent beraten zu lassen und sich umfassend über die Erkrankung zu informieren. Wir möchten außerdem zu bedenken geben, dass es unter Umständen mit einem Verlust des Gedächtnisses einhergeht (den die Betroffenen durchaus bemerken), dass es ihnen immer schwerer fällt, sich von Dingen zu trennen: Der Betroffene hat das Gefühl, seine Vergesslichkeit mit jedem entsorgten Gegenstand zu fördern, weil nur dieser Gegenstand selbst ihn an damit verbundene Ereignisse und Gefühle erinnern kann.

KAPITEL 6

SO BLEIBT'S DAUERHAFT ORDENTLICH!

IHRE ORDNUNGSHELFER

Die reinste Form des Wahnsinns ist es, alles beim Alten zu belassen und zu hoffen, dass sich etwas ändert.

- Albert Einstein -

Ihr Zuhause ist jetzt aufgeräumt, der unnötige Krempel aussortiert, alles Wichtige und Schöne hat einen eigenen Platz erhalten, alles Unwichtige und Unschöne ist verschwunden. Ein großartiges Ergebnis und wir hoffen, Sie sind stolz auf sich! Wir sind es und gratulieren zu diesem gelungenen Projekt! Ruhen Sie sich ein Weilchen darauf aus – denn es gibt natürlich ein Aber: Die größte Aufräumaktion nutzt nichts, wenn man anschließend genau so weitermacht wie bisher.

> Wir hoffen, Sie sind stolz auf sich! Wir sind es und gratulieren zu diesem gelungenen Projekt! Ruhen Sie sich ein Weilchen darauf aus – denn es gibt natürlich ein Aber.

Einmal alles komplett aufzuräumen und auszumisten, ist die Basis jeder Ordnung und die Grundvoraussetzung für ein aufgeräumtes Zuhause. Auf Krempel kann man keine ordentliche Struktur aufbauen, das leuchtet uns allen ein. Eine aufgeräumte Wohnung ist jedoch **ein Marathon, keine Kurzstrecke**. Wir möchten Ihnen daher jetzt noch ein paar Helfer vorstellen, die Ihnen beim Aufräumen, Aussortieren und Ordnunghalten behilflich sein können.

Helfer 1: Individualisierung

> **Tun Sie, was Sie für richtig halten. Es wird immer jemanden geben, der anders denkt.**
> - Michelle Obama -

Dieses Thema, das eine individuelle Ordnung meint, finden wir besonders wichtig, beinhaltet es doch nicht nur, dass Sie Ihr Heim nach Ihren eigenen Vorstellungen und Ihrem Geschmack gestalten sollen. Es geht auch darum, dass **Ihre individuellen Bedürfnisse berücksichtigt werden müssen**. Sicher sind die meisten Tipps, Tricks und Erfahrungswerte auch für die meisten Menschen gültig. Dennoch sollte Ordnung in bestimmten Bereichen sehr individuell zugeschnitten werden: Je nach Beruf, Interessen und Aufgaben müssen unter Umständen andere Ordnungsmöglichkeiten geschaffen werden. Sich an eine bewährte Ordnung anzulehnen, ist mit Sicherheit eine gute Idee, sich ihr zwanghaft unterzuordnen aber nicht. Wenn Ihre Nachbarin oder Ihre Schwester mit sechs Ordnern alle ihre Papiere und Unterlagen sehr gut verwalten kann, ist das nicht automatisch auch bei Ihnen so. Vielleicht benötigen Sie zusätzliche Ordner für „Basteln mit Kindern" oder „Reisen" oder „Ideensammlungen", weil diese Themen in Ihrem Leben und Ihrem Alltag eine Rolle spielen. Lehrer und Pädagogen benötigen oft recht viel Material, um ihren Unterricht vorzubereiten, also brauchen sie – im Gegensatz zu anderen Berufsgruppen – ein zusätzliches Ordnungssystem für Arbeitsmaterialien.

Auch ganz praktische Probleme bedürfen oft einer individuellen Lösung. Wenn Ihre Küchenoberschränke so hoch hängen, das Sie jedes Mal einen Hocker holen müssen, um einen Teller benutzen zu können, ist es für Sie sinnvoller, Ihr Alltagsgeschirr in den unteren Schränken aufzubewahren – ganz gleich, ob Ihre Schwiegermutter oder Ihre Freunde alle Tassen und Teller ausschließlich oben einräumen. Wo auch immer der Grund für ein Bedürfnis nach Individualisierung in Sachen Ordnung in Ihrem Leben liegt: **Nehmen Sie sich und Ihre Bedürfnisse ernst!** Lassen Sie sich nicht beeinflussen von dem, was andere für nötig oder richtig halten. Ordnung soll Ihnen Ihr Leben und Ihr Umfeld so angenehm und übersichtlich wie möglich gestalten und sich in ihrer Ausrichtung und Ausführung an Ihnen orientieren. Ordnung dient nicht dazu, Sie zu „knebeln"!

Helfer 2: Routinen

Zur Hölle mit Umständen, ich erschaffe Möglichkeiten.

- Bruce Lee -

In den Wunschvorstellungen der meisten ordnungssuchenden Menschen ist das Aufräumen zu einer locker-leicht von der Hand gehenden Routine geworden. Die Arbeit ist weder anstrengend noch nervig, sondern ein fester Bestandteil des Alltags und lässt einen zufrieden und entspannt in den Feierabend gleiten. **Die Routine ist einfach da und Sie genießen sie.** Wohnung, Arbeitsplatz oder Garten sind ohne viel Aufwand zu Orten geworden, an denen man sich gerne aufhält, die man stolz Gästen zeigt und die kein Potenzial für Druck oder ein schlechtes Gewissen haben. In Ihren Wunschvorstellungen haben Sie einfach alles routiniert im Griff. Dieser Wunsch kann wahr werden!

Wir sind täglich einer Vielzahl von Reizen und Einflüssen ausgesetzt, unser Gehirn wird also ständig gefordert. Es muss Neues verarbeiten, Zukünftiges planen, Aktuelles ausführen und bereits Erledigtes überprüfen. Um diese umfangreiche Arbeit leisten zu können und unser Gehirn zu entlasten, suchen wir permanent nach Möglichkeiten, Prozesse abzukürzen, Hilfsmittel einzusetzen und anstehende Aufgaben so einfach wie möglich zu bewältigen. Dabei ist es besonders bequem, auf bereits bekannte und **vertraute Verhaltensmuster und Automatismen** zurückzugreifen. Wenn Sie gestresst und abgekämpft von der Arbeit nach Hause kommen, nehmen Sie die Post aus dem Briefkasten, und bevor

Sie sich fragen müssen, was denn jetzt mit jedem einzelnen Papier geschehen soll, wird der ganze Haufen einfach auf den bereits vorhandenen Stapel auf der Küchenablage geworfen. Das hat sich für Sie bewährt: Sie müssen weder eine Entscheidung zu den jeweiligen Schriftstücken treffen noch weitere Schritte einleiten. Sie brauchen die Briefe noch nicht einmal zu öffnen! Dass genau dieser Stapel Sie schon seit Wochen daran „erinnert", verschiedene Rechnungen bezahlen und die gesamte Ablage bearbeiten zu müssen, ist erstmal nicht von Bedeutung. Ihre Kraft hat eben nur für die Ihnen bereits vertraute Routine gereicht.

Genau hier zeigt sich deutlich der Unterschied zwischen einer schlechten Angewohnheit, die zur Belastung wird, und **einer guten, gesunden Routine, die Sie dauerhaft unterstützt** und zu Ihrer Entspannung beiträgt. Dabei beruhen beide Verhaltensmuster auf den gleichen Vorgängen und Abläufen im Gehirn. Die Routine beschreibt eine durch ausgiebige Erfahrungen erworbene Fähigkeit, die man schnell und sicher ausführen kann, ohne lange überlegen zu müssen. Gerade weil sie zur Gewohnheit geworden ist, läuft eine Routine meist automatisch ab und erfordert kein großes Engagement. Manche Menschen scheuen das Wort „Routine" und deren Ausführung, weil sie sich in monotone Aufgaben oder enge Strukturen hineingezwängt und so ausgeliefert fühlen. So kann man empfinden – muss man aber nicht. Tägliche Routinen können zu einer komfortablen Aufgabe werden, wenn man den damit verbundenen Automatismus und die „konzentrationslose" Zeit für sich nutzt. Wenn Ihre Routinen automatisch ablaufen, müssen Sie nicht mehr großartig darüber nachdenken und auch nicht hochkonzentriert sein. Lassen Sie Ihren Gedanken freien Lauf, genießen Sie die Musik, die Sie sich zum Arbeiten ausgesucht haben, und schauen Sie, was aus Ihrem Inneren entspringt. Wann haben wir schon mal die Möglichkeit, gedanklich alles fallen und frei laufen zu lassen?!

Die effizienteste Methode, sinnvolle und gesunde Routinen einzuführen und diese fest im Alltag zu verankern, beruht auf der **Berücksichtigung der Hinderungsgründe**. Stellen Sie sich in Ihrer Fantasie eine komplett aufgeräumte, schön dekorierte und saubere Wohnung vor oder ordentlich eingeräumte Papiere in Aktenordnern. Malen Sie sich in allen Farben und Einzelheiten aus, wie Ihre Regale, Ihre Schränke oder die noch nicht aufgehängten Gardinen und Bilder Ihre Wohnung zu dem Wohlfühlort machen, den Sie sich schon immer gewünscht haben. Träumen Sie von Drei-Gänge-Menüs mit Freunden oder der Familie in der gemütlichen Essecke oder stellen Sie sich vor, ein Nachbar fragt nach einem bestimmten Werkzeug oder Ihr Steuerberater nach der letzten Beitragsrechnung Ihrer Versicherung, und Sie haben beides sofort griffbereit… Schwelgen Sie ausgiebig in dieser wundervollen Welt – und machen Sie sich dann an die Erstellung einer Liste aller Gründe, **die die Verwirklichung dieser Welt verhindern**. Überlegen Sie genau, warum Ihre Realität momentan noch so anders aussieht, und machen Sie sich klar, dass Sie nicht in dieser Traumwelt leben können. Versuchen Sie, so konkret wie möglich zu benennen, welche Umstände und Ursachen dafür sorgen, dass Sie auch weiterhin mit Unordnung und Unzufriedenheit leben müssen. Es wird Ihnen jetzt, nach dieser detaillierten Visualisierung, besonders schwerfallen, so weiterzumachen wie bisher. Sie werden Ihr Leben verändern wollen und sich selbst gegenüber keine ernsthaften Gründe für ein Aufschieben mehr zulassen.

Um beim eingangs erwähnten Beispiel zu bleiben: Die Post direkt nach dem Öffnen des Briefkastens kurz vorzusortieren, die Werbung und die Umschläge sofort ins Altpapier zu geben und die verbleibende Korrespondenz nach den Kategorien „Ablage" oder „Bezahlen" zu trennen, lässt den belastenden Stapel in der Küche gar nicht erst entstehen. Somit übt auch nichts mehr unterschwellig Druck auf Sie aus. Die weiterführende Bearbeitung der Unterlagen dauert jetzt nur noch Minuten und muss auch nur einmal pro Woche erledigt werden. Was genau hält Sie also davon ab, zukünftig diese Routine einzuführen anstatt bei der „Ich-werf-das-erstmal-in-die-Ecke"-Methode zu bleiben? Was bisher vermeintlich beim Umgang mit der täglichen Post geholfen hat, muss überwunden und neu konstruiert werden, um eine **andere Vorgehensweise zu etablieren**. Mit dem ersten Schritt schaffen Sie die Grundlage für die dauerhafte Einrichtung einer gesunden Routine. Bei der Einführung einer neuen Arbeitsweise sollten Sie bedacht und ruhig vorgehen und Geduld mit sich selbst haben. Definieren Sie Ihr neues Ziel genau, legen Sie jeden Arbeitsschritt gedanklich (und wenn notwendig auch schriftlich) fest. Wir wollen an dieser Stelle nicht verschweigen, dass das große Mühe kostet, anstrengend und stellenweise auch nervtötend sein kann und nicht immer von heute auf morgen funktioniert. Unter Stress ist es besonders schwierig, nicht in alte Verhaltensmus-

ter zurückzufallen. Wenn Sie sich jedoch von Rückschlägen nicht entmutigen lassen und konsequent am Ball bleiben, wird es sich lohnen.

Aus der Praxis

Die üblichen Stationen zur Festigung einer Routine:

- anfangen
- wieder genauso wie vorher machen
- Pause machen
- nochmal anfangen
- wieder genauso wie vorher machen
- über sich selber lachen
- wieder versuchen
- richtig machen
- sich freuen und stolz sein
- geschafft ☺!

Nutzen Sie jeden noch so „schmutzigen" Trick, um Ihren schlechten Angewohnheiten und damit den Ursachen für Unordnung und Chaos ein Bein zu stellen. Sollten Sie zum Beispiel dazu neigen, immer weiter Einkaufstüten und -taschen in allen Ecken und Winkeln Ihrer Wohnung zu horten, beschränken Sie sich selbst, indem Sie alle Räume außer der Küche zur absoluten Taschen-Tabuzone erklären. Auch **Schilder und Post-its**, die Sie in der Übergangszeit anbringen, können Sie immer wieder daran erinnern, dass sich die Dinge ändern müssen. Der ständige Hinweis auf ein Problem wird Sie unterbewusst dazu bringen, ein anderes Verhalten zu etablieren. Natürlich kann es ein wenig albern erscheinen, in der Abstellkammer ein Schild mit der Aufschrift „Tüten immer zurück ins Auto" aufzuhängen, aber der Erfolg wird diese Maßnahmen rechtfertigen. Die Befreiung aus Druck und Unwohlsein und die Entlastung von allgemeinen Alltagsaufgaben hal-

ten endlich Einzug in Ihr Leben, wenn es Ihnen gelingt, Aufräum- und Arbeitsroutinen dauerhaft in Ihren Tag zu integrieren. Jetzt sind Sie am ersehnten Punkt angekommen, der den Umgang mit Aufräumen und Ordnung unbeschwert und leicht werden lässt. Wenn Sie Schwierigkeiten mit einer bestimmten Routine haben, ist diese Aufgabe vielleicht noch zu groß. **Fangen Sie klein an** oder splitten Sie die Aufgabe in mehrere kleine. Geben Sie einer neuen Angewohnheit die Chance, sich zu festigen, und beginnen Sie erst dann mit der nächsten. Hadern Sie nicht, wenn Ihnen das alles nicht schnell genug geht, sondern haben Sie Geduld mit sich: Jahrelang antrainierte Gewohnheiten lassen sich nicht innerhalb einer Woche ändern. Doch wenn Sie stetig dabei bleiben, wird sich die Arbeit auszahlen: Die Routine wird dann zu einem lebenslangen Freund, der Sie nicht überfordert und Ihnen bei allen Aufgaben des täglichen Lebens hilft!

Aus der Praxis

Hilfreiche Routinen können sein:

- jeden Morgen das Bettzeug lüften und hinterher das Bett machen
- Zahnpasta, Haarbürste, Deo und Rasierer nach Gebrauch sofort wegräumen
- nach dem Duschen alle Handtücher wieder aufhängen
- schmutziges Geschirr grundsätzlich sofort in die Spülmaschine räumen
- beim Nachhausekommen immer zuerst den Briefkasten leeren
- Post an ihren richtigen Aufbewahrungsort bringen und auf dem Weg dahin öffnen, die Umschläge sofort entsorgen
- die Jacke immer an die Garderobe hängen
- jeden Tag 10 bis 20 Minuten aufräumen

Wiederholungen einplanen

Natürlich können Sie mit einer einzigen großen Aufräumaktion bemerkenswerte Erfolge feiern. Sie können sich endlich zurücklehnen und müssen eine ganze Weile nicht mehr mit dem negativen Gefühl des Versäumens und dem ständigen Hinweis auf das noch zu Erledigende leben. Doch auch wenn Sie wirklich viel geschafft haben – Sie werden es irgendwann wiederholen müssen. **Ordnung ist ein beweglicher Prozess, kein starrer Zustand**. Ihre Alltagsroutinen werden Ihnen dabei helfen, das ganz große Chaos nicht mehr entstehen zu lassen. Aber Sie werden den Vorgang des Aufräumens dennoch immer wieder wiederholen müssen. Damit nicht wieder ein Mammut-Projekt daraus wird, versuchen Sie, das Aufräumen und Aussortieren schon bei Ihrer jährlichen Planung zu berücksichtigen. Schon früher war das Problem des schleichenden Ansammelns bekannt, die Menschen reagierten mit Frühjahrsputz, saisonalem Wechsel (inkl. „Einmotten") von Kleidung und großen Vorbereitungen auf das Weihnachtsfest und den Jahreswechsel (inkl. Aussortieren und die Wohnung „winterfest" machen). Diese Aktionen waren fest im Alltagsleben verankert, wiederholten sich jedes Jahr und sorgten dafür, dass immer wieder alles aufgeräumt wurde.

Begegnen Sie Ihrer Wohnung mit Achtsamkeit und schauen Sie nicht weg, wenn sich mal wieder eine „wilde" Ecke gebildet hat oder der Kleiderhaufen im Schlafzimmer in kürzester Zeit doch größer geworden ist als gedacht. Packen Sie es an! Wenn Sie **aufmerksam** bleiben, kann es nicht so schlimm werden, wie es vielleicht einmal war.

Helfer 3: To-do-Listen

Unserer Erfahrung nach polarisiert rund um das Thema „Ordnung" nichts mehr als die To-do-Liste: Für die einen ist sie eine große Unterstützung, für die anderen eine drohende Belastung. Wir finden, dass eine To-do-Liste immer eine gute Sache ist und dass der Umgang mit ihr der entscheidende Faktor für das persönliche Verhältnis zu ihr ist. Daher möchten wir zunächst festhalten: Die To-do-Liste soll **auf keinen Fall Druck ausüben!** Dies ist jedoch genau das Gefühl, das manche Menschen mit dieser Aufstellung verbinden: Einmal aufgeschrieben, muss dieses oder jenes getan werden – unerbittlich und ohne Ausnahme. Von solchen Gedanken sollten Sie sich jetzt schnell verabschieden – alles ist möglich ☺! Die To-do-Liste hilft, den Überblick über die Projekte zu bewahren, ohne ständig darüber nachdenken zu müssen, und Sie sehen sofort, was wichtig oder unwichtig oder im Moment sogar verschiebbar ist. Und je freier Ihr Kopf – weil Sie die Aufgaben niedergeschrieben haben –, umso **mehr Kapazitäten** haben Sie **für kreatives Denken** und **das Entwickeln effektiver Lösungen**. Die To-do-Liste erweitert also sozusagen Ihr Gehirn!

Es gibt verschiedene Möglichkeiten für die Erstellung und Nutzung einer To-do-Liste. Wichtig ist immer nur, dass Sie die Liste möglichst genau **Ihren persönlichen Bedürfnissen und Wünschen anpassen**: als eine Aufstellung für alle Aufgaben, egal aus welchem Bereich? Oder lieber nach Themen wie Wohnung, Beruf, Kinder etc.? Sie möchten es möglichst kleinteilig, um das gute Gefühl des Abhakens so oft wie möglich zu erleben? Sie schreiben lieber nur die wesentlichen Aufgaben auf, um die Tabelle so übersichtlich wie möglich zu halten? Alles ist

gut! Niemand außer Ihnen muss mit der To-do-Liste zurechtkommen – es sei denn, Sie legen eine Familienliste an. Legen Sie die Liste dort aus, wo Sie sie täglich sehen und gut mit ihr arbeiten können. Ihr Tag beginnt mit einer Tasse Kaffee am Küchentisch? Dann sollte Ihre Liste dort liegen. Sie bearbeiten abends zuerst Ihre E-Mails? Dann empfiehlt sich vielleicht eine Liste im Computer. Der gewählte Platz sollte auf jeden Fall Ihre Gewohnheiten berücksichtigen, damit die Liste beachtet, bearbeitet und immer wieder aktualisiert wird.

In diesem Zusammenhang gibt es übrigens eine kleine Stolperfalle, in die uns der innere Schweinehund gerne tappen lässt: Wenn Sie mehr Zeit zum Führen von Listen verwenden anstatt die jeweiligen Aufgaben zu erledigen, läuft etwas falsch. Ihre Liste muss kein Kunstwerk werden und schon gar keine unsinnige Aufstellung von Tätigkeiten wie „Wäsche aus der Maschine nehmen", „Wäsche aufhängen". Ihre Liste soll Sie effektiv dabei unterstützen, Ihren Alltag zu bewältigen und nicht mehr alle Kleinigkeiten zu vergessen. Und unbedingt sollten auf einer To-do-Liste auch Dinge stehen, die Sie gerne machen und die Ihnen Freude bereiten! Mit einer guten Planung ist dafür auch sicher (wieder) regelmäßig Raum im Alltag. Bei wirklich großen Projekten wie „Die gesamte Wohnung aufräumen" sollten Sie Ihre **Liste unterteilen**, am besten nach Räumen (wie in diesem Buch). Eine Gesamtliste dafür würde den Rahmen sprengen und Sie würden vor lauter To-dos keinen Erfolg mehr sehen. Das ist nicht Sinn und Zweck! Teilen Sie also stets große Projekte in kleinere auf und schreiben Sie einzelne Listen.

Helfer 4: Organizer

Wir werden sehr oft gefragt, wie man den ganzen Zettelkram bewältigen oder verwalten kann, den man im Laufe eines Tages, einer Woche oder eines Monats produziert: wichtige Informationen, Telefonnummern, Ideen, Büchertipps – all das wird auf kleinen Zetteln notiert, eingesteckt und nie mehr wiedergefunden (oder höchstens irgendwann im Flusensieb der Waschmaschine …). Das ist natürlich nicht Sinn der Sache. Hinzu kommen Visitenkarten, Bonuskarten, Mitgliedsausweise etc., die „herumfliegen" oder in irgendeine Schublade gesteckt werden, in der man sie einfach nicht mehr wiederfindet. Und wer von uns kennt das nicht: das schöne Geburtstagsgeschenk in Form eines Gutscheins erst nach Jahren – und grundsätzlich *erst* nach dem Ablaufdatum – wiederzufinden?!

Es spricht nichts dagegen, sich Dinge schnell auf einem Zettel zu notieren, vor allem unterwegs haben wir oft nichts anderes zur Hand. Doch bei Verlust nutzt auch die interessanteste und wichtigste Notiz nichts mehr. Wir empfehlen daher – neben dem Mobiltelefon, in das man ebenfalls Termine oder Notizen eintragen kann –, möglichst immer einen Organizer oder einen ausführlichen Kalender zur Hand zu haben. Dieses Buch kann eine fabelhafte Ergänzung zu Ihrer To-do-Liste sein, denn hier können Sie tägliche Aufgaben oder auch Planungen im Voraus eintragen. Ein Wochenüberblick pro Doppelseite erscheint uns sehr sinnvoll, so haben Sie stets die komplette Woche im Auge. Aber wichtig ist auch hier wieder, dass Sie sich ein System aussuchen, das zu Ihren Bedürfnissen und Ihren neuen Gewohnheiten passt. Beachten Sie bezüglich der Größe auch, **wie und wo Sie Ihren Assistenten aufbewahren wollen**: In der Jackentasche? In der Handtasche? Vorwiegend zu Hause? Im Büro? Ein komfortabler Begleiter besteht unserer Ansicht nach aus einem aktuellen Kalender in Kombination mit einem Notizbuch, das nach Bedarf gestaltet werden kann. Neben der Kalenderfunktion sollte es Unterteilungen geben, zum Beispiel „Notizen", „Projekte", „Informationen", „Adressen" etc., ebenso sind Klarsichthüllen für Visitenkarten und Mitgliedsausweise hilfreich. Zusätzliche Fächer, einheftbare Folien mit Reißverschluss, ein kleiner Block und ein (funktionierender) Stift sind zudem ideal. Je besser Ihr Assistent auf Sie zugeschnitten ist, umso mehr werden Sie ihn nutzen. Fangen Sie klein an, erwerben Sie nicht direkt einen Kalender mit allem Drum und Dran für über 100 Euro. **Sie sollten sich nicht „überorganisieren"**, denn das lässt uns unser eigentliches Ziel aus den Augen verlieren. Es gilt das Prinzip „Keep it super simple" – halten Sie es ganz einfach! Und sollte Ihnen jetzt Ihr Handy einmal abhandenkommen oder gar kaputt gehen, können Sie trotzdem jederzeit auf Ihre Termine, Telefonnummern, PINs, Adressen etc. zurückgreifen, denn sie sind in Ihrem Organizer festgehalten.

Aus der Praxis

Suchen Sie in der Handtasche, dem Arbeitszimmer und im ganzen Haus alle Zettel, Visitenkarten und Notizen zusammen, unterscheiden Sie zwischen wichtig und unwichtig und übertragen Sie alles in Ihren Organizer. Verfahren Sie künftig mit Ihren Notizen, Telefonnummern und ähnlichem sofort so. Eintragungen und Papierkram, für die Sie Ihren neuen Begleiter nutzen sollten:

Ins Kalendarium:
• Geburtstage
• allgemeine Termine
• wichtige Ereignisse
• Verabredungen
• Urlaubsplanung
• Deadlines, z. B. für Zahlungen, Abgabe von Unterlagen etc.
• Ihre geplanten Aufräumzeiten!

Unter „Notizen":
• Notizen ☺
• Notizen von gesammelten Zetteln, die Sie regelmäßig (z. B. einmal wöchentlich) hierher übertragen – wenn sie wichtig sind. Das entscheiden Sie beim Übertragen

Unter „Adressen":
• allgemeine Adressen
• Adressen von Handwerkern und Ärzten
• Telefonnummern
• E-Mail-Adressen

Unter „Projekte":
• langfristige Ideen
• langfristige Planungen und Projekte
• langfristige Auf- und Umräumarbeiten

In die offenen Klarsichthüllen:
• wichtige, oft genutzte Visitenkarten
• Bonuskarten (wenn Sie Ihren Organizer immer dabei haben; ansonsten gehören diese in Ihr Portemonnaie)
• Mitgliedsausweise

In die Klarsichthüllen mit Reißverschluss:
• Gutscheine
• Rezepte vom Arzt, die in der Apotheke abgeholt werden müssen
• Abholzettel für Reinigung/Schneiderei
• großformatige Bonuskarten (wenn Sie Ihren Organizer immer dabei haben; ansonsten gehören diese in Ihr Portemonnaie)

In zusätzliche Fächer:
• Impf- und Allergieausweis
• Blutspendeausweis
• Bonusheft Zahnarzt
• Fotos und kleine Erinnerungen

In Mehrpersonenhaushalten ist es sinnvoll, zusätzlich einen **Familienkalender** zu führen, der für alle zugänglich sein und alle Termine und Ereignisse beinhalten sollte, die alle einzuhalten haben. Auch tägliche oder wöchentliche Aufgaben gehören in diesen Kalender. Eine Unterteilung zwischen den einzelnen Familienmitgliedern ist sinnvoll, um auch individuelle Termine, zum Beispiel Hausaufgaben, Einladungen, Übernachtungsbesuche etc. eintragen zu können. Halten Sie alle an, ihre Termine dort selbst zu notieren, und besprechen Sie die Aktivitäten regelmäßig, um Überschneidungen oder vergessenen Hausarbeiten entgegenzuwirken.

Helfer 5: Stauraum

Platz ist in der kleinsten Hütte – er muss nur effektiv genutzt werden! Fehlt Stauraum in einer Wohnung, können Sie nur von A nach B und von B wieder nach A räumen, und das ist wenig sinnvoll. Schaffen Sie sich daher Stauraum, den Sie zweckmäßig nutzen können und der genau an Ihre Bedürfnisse angepasst ist. Bedenken Sie: Je mehr Utensilien auf Arbeitsplatten, auf Tischen oder in Regalen stehen, umso mehr müssen Sie anfassen, hin- und herräumen, abstauben, reinigen, wieder hinstellen. **Freiflächen sind wertvoll**, gehen Sie entsprechend mit ihnen um. Jedoch: Bevor Sie sich auf den Weg machen, zusätzliche Möbel zu kaufen oder gar Einbauten zu planen, sollten Sie unbedingt zuerst aufräumen, aussortieren und entrümpeln! Nur dann wissen Sie genau, was Sie noch verstauen müssen und wie viel Stauraum Sie wirklich benötigen!

Stauraum bedeutet nicht automatisch, wuchtige Schränke und Regale aufzubauen, manche Wohnungen oder Räume sind dafür auch gar nicht geschaffen. Stauraum bedeutet vielmehr, das größtmögliche Fassungsvermögen für Materialien herzustellen und vor allem, diesen zusätzlichen Platz sinnvoll zu nutzen: Wenn Stauraum ausartet und unübersichtlich wird, fangen Sie mit dem Ausmisten und Aussortieren wieder von vorne an. Behalten Sie daher auch hier immer den Überblick, schreiben Sie sich Listen, zum Beispiel von Ihren Vorräten. Und verstauen Sie alles so, dass Sie problemlos wieder herankommen, denn Verstauen bedeutet nicht Horten. Gute Beispiele für **effektiv genutzten Stauraum** sind Einbauküchen und begehbare Kleiderschränke, die gut geplant sind, dadurch jeden Zentimeter des Raumes nutzen und den größtmöglichen Platz für Kleidung und Hausrat schaffen. Sie müssen kein Fan von Einbauküchen „von der Stange" oder von begehbaren Kleiderschränken sein, aber lassen Sie sich von der Aufteilung und Raumnutzung solcher Beispiele inspirieren. Nutzen Sie auch kleine Ecken und **finden Sie unkonventionelle Lösungen**. Eine unkonventionelle Lösung war einst der Apothekerschrank, der heute in nahezu jeder Einbauküche zu finden ist. Sogar der engste Platz wird sinnvoll genutzt – besser geht es nicht!

Gehen Sie mit offenen Augen durch Ihr Zuhause. Wo wäre Stauraum sinnvoll und entlastend? Haben Sie große Schränke, aber der Innenraum ist nicht optimal genutzt? Haben Sie Regale, aber es fehlen zusätzliche Böden? Hier lässt sich schnell und unkompliziert zusätzlicher Platz schaffen. Lassen Sie sich im Baumarkt Bretter für den Innenraum des Schranks zuschneiden oder kaufen Sie zusätzliche Regalböden nach, diese gibt es zu nahezu jedem System und können leicht integriert werden. Hüten Sie sich jedoch davor, Ihre Wohnung mit großen, massiven und zu vielen Schränken, Regalen oder Sideboards zu überladen! Wohnlichkeit und Wohlbehagen haben unbedingt Vorrang, und mit zu viel Mobiliar fühlt man sich schnell wie in einem Möbellager. Überlegen Sie, ob Sie das eine oder andere Kleinmöbel (übrigens oft nur Staubfänger) gegen ein größeres Möbelstück austauschen können: Hohe Wände laden zu hohen Regalen ein, Platz in der Breite bietet Stellfläche für ein Sideboard. Nutzen Sie auch den Platz **hinter Türen und in Nischen**. In jeder Wohnung gibt es Möglichkeiten, man muss sie nur finden. Nehmen Sie sich doch jetzt gleich zehn Minuten für einen Rundgang durch Ihre Wohnung, es lohnt sich bestimmt!

Beispiel aus der Praxis

Wir besuchten vor einiger Zeit einen Kunden, der ein großes Problem mit seinem privaten Arbeitsplatz hatte. Der ganze Schreibtisch lag voller Papiere und Unterlagen, Ablagekörbe waren „verschüttet" und konnten nicht mehr genutzt werden, Ordner stapelten sich, und selbst für ein kleines Laptop war definitiv kein Eckchen Platz mehr vorhanden. Das erste, was uns auffiel, war fehlender Stauraum. Es gab überhaupt keine Möglichkeit, die gestapelten Ordner oder die Ablagekörbe unterzubringen, doch dies war unserem Kunden nicht bewusst. Dabei gab es im Raum ausreichend Platz für ein Sideboard bzw. einen Aktenschrank! Wir müssen nicht extra erwähnen, dass alleine die Anschaffung eines solchen Möbelstücks die Ordnungsproblematik gelöst hat. Alle Aktenordner wurden sortiert in den neuen Schrank gestellt, die bereits gut durchdachten Ablagekörbe platzierte er obendrauf, und schon war der Schreibtisch frei für Laptop, ein inspirierendes Dekoelement und zukünftige Projekte!

Aber nicht nur Möbel schaffen Stauraum. Kisten, Boxen, Körbe und Kartons können beim Ordnen und Aufbewahren im Umgang mit kleinteiligen Dingen sehr nützlich sein. Oft lassen sie einen Raum oder ein Regal ruhiger wirken, was wiederum dazu führt, dass sich auch Ihre Augen beruhigen. Das wiederum führt dazu, dass Sie besser und schneller **zur Ruhe kommen**. Zum Beispiel wirken im Wohnzimmer offen stehende DVDs oder CDs schnell zu bunt, zu „viel" und zu unruhig. Lagern Sie diese einfach in einer schönen Box oder einer schönen Kiste und schon sieht alles gleich ganz anders aus. Im Bad beherbergen sie Kosmetik, Bürsten, Kämme, in der Küche Gewürze, Servietten oder einzelne Rezeptblätter, im Kinderzimmer Spielzeug und Stofftiere und im Arbeitszimmer zum Beispiel Büromaterial, Malsachen, Bastelutensilien, Mappen, Zeitschriften, Fotos, Druckerpapier oder ähnliches. Auch alte Wein- oder Obstkisten können in dieser Funktion genutzt werden und dabei auch noch sehr dekorativ sein. In „nicht-öffentlichen" Bereichen (Keller, Speicher, Garage) und in geschlossenen Schränken raten wir zu durchsichtigen Kisten (erhältlich in allen erdenklichen Größen und Ausführungen), um ohne großes Kramen und Umräumen sofort zu erkennen, was hier aufbewahrt wird – das spart viel Zeit und Anstrengung.

Weiteren nützlichen Stauraum bieten feste Einbauten. Von den 1940er- bis zu den 1970er-Jahren noch sehr populär (zuletzt waren vor allem die Klappbetten beliebt, die sich nach Gebrauch in den Schrank einklappen ließen), sind solche Elemente leider lange Zeit aus der Mode gekommen. Seit einigen Jahren hat man ihre Nützlichkeit, Effektivität und schlichte Schönheit aber wiederentdeckt und begehbare Kleiderschränke, Einbauküchen oder fest gemauerte Regale bereichern unsere Wohnräume wieder. Winken Sie bei diesem Thema bitte nicht direkt ab, nur weil Sie kein Eigenheim besitzen: Auch in einer Mietwohnung und mit kleinem Budget kann man schöne Einbauten herstellen und so mehr Platz aus seinem Wohnraum herausholen. Zwischen Wand und Kleiderschrank sind noch 40 cm Platz, den Sie gut gebrauchen könnten, aber Sie finden keinen passenden Schrank? Messen Sie sie ganz genau aus, lassen Sie sich im Baumarkt passende Regalbretter zuschneiden und befestigen Sie diese etwa mit kleinen Holzleisten an Schrank und Wand – schon haben Sie ein festes Einbauregal etwa für Taschen, Hüte, Shirts und Pullover.

Helfer 6: Fristgerechtes Aufbewahren

Ein Blick in Ihr Arbeitszimmer bestätigt Ihren Vorsatz: Ordner quellen über, Ablagekörbe sind unter Papierstapeln begraben, die Schreibtischplatte ist nicht mehr zu sehen, aber … der Papierkorb ist leer. Ja! Es ist an der Zeit, sich dem Papierkram zu widmen. Dem oft vorherrschenden Impuls, einfach alles wegzuwerfen, dürfen Sie leider nicht nachgeben, denn Sie haben es hier mitunter mit sensiblen Daten und wichtigen Dokumenten zu tun. Daher ist das Thema „Aufbewahrungsfristen" **essentiell für den ordentlichen Umgang mit Schriftstücken**. Gesetzliche Aufbewahrungsfristen mögen für manche ein Ärgernis sein, doch können sie auch den Umgang mit dem Papierkram erleichtern, indem sie ein gewisses Maß an Sicherheit beim Aussortieren von Unterlagen bieten. Darüber hinaus dienen Aufbewahrungsfristen Ihrem eigenen Schutz, sei es zum Beispiel bei Unklarheiten seitens des Finanzamts bezüglich Ihrer Einkommensteuererklärung, oder bei der Beantragung eines neuen Personalausweises, bei der man mittlerweile häufig die Geburtsurkunde vorlegen muss. Generell sind folgende Aufbewahrungsfristen von Privatpersonen zu beachten (Stand 2017; die Angaben wurden von uns ausführlich recherchiert und mit größtmöglicher Sorgfalt zusammengestellt. Wir übernehmen jedoch keine Haftung oder Garantie für die Richtigkeit und Vollständigkeit dieser Informationen!):

unbegrenzt/ein Leben lang
- **jegliche offizielle Urkunden: Geburtsurkunden, Ausbildungsurkunden etc.**
- **Wehrdienstunterlagen**
- **Heirats- und Scheidungsunterlagen**
- **Taufschein**
- **Sozialversicherungsunterlagen**
- **Lebens- und Rentenversicherungspolicen**
- **Unterlagen zu Erbschaften und Schenkungen**
- **Sterbeurkunden von Familienangehörigen**
- **ärztliche Gutachten**
- **Abschlusszeugnisse**
- **Arbeitsverträge und Gehaltsabrechnungen (nur bis zur endgültigen Kontenklärung Ihrer Rente: Die aus Ihrem Arbeitsleben resultierenden Nachweise werden so lange benötigt, bis eine endgültige Entscheidung zum Rentenbezug und zur Rentenhöhe getroffen ist.)**

30 Jahre
- **Mahnbescheide**
- **Prozessakten**
- **Gerichtsurteile**

10 Jahre
- **Steuerbescheide**
- **alle eingereichten Belege rund um Ihre Einkommenssteuer**
- **evtl. alle steuerlich relevanten Unterlagen einer Selbstständigkeit oder freiberuflichen Tätigkeit**

6 Jahre
- **alle steuerrelevanten Buchungsbelege ab einem Jahreseinkommen von 500.000 Euro**

5 Jahre
- **Unterlagen zu Reklamationen und Mängeln an Ihrer Immobilie (so lange gilt die Gewährleistungsfrist für alle Leistungen bei der Planung und dem Bau eines Gebäudes)**

3 Jahre

- Unterlagen rund um das Mietverhältnis
- Nebenkostenabrechnungen (Zahlungen im Zusammenhang mit dem Mietverhältnis verjähren nach dieser Frist.)

2 Jahre

- Kaufverträge
- Kassenbons für Kleidung und Gebrauchsgegenstände
- Rechnungen
- Garantieunterlagen
- Rechnungen von Handwerkern und anderen Dienstleistern
- Rechnungen von Ärzten, Anwälten und Notaren

jeweils bis zu ihrer Aktualisierung

- allgemeine Verträge
- Kreditkartennummern
- Testamente
- Hausratversicherungen
- Kfz-Versicherungen

Helfer 7: Richtiges Recyceln und Entsorgen

Da uns der verantwortungsbewusste Umgang mit allen Ressourcen am Herzen liegt, Verschwendung im direkten Gegensatz zu unserer Überzeugung steht und die Entsorgung immer die letzte Möglichkeit sein sollte, möchten wir zu allererst folgende Frage stellen: Gibt es jemanden, dem Sie in absehbarer Zeit mit Dingen, die Sie nicht mehr gebrauchen können, noch eine Freude machen können? Wenn nicht, dann sind Recyceln und Entsorgen Ihre Lösung! Um dies korrekt und unkompliziert über die Bühne zu bekommen, ist es unerlässlich, die aktuellen Bestimmungen Ihrer Stadt oder Gemeinde zu berücksichtigen, die im jährlich neu erscheinenden **Wertstoff- bzw. Abfallkalender** veröffentlicht werden oder auch im Internet zu finden sind. Darüber hinaus sind die häufigsten Abfallsorten und Materialgruppen inkl. einer Kurzbeschreibung auf dem Deckel Ihrer Hausmülltonne aufgeführt. Generell gilt: In Deutschland wird der Abfall getrennt.

Um Ihren Abfall von vornherein zu minimieren, lassen Sie Verpackungen beim Einkaufen einfach im Supermarkt. Das funktioniert natürlich nicht bei allen Lebensmitteln, aber bei vielen, zum Beispiel bei Pappschachteln von Keksen, Flaschenkartons, Plastikverpackungen von nochmal eingeschweißten Dingen etc. Ein Material, das Sie möglichst gar nicht zu Hause haben sollten, ist Aluminiumfolie. Trotz sehr schlechter Klimabilanz – ihre Herstellung ist mit vielen chemischen Prozessen verbunden – und bekannter Risiken für die Gesundheit wird diese Folie trotzdem weiter hergestellt und benutzt. Die im Hausmüll entsorgte Folie kann nicht recycelt werden, und die Halbwertszeit des Produkts liegt in utopischen Höhen. **Verzichten Sie daher möglichst auf Alufolie** und nutzen Sie stattdessen etwa Frischhaltefolie, Vorratsdosen, Käseglocken oder auch das gute alte Butterbrotpapier. Wenn Sie für Ihre Kaffeemaschine Alukapseln benötigen, denken Sie doch einmal über wiederbefüllbare Kapseln nach. Das spart nicht nur Aluminium, sondern auch noch Geld, und Sie können sich den Kaffee nach Ihrem Gusto selbst mischen.

- **Restmüll** gehört in die Restmülltonne und darf zum Beispiel nicht dem Sperrmüll zugeführt werden. Sehen Sie hier im Zweifel nach, wohin das zu entsorgende Material wirklich gehört!
- Für **Plastikverpackungen** gibt es häufig eine „gelbe Tonne" bzw. einen „gelben Sack". Andernfalls oder bei größeren Mengen müssen diese auf dem Wertstoffhof entsorgt werden. In diese Kategorie fallen Getränkekartons, Joghurtbecher, Shampooflaschen (Kunststoff), Zahnpastatuben, Styroporverpackungen etc. Nicht dazu gehören Zahnbürsten (= Restmüll), CDs (= Wertstoffhof), Videokassetten (= Restmüll), Feuerzeuge (= Restmüll oder Wertstoffhof, da entflammbar) etc.
- **Hartplastik** wie großes Kinderspielzeug oder Kunststoff-Gartenmöbel sind wiederverwertbar und sollten auf dem Wertstoffhof abgegeben werden. Man kann sie aber auch mit dem Sperrmüll entsorgen.
- **Papier** gehört in die Papiertonne, sofern vorhanden, ansonsten oder bei größeren Mengen sollte es auf dem Wertstoffhof abgegeben werden. Achtung: Ordner mit Metallbestandteilen sind kein Altpapier! Der Ordnerinhalt darf natürlich dem Altpapier zugeführt werden, der Ordner selber gehört aber in den Restmüll. Trennen Sie die Materialien sorgfältig, aber nicht zu „pinge-

lig": Ein paar Heftklammern sind bestimmt nicht von Bedeutung, aber Plastiklaschen oder Klarsichthüllen sollten herausortiert werden.
- Für **Altglas** gibt es praktisch in jeder Stadt die typischen sechs- oder achteckigen Container. Trennen Sie nach Weiß-, Grün- und Braunglas; blaues Glas gehört in den Container für Grünglas. Achtung: Weder Porzellan noch Steingut, Keramik oder andere „glasartige" Materialien gehören in diese Wertstofftonnen. Führen Sie diese dem Restmüll oder (bei großen Teilen) dem Sperrmüll zu.
- **Farben und Lacke** sind Sondermüll und müssen beim Wertstoffhof oder dem Schadstoffmobil abgegeben werden, ebenso Altöl, Quecksilberthermometer, Leuchtstoffröhren, Energiesparlampen, Acryl, Silikon, Nagellackentferner etc. Transportieren Sie diese Stoffe am besten in einer stabilen Kiste oder Plastikwanne, denn es sollte wirklich nichts auslaufen, auch zum Schutz Ihrer Gesundheit.
- **Leere Batterien und Akkus** können kostenfrei in so gut wie jedem Lebensmittel- oder Drogeriemarkt abgegeben werden. Es stehen überall entsprechende Boxen bereit.
- Auch **unbeschädigte Glühbirnen** (ausgenommen Leuchtstoffröhren und Energiesparlampen, s. oben) können in Lebensmittel- oder Drogeriemärkten abgegeben werden. Wenn Sie noch Glühbirnen mit Glühfaden haben, dürfen Sie diese sogar im Restmüll entsorgen. Gleiches gilt für LED-Leuchtmittel.
- **Kleidung**, die noch gut erhalten ist, sollte bei karitativen Sammelstellen abgegeben werden, zum Beispiel bei Kleiderstuben in Flüchtlingsheimen oder bei Vereinen, die sich um den Versand in Krisengebiete kümmern. Tierheime nehmen in der Regel gerne gut erhaltene Decken, Bettwäsche und Handtücher. Öffentliche Altkleidercontainer sind natürlich auch eine Möglichkeit. Nicht mehr tragbare Kleidung gehört in die Restmüll-

tonne und bei größeren Mengen auf den Wert-stoffhof.

- **Schuhe**, die noch tragbar sind, sollten wie entsprechende Kleidung bei karitativen Sammel-stellen abgegeben werden. Bitte Schuhe aus-schließlich paarweise abgeben, etwa indem Sie die Schnürsenkel aneinanderknoten. Schuhe, die nicht mehr getragen werden können, gehören zum Restmüll und bei größeren Mengen auf den Wertstoffhof.
- **Spielsachen** müssen je nach Material entsorgt werden: Dinge aus Hartplastik sollten auf den Wertstoffhof gebracht werden (s. oben), Stoff-tiere gehören in den Restmüll, oder es freuen sich eventuell Kitas oder andere gemeinnützige Einrichtungen als Spende darüber.
- **Bücher** gehören ins Altpapier. Gut erhaltene Exemplare kann man sehr gut spenden, zum Beispiel an die Bibliothek einer Justizvollzugs-anstalt, die Stadt- oder Gemeindebücherei, an Kitas und Kindergärten. Freie und offene Bü-cherregale werden ebenfalls immer populärer und von vielen Menschen gerne genutzt, und in Großstädten finden sich oft Literaturcafés und andere Einrichtungen, die sich über Bücherspen-den sehr freuen und gerne einen kostenlosen Kaffee zurückgeben. Entscheiden Sie selber, wen Sie unterstützen möchten, oder verteilen Sie Ihre Spenden auf mehrere Stellen.
- **Kleinelektronik**, die ausgedient hat oder nicht mehr funktionstüchtig ist, muss seit dem 25. Juli 2016 vom Handel zurückgenommen werden, wenn Sie ein neues Gerät kaufen. Wenn Sie le-diglich ein altes Gerät entsorgen möchten, geht das auf dem Wertstoffhof. Kleine Elektronikge-räte sind laut Gesetz solche, deren Kantenlänge maximal 25 cm beträgt.
- Für **Großelektronik** gilt schon seit mehreren Jahren eine Rücknahmepflicht des Einzelhan-dels. Organisieren Sie die Rücknahme möglichst schon beim Kauf des neuen Geräts, also: Der

neue Kühlschrank wird geliefert, der alte wird gleich mitgenommen. Wer allerdings keinen Kassenbeleg mehr zu Hand hat oder lediglich ein altes Gerät entsorgen möchte, kann es (nach Anmeldung) zum Sperrmüll stellen oder auf dem Wertstoffhof abgeben.

- Für **Handys** gilt das Gleiche wie für Kleinelek-tronik, mit dem Unterschied, dass alte (auch kaputte) Handys sehr gut gespendet und somit einem guten Zweck zugeführt werden können. Recherchieren Sie im Internet, etwa beim NABU, wo Geld aus gespendeten Handys in Naturpro-jekte fließt. Auch Zoos und andere Institutionen sammeln alte Handys und finanzieren mit den Erlösen verschiedene Kampagnen.
- **Lebensmittel** gehören grundsätzlich in die Restmülltonne. Wenn die Lebensmittel noch haltbar sind, überlegen Sie jedoch besser, wem Sie damit noch eine Freude machen könnten, ob Familie, Freunde, Kollegen oder Nachbarn, oder spenden Sie an „Die Tafel" oder andere kostenlose Lebensmittelausgabestellen. Abge-laufene Nahrungsmittel können Sie nicht mehr spenden; hier bleibt nur noch die Restmülltonne oder die Biotonne (Achtung: In Letztere gehören kein Fleisch und kein Fisch!). Es gibt nur eine Ausnahme: Immer populärer wird das „Foodsha-ring", bei dem Lebensmittel mit abgelaufenem Mindesthaltbarkeitsdatum weiterverwertet und Lebensmittel getauscht werden (weitere Infor-mationen etwa unter www.foodsharing.de).
- **Konservendosen** gehören entleert und grob gesäubert in die „gelbe Tonne".
- **Kosmetikartikel** sollten in der Restmülltonne entsorgt werden.
- **Töpfe und Metall** werden auf allen Wertstoffhö-fen angenommen. Auch einige Schrottplätze freu-en sich über alte Töpfe, weil dort generell Metall gesammelt wird. In manchen Gemeinden gibt es auch Altmetallhändler, die einmal monatlich aus-sortiertes Metall aller Art kostenlos einsammeln.

Helfer 8: Die Schwiegermutter-Methode

In den 20 Minuten, bevor der Besuch kommt, schaffe ich mehr Hausarbeit als in der ganzen Woche!

- Kundenzitat -

Sollten Sie sich vorgenommen haben, erst mit dem Aufräumen zu beginnen, wenn Sie dieses Buch vollständig gelesen haben (was vollkommen in Ordnung ist!), dann könnte das Schicksal zwischendurch jedoch gnadenlos zuschlagen. Sie kennen ja Murphys Gesetz: Es wird Sie eiskalt erwischen, denn es kündigt sich kurzfristig hoher Besuch an! Das ist aber kein Grund zum Verzweifeln: Wir kennen eine erprobte Methode, die unverzüglich hilft, wenn alles verloren scheint – die „Schwiegermutter-Methode": Immer dann das Werkzeug der Wahl, wenn es brenzlig wird und alles ganz, ganz schnell gehen muss. Eigentlich dürfen wir als Aufräum-Profis diese Methode gar nicht verraten und schon gar nicht empfehlen. Denn es soll bei Ihnen ja grundsätzlich so aufgeräumt sein, dass man immer Besuch hereinbitten kann. Aber… wir sind ja nicht nur Coaches, wir sind auch Menschen, die mitten im Leben stehen und wissen: Ausnahmen bestätigen die Regel! Also, es ist heute so richtig chaotisch, denn Sie wollten ja erst morgen aufräumen, und da klingelt das Telefon und Ihre Schwiegermutter ist dran: *Ich bin gerade in der Stadt und dachte, da komme ich doch schnell mal auf einen Kaffee bei dir vorbei. Bis gleich!* Und noch bevor Sie ein hilfloses *Aber…* erwidern können, hat sie auch schon aufgelegt. Sie wissen, jetzt ist fünf vor zwölf! Um **ganz schnell oberflächliche optische Erfolge** zu erzielen, um dem Besuch guten Gewissens die Tür öffnen zu können, gehen Sie vor wie folgt:

Schritt 1: Problembereiche eingrenzen

Einer der wichtigsten Bestandteile der Schwiegermutter-Methode ist die Beschränkung auf bestimmte Bereiche. Wirklich alles in Ordnung zu bringen ist in so kurzer Zeit nicht möglich, also grenzen Sie ein, welche Teile Ihrer Wohnung Sie zeigen wollen oder müssen, und **setzen Sie Prioritäten**. Für eine Tasse Kaffee mit dem Besuch etwa müssen Flur, Wohnzimmer, Esstisch und Couch vorzeigbar sein. Wenn Sie den Kaffee schon auf dem Tisch bereitstellen, vermeiden Sie, dass Ihr Besuch auch noch die Küche betritt.

Schritt 2: Störendes einsammeln

Sammeln Sie alles (!), was stört oder unordentlich herumsteht, blitzschnell in leeren Wäschekörben,

Kisten und großen Tüten zusammen. **Unterscheiden Sie dabei nicht** zwischen Gegenständen, sondern befüllen Sie die Behältnisse ausschließlich unter Berücksichtigung von Größe und Menge der Artikel. Überschreiten Sie dabei nicht die maximale Belastbarkeit der Behelfsaufbewahrungen! Sie werden im nächsten Schritt alles noch bewegen müssen.

Schritt 3: Störendes aus dem Blickfeld schaffen

Lassen Sie die gefüllten Kisten, Körbe und Kartons verschwinden – egal wohin! Räumen Sie die Sachen zum Beispiel ins Schlaf- oder ins Gästezimmer (warum sollte Ihr Besuch dort hineingehen?), schieben Sie Kisten **unter die Betten** oder verstauen Sie alles im Kleiderschrank. Wenn Sie für diese Aktion mehr als fünf Minuten Zeit haben, kommen natürlich auch Keller und Garage als Versteck infrage.

Schritt 4: Erstmal entspannen

Spätestens jetzt können Sie aufatmen, denn Sie haben binnen weniger Minuten eine optisch ansprechende Ordnung geschaffen und der Besuch darf herzlich gerne hereinkommen ☺! Natürlich konnten Sie die Wohnung nicht mehr schön dekorieren und liebevoll aufhübschen, aber den angekündigten Besuch können Sie auf jeden Fall guten Gewissens empfangen – und das war ja das Ziel!

Im Laufe der jahrelangen Zusammenarbeit mit unseren Kunden haben wir schon oft ähnliche Situationen erlebt. Sogar bei anstehenden Familienfeiern, zum Beispiel dem jährlichen Weihnachtsessen, hat den „Betroffenen" diese Zwischenlösung weitergeholfen und ganze Feste gerettet. Als genau das sollten Sie die Schwiegermutter-Methode auch betrachten: als **Zwischenlösung**, mit der Sie sich für den Moment behelfen. Fatal wird es, wenn Sie die versteckten Kisten, Körbe und Tüten einfach stehen lassen, wo sie sind, und sie schlicht und ergreifend nicht mehr beachten. Spätestens nach dem zweiten

Einsatz dieser Art haben Sie komplett den Überblick über die Inhalte verloren und finden nichts mehr wieder. Dann nimmt das Chaos seinen Lauf. Um das zu verhindern, bitte unbedingt auch Schritt 5 durchführen!

Schritt 5: Den inneren Schweinehund ausbooten

Wenn der Besuch dann irgendwann wieder auf dem Weg nach Hause ist, würde man die vollgestopften Kartons natürlich am liebsten einfach stehen lassen, denn der Inhalt ist für den Moment schon fast vergessen. Aber Achtung: Nie war der Zeitpunkt für Verdrängung günstiger und die Macht des inneren Schweinehundes größer! Doch bitte, widerstehen Sie allen Verlockungen! **Packen Sie konsequent Kiste für Kiste aus** und holen Sie jetzt nach, was vorher zeitlich nicht möglich war: aussortieren, die Dinge an ihren eigentlichen Platz zurückbringen, die gewohnte Basisordnung wieder herstellen. Räumen Sie nicht einfach alles wieder aus und legen es irgendwo hin! Das provoziert nur den nächsten Einsatz der Schwiegermutter-Methode, und das ist definitiv nicht der Sinn dieser Zwischenlösung.

Helfer 9: Unterstützung von außen

Kein Weg ist lang mit einem Freund an der Seite.

- japanisches Sprichwort -

Aufräum-Profis

Zu Beginn unserer mittlerweile 15-jährigen Tätigkeit wurde noch vielen unserer Kunden aus ihrem sozialen Umfeld viel Unverständnis (bis hin zu ernsten Vorwürfen) entgegengebracht, wie man sich denn eine „Aufräumhilfe" ins Haus holen könnte. Aufräumen sei schließlich etwas, das jeder könne, und wenn man ein Problem damit hätte, solle man dies auf keinen Fall jemandem zeigen, egal ob Fremden, Freunden oder der Familie. Mit anderen Worten: *Sieh zu, wie du alleine damit klarkommst, und schweige darüber!* Diese Zeiten sind glücklicherweise vorbei! In so gut wie allen Fällen dürfen wir Aufräum-Profis heute an der Haustür klingeln und müssen uns nicht – wegen der Nachbarn – durch dunkle Hintereingänge schleichen. In Zeiten von Doppel- und Dreifachbelastung durch Karriere, Kinder, Haushalt, allgemeine Reizüberflutung, Mehrarbeit und Überstunden kommt die persönliche Ordnung einfach ständig zu kurz. Schneller als wir es wahrhaben möchten, wächst uns das Chaos über den Kopf und **immer mehr Menschen sind betroffen** oder können zumindest die Problematik nachvollziehen, und aus *Wie kann man sich denn bloß professionelle Aufräumer ins Haus holen?!* wurde *Toll, dass du dir Hilfe gönnst!*

Dennoch ist es nicht einfach, fremde Menschen in sein Zuhause einzuladen und alles zu präsentieren, was man am liebsten geheim gehalten hätte. Beschämung und Angst vor Blamage sind auch heute noch ein großes Thema, darum wollen wir Ihnen an dieser Stelle laut zurufen: *Nichts, aber auch wirklich gar* **nichts muss Ihnen peinlich sein** *und Sie müssen sich auch für nichts schämen!* Ein echter Aufräum-Profi wird niemals mit erhobenem Zeigefinger zu Ihnen kommen und sagen *Oh, das hier geht aber gar nicht!* (Sollten Sie doch einmal so etwas zu hören bekommen, stellen Sie bitte infrage, ob es sich wirklich um einen Profi und die richtige Wahl für Sie handelt…) Einer unserer Leitsätze ist *Prinzipiell geht erst einmal alles!* Was wir dann gemeinsam mit Ihnen aus diesem „alles" machen, steht auf einem ganz anderen Blatt. **Immerhin hat jedes entstandene Chaos Gründe und Hintergründe**, und die gilt es zunächst einmal zu erfassen, bevor man etwas „wertet". Wir können es nicht oft genug sagen und meinen es auch so: Sie sind kein besserer oder schlechterer Mensch, nur weil Sie ordentlich oder unordentlich sind! Mit Sicherheit sind ganz andere Talente in Ihnen verborgen, die anderen nur sehr schwer oder überhaupt nicht von der Hand gehen. Und außerdem, wer möchte denn hier bewerten, was besser und was schlechter ist?! Wir maßen uns das nicht an. Wir befassen uns lediglich mit der Tatsache, dass Sie (momentan oder auch schon länger) ein Problem oder einen Leidensdruck haben und dass Ihnen schnellst- und bestmöglich geholfen werden sollte. Wenn wir Schmerzen haben, gehen wir ja auch zum Arzt, und wenn unser Wagen streikt, wenden wir uns an eine Autowerkstatt.

Es ist also rein gar nichts dabei, sich Hilfe zu holen. Und doch kostet es ein wenig mehr Mut, wenn es sich dabei um unsere eigenen vier Wände handelt – diese Tatsache wollen wir nicht kleinreden. Wenn wir das Gefühl haben, Hilfe zu benötigen, möchten wir gerne mit Menschen zu tun haben, die **zurückhaltend und diskret** vorgehen. Das gilt zum Beispiel auch für eine dauerhafte Haushaltshilfe, auf die man sich am liebsten „blind" verlassen möchte. Sollten Sie dahingehend Bedenken haben, weil der Helfer ja jetzt Ihre „Schwächen und Versäumnisse" sieht und unter Umständen auch Ihre Kontoauszüge, Mahnbescheide, Gehaltsnachweise, Liebesbriefe, etc. durchsehen wird, können wir Sie beruhigen: Professionelle Aufräumer garantieren 100%ige Diskretion und geben Ihnen dies auch gerne, in Form einer Vertraulichkeitserklärung, schriftlich. Am besten vereinbaren Sie (wenn möglich) einen unverbindlichen Beratungstermin und lernen sich erstmal kennen. Nur wenn Sie sich danach vorstellen können, dass Ihr Gegenüber Ihre persönlichen Dinge hin- und herräumt, scheint eine gute Basis vorhanden zu sein. Stellen Sie bei diesem Ersttermin alle Fragen, die Ihnen wichtig sind, und klären Sie Themen, bei denen Ihnen noch Informationen fehlen oder die Ihnen weitere Sicherheit geben. **Vertrauen ist die beste Basis** einer erfolgreichen Zusammenarbeit und Offenheit von beiden Seiten trägt ein großes Stück zu diesem Erfolg bei! Laden Sie sich keinen „Bestimmer" in Ihr Haus ein: Jede endgültige Entscheidung sollte bei Ihnen liegen – nachdrücklich beraten darf und sollte man Sie jedoch, das dürfen Sie nicht verwechseln. Es muss ja schließlich vorangehen ☺!

Freunde und Familie

Unterstützung und Hilfe können Sie natürlich auch durch enge Freunde oder Familienangehörige erhalten. Seien Sie sich jedoch bewusst, dass es dabei aufgrund der emotionalen Verbindung zu Schwierigkeiten kommen kann (nicht muss!). Einige unserer Kundinnen berichteten immer wieder über gescheiterte Versuche, mit der Mutter, der Schwester oder der besten Freundin zusammen aufzuräumen. Vollkommenes Unverständnis, Überforderung auf der „helfenden" Seite, Vorwürfe, negative Bewertungen und fehlendes Einfühlungsvermögen können große Konflikte und hochemotionale Streitigkeiten nach sich ziehen. Aber auch zu viel Verständnis und Empathie, gemeinsame Erinnerungen und **fehlende Objektivität** können zum Scheitern eines solchen gemeinsamen Aufräumprojekts führen: Sie können stundenlang mit Ihrer Mutter oder Ihrer Freundin in Erinnerungen schwelgen, emotionale Momente erleben und teilen und einen wirklich schönen Nachmittag mit einer Reise in die Vergangenheit verbringen – Aufräumen und Aussortieren werden Sie dabei jedoch sicher nicht besonders viel. Im schlechtesten Fall sind Sie abends genauso weit wie zu Beginn am Morgen, und das bei Ihrer knappen Zeit… Das können Sie sich eigentlich nicht leisten. Wenn es bei Ihnen häufig so abläuft, sollten Sie wirklich über „emotional unbeteiligte" Helfer nachdenken, die eine ganz andere Ausgangsposition haben, um mit Ihnen und Ihrem gesammelten Hausrat umzugehen. Sie werden Ihnen zu jeder Zeit unvoreingenommen zur Seite stehen und sich von großen Emotionen (die durchaus dazu gehören!) nicht beirren und ablenken lassen, sondern stets die Vernunft als entscheidende Instanz einbringen.

Sollten in Ihrem Umfeld aber Aufräumpartner zu finden sein, die mit Ihnen zusammen anpacken und Sie weiterbringen, dann zögern Sie nicht und fragen Sie nach Unterstützung! **Zu zweit oder zu dritt macht alles viel mehr Spaß**, und das benötigte Vertrauen ist bereits vorhanden. Sie werden mit Sicherheit innerhalb kurzer Zeit große Fortschritte erzielen und so lustige wie erfolgreiche Arbeitstage miteinander verbringen. Besser geht's nicht!

15 SMARTE WEGE ZU MEHR FREIZEIT

und Strategien dafür haben wir hier für Sie zusammengefasst. Wenn sich diese Verhaltens- und Vorgehensweisen erst einmal gefestigt haben, erledigen Sie das alles ganz automatisch. Und die Zeit, die Sie früher mit Suchen, Hin- und Herräumen und Sisyphusarbeit verbracht haben, ist nun für Sie frei verfügbar – wenn das nicht verlockend klingt?!

> Sie müssen nicht mehr aufräumen als vorher, um das Chaos zu beherrschen, sondern benötigen lediglich ein bisschen mehr Struktur, Routine und Kontinuität. Die besten Tipps und Strategien dafür haben wir hier für Sie zusammengefasst.

Abschließend möchten wir nochmal daran erinnern, wofür Aufräumen gut ist: Es verhilft Ihnen langfristig zu mehr Freizeit, die Sie für sich und Ihre persönlichen Interessen nutzen können (und das hat natürlich weitere positive Auswirkungen auf Sie und Ihr gesamtes Leben – wir erwähnten es bereits mehrfach). **Um jeden Tag etwa eine Stunde freie Zeit zu gewinnen**, brauchen Sie nämlich nicht plötzlich einen 25-Stunden-Tag. Sie können sich diese freie Zeit durch die Tipps und Tricks, die wir Ihnen vorgestellt haben, erarbeiten. Sie müssen nicht mehr aufräumen als vorher, um das Chaos zu beherrschen, sondern benötigen lediglich ein bisschen mehr Struktur, Routine und Kontinuität. Die besten Tipps

1. Verschiedene Routinen etablieren

Generell sollten Sie Routinen dauerhaft durchführen und, zumindest die täglichen, immer zur gleichen Zeit. Tagesroutinen sind ganz wichtig, denn so können Krempelberge gar nicht erst wachsen. Unterteilen Sie gerne in **Morgen- und Abendroutine** und räumen Sie jeden Tag kurz und knackig 10 bis 20 Minuten auf, zum Beispiel: alles zurückbringen, was Sie am Vortag haben liegen lassen, das Bett machen, die Spülmaschine einräumen. Am Wochenende nehmen Sie sich routinemäßig zwei Stunden Zeit für die Dinge, zu denen

Sie unter der Woche nicht gekommen sind, zum Beispiel: die gesammelte Post bearbeiten, die Wäsche machen, das Leergut einsammeln und wegbringen. Alle 14 Tage oder einmal im Monat ist es Routine, einen Raum wirklich gründlich zu bearbeiten. Zum Beispiel kümmern Sie sich im nächsten Monat um die Küche, das heißt: neben der Grundreinigung Vorräte checken, Leergut, Altpapier und Restmüll entsorgen, unordentliche Schrankfächer wieder strukturieren, Schubladen auswischen.

2. Haushalts-Dates ausmachen und effizient nutzen

Tragen Sie Ihre Wochen- und Monatspläne fest in Ihren Terminkalender ein und nehmen Sie diese „Haushalts-Dates" so ernst wie Arzttermine. Planen Sie im Voraus, doch **konzentrieren Sie sich dann nur noch auf den jeweiligen Tag**, darauf, was Sie in 10 oder 20 Minuten alles schaffen können. Denken Sie nicht daran, was Sie morgen, übermorgen, nächste Woche und im Juli noch alles erledigen müssen. Erledigen Sie alle Aufgaben so schnell und so gut wie möglich; nicht trödeln, nicht ablenken lassen. Es muss nicht per-

fekt sein, Abweichungen von Ihrem gewohnten Standard sind akzeptabel. Kümmern Sie sich ausführlicher um Dinge, wenn Sie mehr Zeit haben, das muss nicht täglich sein.

3. Prioritäten und realistische Ziele setzen

Bitte überfordern Sie sich nicht. Wenn Sie heute nur 15 Minuten Zeit haben, dann nutzen Sie diese, und zwar für Aufgaben, die heute erledigt werden müssen („Priorisieren" heißt das Zauberwort) und in dieser Zeit auch zu schaffen sind. Und wenn Sie am Wochenende zwei Stunden Zeit haben, gehen Sie Größeres an. Beginnen Sie möglichst immer mit Dingen, die Ihnen **leicht fallen** und die schnell erledigt sind, das motiviert! Bei wenig Zeit kann das zum Beispiel der Fußboden sein: Ein Raum mit freiem Boden wirkt sofort ordentlicher!

4. Alte Gewohnheiten austricksen

Mit Gewohnheiten zu brechen ist schwer, das wissen wir. Aber es ist nicht unmöglich, auch das wissen wir! Um es Ihnen einfacher zu machen, **entziehen Sie ungünstigen Gewohnheiten einfach die Grundlage**. Auf dem kleinen Tisch im Flur legen Sie immer allen möglichen Krempel ab, den Sie vom Einkaufen, aus dem Büro oder von draußen mitgebracht haben? Dann räumen Sie diesen Tisch weg! Auf der Küchenfensterbank sammeln Sie die Hausaufgaben der Kinder, Werbeprospekte, unbenutzte Servietten und die tägliche Post? Dann stellen Sie Kräutertöpfe oder eine schöne Blumendekoration hin und „stehlen" Sie dem Krempel so einfach den Platz! Stellen Sie auch gewohnte Strukturen infrage: Könnten Sie die Schublade, die Sie gerade auswischen, noch effizienter und sinnvoller einräumen? Bedenken Sie das immer mit!

5. Die „Verschenken/Spenden"-Box etablieren

Stellen Sie dauerhaft eine solche Kiste auf und erklären Sie auch allen anderen Familienmitgliedern, worum es dabei geht. Gerade mit Kindern ist es wichtig, regelmäßig Sachen auszusortieren, denn an Geburtstagen und Weihnachten kommen ständig viele neue Dinge dazu. Und Kinder spenden wirklich gerne, wenn sie den Sinn dahinter verstanden haben. **Werfen Sie alles in diese Kiste**, was Ihnen im Laufe des Tages begegnet und überflüssig ist. Sie werden staunen, was in einem Monat so alles zusammenkommt, das Ihnen nur wieder die Schränke verstopft hätte!

6. Strategisch einkaufen

Hüten Sie sich vor Spontankäufen und warten Sie mindestens 24 Stunden, bis Sie die geplante Anschaffung wirklich machen: Denn oft ist dann schon die Anziehungskraft eines Artikels verflogen und Sie merken, dass Sie ihn doch nicht brauchen. Schauen Sie vor dem Einkauf von Lebensmitteln immer in den Kühl- und den Vorratsschrank und kaufen Sie nur das ein, was Sie nicht mehr da haben. Wählen Sie zudem stets **einfachere Produkte und pflegeleichtere Kleidung**. Vermeiden Sie Kleidung, die Sie ausschließlich von Hand waschen oder professionell reinigen lassen müssen, und Haushaltsreiniger mit zig Gefahrenhinweisen. Kaufen Sie stattdessen bügelleichte oder gar bügelfreie Hemden und schaffen Sie sich Putzutensilien an, die einfach zu handhaben sind.

7. Strategisch Dinge erledigen

Kaufen Sie möglichst nicht nur einen einzigen Artikel ein oder gehen Sie nicht nur wegen einer einzigen Aufgabe aus dem Haus. Natürlich, manchmal hat man etwas Wichtiges vergessen oder es ist unumgänglich, tatsächlich nur eine Sache außer Haus zu erledigen. Aber mit einer gewissen Vorausplanung kann man **ohne großen Zeitverlust sofort einiges auf einmal erledigen**. Sie müssen einkaufen? Prima, dabei kommen Sie am Briefkasten vorbei und können die Post ein-

werfen. Und die Reinigung ist genau gegenüber, geben Sie also gleich die Anzüge ab, die griffbereit im Flur hängen. Sie sehen: So schnell haben Sie schon drei Aufgaben erledigt!

8. Saison als Anlass nutzen

Wir sortieren unsere Weihnachtsdekoration zum Beispiel **kurz vor oder nach Weihnachten** aus, denn dann wissen wir genau, was wir nicht mehr wollen bzw. was sich nicht mehr bewährt hat. Diese Artikel können verschenkt, gespendet oder entsorgt werden. Genauso kann man mit Osterdeko, Karnevalskostümen, Gartenartikeln oder Sommer- und Winterkleidung verfahren.

9. Die „Ein-Teil-rein-ein-Teil-raus"-Methode anwenden

Ein tolles Tool für Fortgeschrittene, Sie können es aber auch als Anfänger sofort lernen – und auch Ihren Kindern beibringen! Es ist genau das, wonach es klingt: Wenn Sie ein Teil anschaffen, muss ein Teil der gleichen Art dafür entsorgt werden. Und zwar **konsequent**! Eine neue Hose? Dann muss eine alte gehen! Neue Schuhe? Sortieren Sie ein altes Paar aus! Ihr Kind möchte ein neues Spiel? Ein altes muss raus dafür!

10. Gemeinsam aufräumen

Wenn Sie kleinere Kinder haben, initiieren Sie jeden Tag zum Beispiel abends, dass gemeinsam aufgeräumt wird. Nutzen Sie dazu **einen großen Wäschekorb**, in dem Sie alles sammeln, was zurückgebracht werden muss. So müssen die Kinder nicht durch die ganze Wohnung pilgern, sondern können aus dem Korb nehmen, was ihnen gehört, und es zurück in ihre Zimmer bringen. Machen Sie diese gemeinsame Aktion aber nur so lange, bis das Aufräumen bei allen zur Routine geworden ist: Dann räumt ohnehin jeder seine Sachen (immer nur so viel aus dem Schrank ziehen, wie man in kurzer Zeit auch wieder weg-

Ausschneiden, gut sichtbar aufhängen, umsetzen!

räumen kann!) sofort zurück an ihren festgelegten Platz und Krempelberge werden verhindert, weil sich nichts mehr ansammeln kann. Grundsätzlich gilt: Jeder ist für seine eigenen Dinge verantwortlich.

11. Nie leer laufen und parallel arbeiten

Nehmen Sie immer etwas mit, wohin Sie auch gehen. Sie werden dies so schnell verinnerlichen, dass es im Nu zum Automatismus wird, den Sie gar nicht mehr als „Tätigkeit" wahrnehmen. Sie gehen zum Auto? Nehmen Sie das Leergut mit raus. Sie gehen ins Bad? Nehmen Sie die Handtücher mit, die noch vom Wäschefalten auf dem Tisch liegen. Sie gehen ins Arbeitszimmer? Nehmen Sie die Post aus dem Körbchen im Flur und legen Sie sie auf den Schreibtisch. Ähnliches gilt für Telefonate oder wenn Sie darauf warten, dass das Nudelwasser kocht: **Nutzen Sie diese Zeit**, um zum Beispiel die frisch gewaschen Socken zu sortieren, die Blumen zu gießen oder benutzte Gegenstände zurück an ihren Platz zu bringen. Oder bearbeiten Sie die Post und die Ablage, solange der Virenscanner Ihren PC durchforstet.

12. Stets Müllbeutel und Fusselrolle bereithalten

Wenn möglich, misten Sie beim Aufräumen gleichzeitig aus und sortieren Sie Dinge, bei denen Sie **direkt entscheiden können**, sofort aus. Darum immer einen Müllbeutel zur Hand haben! Und legen Sie im Kleiderschrank oder an der Garderobe eine gute Fusselrolle bereit, um saubere Kleidung, die heruntergefallen ist, direkt damit zu bearbeiten. So muss diese nicht noch einmal gewaschen werden.

13. Hilfe holen und annehmen

Trauen Sie sich, dauerhafte Unterstützung wie eine Haushaltshilfe, eine Bügelhilfe oder professionelle Aufräumer zu suchen. Viele tun dies bereits.

14. Rückfälle sportlich nehmen

Wir alle sind nicht dagegen gefeit, und wenn Sie in eine Falle getappt sind, geben Sie bitte nicht auf! Gerade in emotionalen, stressigen und erschöpften Phasen neigen wir dazu, in alte Gewohnheiten zurückzufallen. Grämen Sie sich nicht, wenn dies so ist! Akzeptieren Sie es, versuchen Sie, daraus etwas zu lernen, und **machen Sie da weiter, wo Sie aufgehört haben**. Ihr innerer Schweinehund war einfach noch einmal stärker als Sie ... Ach, soll er doch! Sie werden sehr schnell alles wieder im Griff haben! Nur weil Ihnen ein Zimmer aus den Händen geglitten ist, bedeutet das nicht, dass alles dahin ist, was Sie geleistet haben. Nein, es ist nur ein Zimmer, und Sie haben es schon einmal geschafft, also werden Sie es wieder schaffen! Und diesmal wird es schneller gehen, denn Sie wissen ja jetzt, wie es funktioniert ☺!

15. Die gewonnene Zeit genießen ☺

Gestatten Sie sich kein stundenlanges „Gedaddel" am Computer oder Fernsehen. Genießen Sie die Zeit, die Sie durch die ordentliche Wohnung gewonnen haben, als **echte Freizeit** und verschwenden Sie sie nicht. Das hält auch den inneren Schweinehund an der kurzen Leine!

SCHLUSSWORT

Da sind wir nun, gemeinsam mit Ihnen am Ende angekommen. Das bedeutet natürlich nicht, dass Sie dieses Buch nie mehr in die Hand nehmen sollten – ganz im Gegenteil! Wenn wir uns nur einmal mit einer Sache beschäftigen, laufen wir Gefahr, einfach zu vergessen. **Nutzen Sie dieses Buch daher immer wieder** und frischen Sie Themen regelmäßig auf. Zögern Sie nicht, Notizen hineinzuschreiben und die für Sie besonders wichtigen Stellen bunt zu markieren. Machen Sie dieses Buch zu Ihrem Begleiter, dann müssen wir uns hier auch gar nicht verabschieden ☺!

Wussten Sie übrigens, dass Sie als ordentliches Lebewesen in bester Gesellschaft sind? Eichhörnchen etwa sind nämlich nicht nur Meister darin, Vorräte anzulegen und sie wiederzufinden, sondern auch darin, ihre „Beute" zu sortieren: Sie legen Mandeln ausschließlich zu Mandeln und Haselnüsse immer zu Haselnüssen. Dabei gehen sie äußerst sorgfältig und routiniert vor. Ihre Vorratshaltung ist also **strategisch angelegt** und unterliegt bestimmten Regeln, bei denen vielleicht auch das Mindesthaltbarkeitsdatum von Bedeutung ist ☺. Ein weiterer großer Fan des Aufräumens im Tierreich ist der australische Laubenvogel, einer der intelligentesten Vögel der Welt. Sein Enthusiasmus für dieses Thema dient dem Werben um ein Weibchen, und ein besonders ordentlicher Vogel hat selbstverständlich die besten Chancen beim anderen Geschlecht… Der Laubenvogel richtet sich eine kleine, nestähnliche Laube auf dem Waldboden ein, befreit den gesamten Bereich von Kram und Krempel und beginnt damit, in **klar abgegrenzten Bereichen** ausschließlich Dinge einer bestimmten Farbe zu sammeln. Die Genauigkeit und Gründlichkeit dieses Aufräumens ist erstaunlich und beeindruckt nicht nur andere Laubenvögel. Das Ergebnis der geleisteten Arbeit wird stolz präsentiert.

Spätestens jetzt sollten Sie sich an der Leidenschaft für Ordnung ein Beispiel nehmen und loslegen! Vielleicht empfinden Sie genau so viel Freude am Aufräumen und sind genauso stolz auf das Ergebnis wie diese tierischen Kollegen!

DANKSAGUNGEN

Esther Lübke

Zunächst möchte ich mich bei vielen lieben Menschen bedanken, die uns unterstützt haben, dieses Buch zu verwirklichen (darunter meinem Vater „Paps" Wolfgang Lübke, meinem Schwesterherz Rebecca Lübke, obwohl sie in der Endphase unseres Buches einfach in den Urlaub „abgehauen" ist ☺, David Meyer, Alexander Letocha und vielen anderen). Stephanie Iber und Eva Schrecklinger vom frechverlag gehört mein ganz spezieller Dank, denn sie haben uns die ganzen Monate freundschaftlich begleitet und uns durch ihre kompetente und dennoch unkomplizierte Art der Zusammenarbeit wirklich bereichert. Beide haben maßgeblich zum Gelingen dieses Buches beigetragen.

Darüber hinaus bedanke ich mich bei all unseren Kunden, denn Sie haben dazu beigetragen, dass dieses Buch entstehen konnte! Sie haben uns nicht nur beruflich, sondern auch persönlich bereichert und weitergebracht. Davon möchten wir gerne mehr erleben!

Ganz besonders bedanke ich mich bei meinem fabelhaften Mann, der mich während der Entstehung dieses Buches unterstützt, motiviert, beraten, bekocht und mir den Rücken frei gehalten hat. Aufgeräumt hat er auch ganz oft (und sehr gut!), obwohl ich eigentlich dran gewesen wäre ☺. Du bist wirklich meine bessere Hälfte!

Weiterhin möchte ich mich bei meiner Freundin Henriette Bayard für ihre Unterstützung in Sachen „Korrekturlesen" bedanken. Selbst im Urlaub korrigierte sie unsere Zeilen. Liebe Henriette, du bist spitze und auf dich konnte ich mich immer verlassen!

Meiner Freundin Kerstin Dreeschmann (richtig, Schwester von Herrn Dreeschmann) möchte ich für diesen wirklich tollen „Stofftier-Schweinehund" danken, den sie sich ohne jegliche Vorgabe „aus den Fingern gezaubert" hat. Er ist genau so, wie wir ihn uns vorgestellt haben.

Micki Dreeschmann

Da ich meiner – kunsthandwerklich äußerst geschickten – Schwester vor kurzer Zeit einen sehr leckeren, selbstgebackenen Kuchen mitgebracht habe und sie darüber hinaus von meinem köstlichen Paprikahuhn probieren durfte, möchte ich den Dank an sie hier doch eher klein halten. Also: winziges Dankeschönchen!

Ohne mich wiederholen zu wollen, möchte auch ich einige Menschen besonders hervorheben, die uns bei der Entstehung dieses Buches geholfen haben: Henriette, die unermüdlichen Einsatz zeigte, Alex, der nicht aufgegeben hat, bis alle zufrieden waren, Michelle, die mir vertrauensvoll ihr Profi-Equipment zur Verfügung gestellt hat und Rebecca, die Stunden der unglaublich kostbaren Freizeit einer Studentin für uns und dieses Buch geopfert hat.

Schließlich gilt mein besonderer Dank meiner Frau Dani. Es gibt keinen Bereich während der Vorbereitung und Durchführung dieses Projektes, bei dem sie mir nicht geholfen hätte. Ohne dich wäre es einfach nichts geworden. Meiner Tochter Louise möchte ich dafür danken, dass sie mich Tag und – vor allen Dingen – Nacht bei Laune gehalten hat.

BUCHEMPFEHLUNGEN FÜR SIE

TOPP 6486
ISBN 978-3-7724-6486-7

TOPP 7514
ISBN 978-3-7724-7514-6

TOPP 7754
ISBN 978-3-7724-7754-6

TOPP 7788
ISBN 978-3-7724-7788-1

TOPP 8326
ISBN 978-3-7724-8326-4

TOPP 7468
ISBN 978-3-7724-7468-2

AUTORENVITA

Der **Schweinehund (sus canis)** ist ein auf allen Kontinenten anzutreffender, mehr oder weniger putziger Geselle. Es gibt ihn seit Menschengedenken und seine Lieblingsorte sind Sofas, Fernsehsessel und Teenagerzimmer. Aber auch in Betten und Liegestühlen ist er oft zu finden. Der Schweinehund versteht es, immer wieder fast unbemerkt in unsere Köpfe und Wohnräume einzudringen, bis es zu spät ist, und belästigt uns ein Leben lang. Eine sichere oder gar dauerhafte Abwehrmethode ist bis heute nicht bekannt.

Micki Dreeschmann, Jahrgang 1968 (Achtung, aber 4 Monate JÜNGER als Frau Lübke!), als Sohn eines echten Maikönigs und einer kleinen, besonders süßen Schneiderin in Köln geboren, wurde schon in frühesten Jahren zu Ordnung und Sauberkeit erzogen. Dies machte er sich etliche Jahre später zunutze: Seit 2004 arbeitet er zusammen mit Esther Lübke erfolgreich als Ordnungsteam „Ärmel-Hoch". Neben seiner Leidenschaft für Musik und für Tochter Louise wartet er als passionierter Angler in seiner Freizeit schon seit Jahren geduldig und unerschrocken auf seinen ersten wirklich kapitalen Fang.

Esther Lübke, Jahrgang 1968, fiel ihren Eltern schon als Kind durch ihre Ordnungsliebe auf und sortierte mit großer Leidenschaft ihre Stofftiere (und alles andere auch) nach Größe und Farbe. Dieser Ordnungssinn verflog auch mit den Jahren nicht, und so rief Esther Lübke im Jahre 2004 das Projekt „Ärmel-Hoch" ins Leben. Seitdem frönt sie ihrer Passion und gehört wohl zu den glücklichsten Dienstleistern in diesem Rahmen. Die größten Chaosberge bringen Frau Lübke dazu, sich wie ein Terrier zu verhalten: Sie beißt sich fest und lässt erst wieder los, wenn alles erledigt ist! In ihrer Freizeit besucht Frau Lübke gerne Museen, Ausstellungen und Kulturveranstaltungen und bemüht sich tapfer und weiterhin, Kunst zu verstehen ☺.

Fotos: Alexander Latocha (S. 7, 15, 59, 75, 145, 155, 191), Micki Dreeschmann (S. 5, 65, 69, 71, 147, 191), Shutterstock.com: Sunny studio (S. 68, 76, 85), Zarya Maxim Alexandrovich (S. 87, 91), Vasilyev Alexandr (S. 120, 136), bfk (S. 2), Tatyana Dzemileva (S. 3), AlesiaKan (S. 3), Zastolskiy Victor (S. 10), Michelle D. Milliman (S. 16), Alexander Gustav (S. 20), KREUS (S. 26), tommaso lizzul (S. 28), Zwiebackesser (S. 33), FCSCAFEINE (S. 35), KorArkaR (S. 38), Vitalii Nesterchuk (S. 40), Nadya Chudina (S. 44), Nikola Bilic (S. 47), Dimj (S. 48), Igor Normann (S. 51), pathdoc (S. 53), Brian A Jackson (S. 79), ilkercelik (S. 80), Ivelin Radkov (S. 82), SUSAN LEGGETT (S. 83), Quang Ho (S. 86), J.D.S (S. 92), defotoberg (S. 93), Aleksandr Khmeliov (S. 95), mayu85 (S. 99), masuti (S.101), file404 (S. 105), Andrey_Popov (S. 109), Christian Delbert (S. 113), vihrogone (S. 115), FamVeld (S. 118), marina shin (S. 121), Elnur (S. 124), FooTToo (S. 125), Mr. B Hughes (S. 127), Vlue (S. 128), Sergey Nivens (S. 132), Sergio Schnitzler (S. 133), Patty Chan (S. 135), alexei_tm (S. 139), MinJan (S. 140), Concept Photo (S. 142), Haywiremedia (S. 146), Valzhina (S. 149), Ljupco Smokovski (S. 151), Annette Schaff (S. 156), Albert Campbell (S. 159), Antonov Roman (S. 163), mspoli (S. 169), Voyagerix (S. 172), ArtBitz (S. 173), ESB Professional (S. 176), chrisdorney (S. 177), Javier Brosch (S. 179); 123rf.com: Philippe Halle (S. 18), klotz (S. 23), anikasalsera (S. 102), Fernando Gregory Milan (S. 108); fotolia.com: fotogestoeber (S. 89), annanahabed (S. 98), joey333 (S. 116)

Illustrationen: Shutterstock: A Aleksii (Cover, Klappe, S. 6, S. 14, S.58, 74, S. 87, S. 144, S. 154)

Texte: Esther Lübke und Micki Dreeschmann

Produktmanagement und Lektorat: Stephanie Iber, Eva Schrecklinger

Umschlaggestaltung und Layoutentwurf: Nakischa Scheibe

Satz: Arnold & Domnick, Leipzig

Druck und Bindung: Livonia Print SIA, Lettland

Die Tipps und Arbeitshinweise in diesem Buch wurden von den Autoren und den Mitarbeitern des Verlags sorgfältig geprüft. Eine Garantie wird jedoch nicht übernommen. Autoren und Verlag können für eventuell auftretende Fehler oder Schäden nicht haftbar gemacht werden. Das Werk ist urheberrechtlich geschützt. Die Vervielfältigung und Verbreitung ist, außer für private, nicht kommerzielle Zwecke, untersagt und wird zivil- und strafrechtlich verfolgt. Dies gilt insbesondere für eine Verbreitung des Werkes durch Fotokopien, Film, Funk und Fernsehen, elektronische Medien und Internet sowie für eine gewerbliche Nutzung der gezeigten Modelle. Bei Verwendung im Unterricht und in Kursen ist auf dieses Buch hinzuweisen.

1. Auflage 2018
© 2018 frechverlag GmbH, Turbinenstraße 7, 70499 Stuttgart
ISBN 978-3-7724-7807-9
Best.-Nr. 7807